健康スポーツとヘルスマネジメント

――リーダーのための健康理論――

吉 中 康 子 著

晃 洋 書 房

は じ め に

　世界保健機関（WHO）では健康増進は，人々が自分の健康を制御し，改善することを可能にするプロセスとしている．しかし，このことを可能にするためには，広範囲の社会的および環境的介入に向かって進む必要がある．運動不足をはじめとする，悪い生活習慣がもたらす非伝染病（NCDs: Non communicable disease）は毎年4000万人の命を奪い，全世界の死亡者の70％に相当すると報告されている．毎年，1500万人が30歳から69歳までの間にNCDsで死亡している．これらの「時期尚早の」死の80％以上が低所得国と中所得国で発生しているということであり，経済格差と健康格差の問題解決も国を超えて，グローバルな対応が必要である．[1]

　健康問題は年齢を問わず，社会的にも重要な課題である．筆者らが連携協力した京都府のプロジェクトでは，亀岡市をモデルにオール京都体制で介護予防プログラムを完成させた．医師・行政・運動に関する研究者・栄養士・歯科衛生士が一丸となって，「楽しい」をキーワードにした効果的な介護予防プログラムである（2013年）．[2] 地域介入した結果，運動・栄養・口腔ケアが一体となったプログラムと地域資源である住民ボランティアの育成という京都式介護予防総合型プログラムはエビデンスが構築された．京都式の先進性は健康増進と健康寿命延伸の担い手として，地域にリーダーを養成して，このプログラムを普及するところにある．

　このようなプロセスの中で，私たちは東京オリンピックを目前とした今日，さまざまな分野で活躍する社会のリーダーを育てる必要性を感じている．社会のあらゆる場で，ヘルスプロモーションの理念を浸透させて，お互いに尊重しあい，心に豊かさを持った人々が中心になり，組織や地域が元気になる仕組みを構築すべきである．このようなコンセプトのもと，老若男女が行動するための教科書作成に執りかかった．

　健康は資源であり，目的ではない[3]というヘルスプロモーションの理念に従い，1人ひとりが自己解決力をもって社会に出よう．働く人が健康になる仕組みを自ら提案できるような考え方を学ぶための教科書，それが『健康スポーツとヘルスマネジメント』である．地域の多様な社会資源を活用し，介護予防と健康

増進に取り組もう[4)5)]．競技スポーツも生涯スポーツも，スポーツを人生の同伴者と考え，幼児期から老年期まで生涯にわたってスポーツを楽しみ，健康寿命を延伸しよう．文化・芸術・産業・スポーツなど，どの分野でもアクティブに活動できる平和で文化的な未来を構築しよう．将来，みんなで健康格差をなくし，豊かな地域社会を実現するために，この教科書を役立てていただきたい．

注
1） WHO, What are noncommunicable diseases and their risk factors?, http://www.who.int/ncds/en/, （参照2017-12-2）.

2） 京都地域包括ケア推進機構，総合型介護予防プログラム，http://www.kyoto-houkatucare.org/kaigo-yobou-manual, （参照2017-12-2）.

3） 日本健康教育学会，日本健康教育学会が考える，http://nkkg.eiyo.ac.jp/hehp.html, （参照2017-12-2）.

4） 厚生労働省，介護予防について，http://www.mhlw.go.jp/topics/2009/05/dl/tp0501-1_01.pdf, （参照2017-12-2）.

5） 厚生労働省，これからの介護予防，http://www.mhlw.go.jp/file/06-Seisakujouhou-12300000-Roukenkyoku/0000075982.pdf, （参照2017-12-2）.

目　　次

はじめに

第1章　いのちと身体を見つめよう ………………………………… 1

1．身体の構造と機能　　(1)

2．妊娠・出産と子どもの成長　　(11)

3．シルバーエイジの健康　　(29)

4．食生活と健康　　(43)

5．現代の健康問題　　(51)

第2章　身体運動の科学 ………………………………………… 65

1．筋・骨格系と運動トレーニング　　(65)

2．呼吸・循環・内分泌系と運動トレーニング　　(72)

3．脳・神経系と運動トレーニング　　(80)

4．運動による疲労と休養　　(85)

5．発育・発達・加齢と老化　　(90)

第3章　運動・レクリエーションの実践 ………………………… 99

1．体育・スポーツ・レクリエーション　　(99)

2．運動不活発の影響　　(103)

3．身体活動とこころの健康　　(107)

4．運動の実践（競技スポーツ編）　　(112)

5．運動・レクリエーションの実践（生涯スポーツ編）　　(123)

第4章　健康の定義とヘルスプロモーション ………………… 154

1．ヘルスプロモーションの動向　　(154)

2．個人への働きかけ（健康教育）　　(158)

iv

3．個人への働きかけ（情報提供）　*(165)*

4．個人の環境への働きかけ（公共政策）　*(169)*

5．個人の環境への働きかけ（環境づくり）　*(175)*

第5章　ヘルスプロモーションの推進 ………………………………… *181*

1．ヘルスプロモーションの理念　*(183)*

2．生活習慣病とヘルスプロモーション　*(190)*

3．ヘルスプロモーションの個人と集団へのアプローチ　*(195)*

4．健康づくりのための人材育成と健康教育　*(199)*

5．健康づくりのための身体活動基準　*(205)*

第6章　日常生活の中のヘルスプロモーション ……………………… *213*

1．ロコモティックシンドローム　*(213)*

2．日本人の食生活の変遷と課題　*(215)*

3．ヘルスプロモーションと食事摂取基準について　*(217)*

4．こころの健康と日常生活　*(223)*

5．健康・運動・スポーツ推進のための国の施策・地域での活動　*(226)*

6．ヘルスプロモーションとセーフティプロモーション　*(233)*

編 集 後 記　*(241)*

巻 末 資 料　*(243)*

第1章　いのちと身体を見つめよう

　いのちも身体も大切なものであるということは誰もがわかっている．しかし，元気な時にはそれが当たり前であって，その尊さに気づかないことが多い．病気になった時に初めて，身体の仕組みについての無知を知ることとなる．

　病院で受診する時，その経過や症状を主治医に伝えることは治療を長引かせないための重要ポイントでもある．その時に必要なのがコミュニケーションである．コミュニケーションとは言葉（専門知識を含む）・感情・欲求の３つの要素からなる．また，健康な行動を取捨選択する時に必要になるのが専門知識である．

　病気にならない体づくり（一次予防）と，病気の早期発見・早期治療（二次予防）のために自分の身体のプロフェッショナルを目指そう．私たちの身体はどのような組織・仕組みから成立しているかを知ることで，自分自身を理解し，運動・栄養・休養という良好な生活習慣形成に役立てたり，病気を予防し，重症化を避け，治療に役立てたりできる．

　健康であることは自分に与えられた，最大のプレゼントともいえる．しかし，人間の身体は如何に鍛えようとも，目に見えない病原菌・病原ウィルスなどの外敵に弱く，繊細なものである．また，身体のネットワークの乱れも病気を引き起こす．まずは，身体の構造や機能，健康を維持する，身体の織り成す絶妙なネットワークについて知ろう．

1．身体の構造と機能

A．人体の構成要素

　人体がどのような元素，あるいは組織や器官で構成されているかを示すことを体組成（body composition）という．細胞の最小単位は32種類の「元素」で構成され，6つの多量元素だけで98.5％を占め，残りの1.5％がその他の元素ということになる．

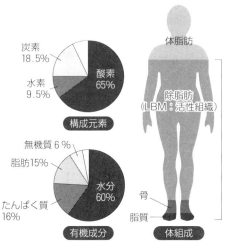

図1-1　体組成 (body composition)
（出所）吉中康子・佐藤仁・斎山美津子・他，新・スポーツと健康の科学，晃洋書房，2007.

　多量元素は酸素 (65.0%)，炭素 (18.5%)，水素 (9.5%)，窒素 (3.2%)，カルシウム (1.5%)，リン (1.0%) で，少量元素はイオウ (0.3%)，カリウム (0.4%)，ナトリウム (0.2%)，塩素 (0.2%)，マグネシウム (0.1%) である[1]（図1-1）．このような元素は，少ない割合でも欠乏すると，細胞は正常に働くことができない．これらの元素から構成される人体の有機成分のうち，体液（水分）が成人では体重の約60%（図1-2）を占めていて，以下，たんぱく質約16%，脂肪約15%であり，無機質が約6%となっている．体組成は体脂肪量と除脂肪量（LBM：活性組織）に区分されることが多く，この構成とヒトの健康や身体の働きとの間に密接な関係があるとされている[2]．

　また，人間の体を構成している細胞は，絶えず，古い細胞と新しい細胞が置き変わる「新陳代謝」を繰り返している．その中でも皮膚の表面（表皮）や小腸などの細胞は激しく入れ替わっている代表である．こうした部分はたとえ傷ついたりしてもすぐに新しい細胞と置き換えられる．皮膚などは年齢とともにしわが増えたり張りが無くなったりするが，それでも，その細胞は常に新しいものに入れ替わっている．

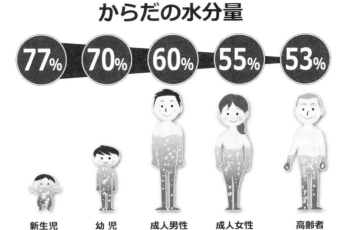

図1-2 からだの水分量
(出所) Medic Art8 作成．

B．骨

骨は約80％のリン酸カルシウムなどの無機質および約20％のコラーゲンなどの有機質からなる骨基質と，数種類の骨の細胞群から構成されている．そして，骨も代謝を続ける組織であり，主に3種類の細胞（骨芽細胞，骨細胞，破骨細胞）によって，代謝が担われていると考えられる．

また，骨格は頭部23，頸椎7，肋骨と胸骨25，上肢64，脊柱32～34，腰椎5，仙骨5，尾骨3～5，下肢62など，200余りの骨で構成されている（図1-3）．骨は身体を支えるだけでなく，以下のような3つの働きを担っている．

① 体に必要なカルシウムの補給庫としての機能
② 身体の支持・保護組織としての機能（姿勢を維持し，内臓を保護する）
③ 造血機能（成長期のカルシウム不足と運動不足は貧血，骨粗鬆症の原因）

骨も新陳代謝が行われ，破骨細胞によって骨吸収が行われ，骨芽細胞によって骨形成され，古い組織を新しい組織に置き換えている．これを骨リモデリングすなわち骨再構築（骨改造）と呼んでいる．このように骨吸収と骨形成がバランスをとっている状態をカプリングといい，1年間で全体の骨組織が4％入れ替わるとされている（図1-4）．

また，骨の形成にはバランスの取れた栄養，運動，太陽を浴びることが必要

4

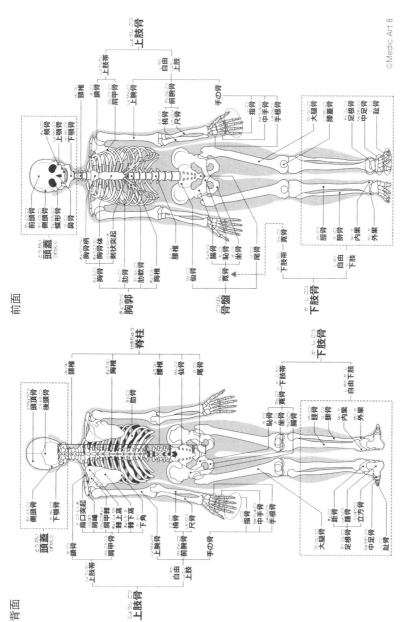

図1-3　全身の骨格と名称

(出所) Medic Art8作成.

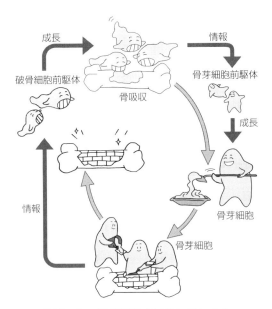

図1-4 骨再構築（骨改造）のしくみ
(出所) 新・スポーツと健康の科学.

である．体のカルシウムバランス（血中1％）が正常であることは，「体の筋肉の収縮・弛緩を制御する」「脳や神経からの情報を伝達する」「血液を固まらせる」「ホルモンの分泌調整や酵素の働きを助ける」等，私たちの体を正常に，働きの良い状態をつくっている[3]．

　カルシウムバランスが乱れると骨の正常な機能の維持ができないだけでなく，「イライラ」症状を引き起こし，人間関係の構築にも悪影響を及ぼすこともある．食事内容を綿密にチェックし，栄養バランスを考え，特にカルシウム（1日650mg）やたんぱく質（体重1kg当たり，1.2～2.0g．必須アミノ酸9種類がそろうアミノ酸スコア100％を選ぶこと：鶏肉，豚肉，卵，牛乳，ヨーグルト，豆腐と鰹節，魚）が不足しないよう日頃から必要量を摂る必要がある．

C．筋肉
(1) 筋肉の種類
　人間の筋肉は約639種類あり，大きく分けると随意筋と不随意筋の2つに分けられる．筋肉は，体を動かす働きだけではなく，呼吸運動や胃腸の消化運動

など生命活動の維持に関しても，重要な役割を担っている．筋肉の組織は筋細胞（筋線維）に，多数の神経や血管が入り込み，結合組織が介在している．筋肉はその構造や働きの違いによって骨格筋，平滑筋，心筋の3つの種類に分けられている．

① 骨格筋

普通，筋肉というと骨格筋をさしている．横紋が見られるため横紋筋ともいい，自分の意志で自由に動かせるので随意筋といわれる．腕や足の筋肉，腹筋，背筋などがある（図1-5）．骨格筋は十分にトレーニングすることで発達する．外出機会が多い人では外側広筋，大腿直筋，中間広筋などの衰えが少ないと言われる．平均寿命の推移から，2人に1人が100歳まで生きる時代を迎えつつある．現代人にとって，骨の成長が終了した16～22歳（高校生～大学生）の期間は大いに筋肉を鍛えることが重要であり，一生を健康に生きる基盤づくりが必要である．

② 平滑筋

平滑筋は内臓筋ともいわれる．内臓の筋肉は自分の意志で自由に動かしたり，止めたりすることができないため不随意筋といわれる．消化器や泌尿器の壁となっている筋肉などで，胃や腸を動かし，尿などを運ぶはたらきをしている．血管の壁も平滑筋からできている．

③ 心筋

心臓だけにある筋肉で，心臓の各部屋の壁をつくっている．一生の間，縮んだり膨らんだり，状況に合わせて規則正しく働く筋肉である．心筋は不随意筋の中でも最も大切な組織の1つで，常に全身に新鮮な酸素と栄養を供給する役目を担っている．

(2) 筋肉の働き

筋量は体重の35～40％程度となっている．筋肉はいくつかの繊維が協力して1つの骨を動かし，それぞれの筋肉には，脳から直接に出てくる神経，あるいは脳から出て脊髄を通ってくる神経が入り込み，脳からの指令にしたがって収縮し，運動が行われる．ただし，反射的な運動は脊髄からの指令だけで行われることもある．筋肉の中に入り込んだ神経は，細かく枝分かれして，筋肉の構成部分である筋繊維の1本1本に到達しており，これをモータユニットという．

その結果，神経の興奮に対し，筋肉全体が同時に反応し，すばやく収縮することができる．筋肉は，収縮して動きをつくっている（図1-6）．1つの動き

第1章 いのちと身体を見つめよう 7

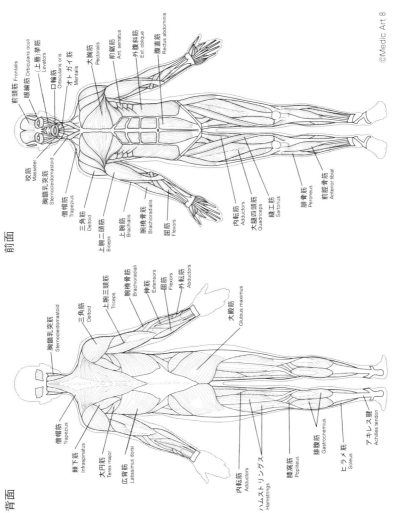

図1-5 全身の筋肉と名称

(出所) Medic Art8作成.

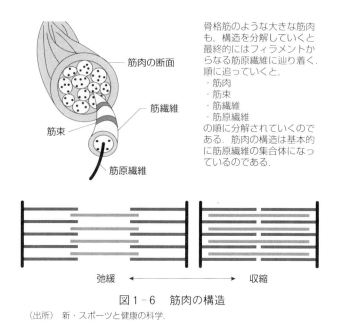

図1-6 筋肉の構造
（出所）新・スポーツと健康の科学.

に対して複数の筋肉が使われ，同じ方向に協力して働く筋肉を協力筋，互いに反対の方向に対して働く筋肉を拮抗筋という．

　フィギュアスケートの羽生結弦選手・宮原知子選手や宇野昌磨選手の芸術的な演技も，身体全体の筋肉終板の受容体からの感覚刺激が脳でフィードバックされ，複数の筋繊維がうまくバランスを取り合って，連動することで，しなやかな動きを作り出している．サッカーにおける神技といえる絶妙なパスも，目から入った情報を処理し，次のプレーに繋がっている．スポーツにおける人間の空間認知やサッカーのような集団的なゲーム戦略においては，目から入った刺激から判断し，日々の練習で培ったセットプレーに合わせている．筋繊維を上手くコントロールし，仲間の動きを予測してプレーする総合的な人間の調整力の成果である．芸術的とも言えるプレーは瞬時にそれをやってのけ，神業のように見えるが，選手にはコースが読めているのである．このような能力は，日々の練習の中で脳に成功事例がコピーとして小脳に取り込まれ，最初は意識的であったものが条件反射として正確な動作として身につくのである．

　近年，BMIが18.5以下のやせ型の女性が増加しているが，筋肉は視覚，聴覚からの刺激で，体の内と外の情報を瞬時に脳に伝え行動する重要な組織であ

る．それゆえ，体重が軽く，筋肉量が少ないスリムな体は健康・運動・人間関係・学びなどの観点からは要注意．幼少時から高齢期まではもちろんのこと，思春期以降は特に運動を心掛ける必要がある．そこで，筋肉の働きをしっかり学ぼう．

(3) **筋肉の役割**

筋肉は身体を動かすだけではなく，以下の5つの重要な役割を担っている．

① **体温調節機能**

寒い日に外に出るとブルッと震えたり，排尿後に体が震えたりするのは，身体から逃げた熱を補うために筋肉を震わせ体温を調節しているのである．筋肉をわずかに震わせることによって，身体は体温をつくりだしている．逆に，暑いときには筋肉を弛緩させ，熱を放散させている．

② **血液循環を助ける**

下半身には全身の筋肉の3分の2が集まり，歩行やランニングをすることで，下肢の静脈血を筋肉で圧迫して心臓に還流させる．脚は第2の心臓といわれる理由がここにあり，これを「ミルキングアクション」という．

しかし，歩くという動作だけでは前脛骨筋しか使用していない．そこで，全身の筋肉を使うような運動，たとえば体操，筋力トレーニング，ストレッチなどをすることが健康増進のポイントである．

③ **脂肪燃焼を活発にする**

筋肉を動かすために最初は糖質が燃え，20分くらいすると脂肪がエネルギーとして使われる．体の中の余分に溜まった脂肪は筋肉内でのみ燃焼される．そこで，肥満を解消するには身体活動を活発にし，充分にたんぱく質 (アミノ酸) を摂取することも必要である．

脂肪燃焼のためには，トレーニングや運動だけにこだわらず，普段の生活をアクティブにすることも勧めたい．サッサと歩く，階段を利用する，ストレッチなどをこまめにするだけでも，基礎代謝が上がり，太りにくい体となる．

④ **骨軟化を防ぐ**

骨はたえずカルシウムの出し入れを行っているが，筋運動による骨への垂直刺激がカルシウムの吸収を促進し，骨密度が増す．身体活動が活発でないと骨はカルシウムを吸収できないばかりか，骨組織からカルシウムが血中に解け出し，骨粗鬆症となる．宇宙空間での無重力状態や，運動不足などで骨に力がかからなくなると，骨密度が減少し，骨がやせてもろくなる危険性がある．健康

な成人では，骨がつくられる量と，溶かされて吸収される量が釣り合っていて，そのバランスによって常に骨が若々しく保たれる．

⑤　大脳の神経伝達物質の活性化（認知症予防，若年性認知症予防）

ホルモンや神経伝達物質をはじめとする種々のシグナル分子は，細胞表面の受容体に結合し，細胞内のセカンドメッセンジャーを活性化することによって，細胞にさまざまな反応を引き起こす．すなわち，筋肉が活発に動くことで筋肉中のカルシウムが神経伝達物質受容体などを活性化し，タンパク機能を調節し，シナプス伝達の可塑性，さらには，記憶・学習をはじめとする高次脳機能にも重要な役割を果たすと考えられている．適度な運動後の学習は学習効率を上げる可能性がある（運動後に寝てしまうと効果はない．また，自分がどのようになりたいかを考えて，行動する．意識して生活することで素敵に能力アップできる）．しかし，一番重要なことは，目標を立て，計画的に自己改革する意識である．

(4)　筋肉のバランス

人間の体の1本1本の骨を支えているのは，"筋肉"で，その筋肉のバランスが崩れれば，からだの他の部分に負担がかかる．このことが肩こりや腰痛の原因になるばかりか，ともすれば，骨が歪むこともある．骨の歪みは体にさまざまな害を与えることになる．その究極の原因は，日常生活にあり，車をはじめ家電製品の普及により私たちの生活はたいへん便利になり，体を動かすことが減少したことにある．また，正座の生活から，椅子の生活になったため，若者の姿勢も大変悪くなっている．筋肉が常に新陳代謝を繰り返し，再生されるために必要なのが，運動と栄養と休息のバランスであるが，美しい動作や姿勢は常に意識して自分で作りだすことが必要である．

筋肉を使わない日々の生活は身体機能を加速度的に衰えさせる．これを廃用性萎縮という．筋肉は常に鍛えられ，丈夫でより力が出せる状態であることが好ましい．防災の備えのように，我々の身体の機能も，日々どのような危険にも対応できるように準備しておく必要がある．特に，子育てや介護，日常の危険回避などは筋力・敏捷性・持久力などが必要である．いつ起きるかわからない突発的な危険に対し，身体能力の向上を常に意識することが望まれる．日常で必要がなくとも，筋肉・関節・神経などの運動器はバランスよく鍛えておくことが重要である．スポーツで，頂点を目指すトレーニングが，危険予知能力や回避能力を鍛えることに繋がる．

しかし，日々の日常生活を営むうえで，スポーツに勤しむ時間がないという

人も多い．時間がなければ「筋力トレーニング」のかわりに，意識して歩く，全身を動かす，簡単なストレッチや体操などの「動きのある生活」を心がけることが健康維持や安全から身を守るポイントとなる．全身の筋肉の5つの基本的働きを理解し，体づくりをおろそかにしないよう，今日から筋量・筋力アップを実践しよう．筋肉の5つの基本的働きは以下のものである．

① 筋肉は重力に対し，常に姿勢を保持し，無意識に "てこ" の原理を働かせてバランスをとっている．

② 筋肉は収縮する際に力を出す．よく鍛えた筋肉は強い収縮力を持っている．

③ 人間の身体の筋肉は下半身に全体の約3分の2が集まっており，歩き，走り，運動することで末端の血液を心臓に戻す仕組みがある．

④ 人間の身体動作は必ず大きな筋肉がゆっくり動くことから始まり，次第に小さな筋肉へと伝わる．遊びの中で敏捷性を養うような動きをすることで，微妙なコントロールが深層筋（インナーマッスル）で行われる．そこで，大きな負荷での筋力アップだけでなく，負荷の軽い，素早く動くトレーニングも必要である．

⑤ 筋肉に栄養を運んだり，筋肉の疲労を取り除いたりするのは呼吸循環器系の働きであり，特に呼吸法も重要である．

上記にあげた5つの基本は健康づくり運動だけでなく競技力向上を目的としている場合も，知っておいて役立つものである．

2．妊娠・出産と子どもの成長

人間の一生は受精という，たった1個の精子と卵子の偶然な出会いから始まる．女性は胎児期の20週ころには卵巣の中に約500～700万個の卵祖細胞が作られ，出生時には100万個の卵母細胞となる．出生時に1回目の減数分裂を行い，休止状態であった卵母細胞は排卵直前に10年から数十年の眠りから覚める．15歳で月経がはじまり，50歳で閉経すると35年．一生に排卵されるのはたったの420～500個程度であり，あなたは10万分の1の確率で選ばれて生まれた1人といえる．しかし，一方で男性は10歳から70歳まで毎日作られる精子の数は5000万～1億個であるがその中からたった1つの精子だけが卵子の核と融合できる

のである．男性の精子が女性の卵子と出会う確率は1回に射精される精子の数から見ても，4億分の1の確率なのである．人間の生命は，このように想像もできないほど，偶然の出会いの中で，2人の責任ある行動の結果として誕生する．奇跡ともいえる出会いの結果，誰もがかけがいのない人生をスタートさせるのである．このような生命の始まりに思いを馳せる時，いのちの始まりを学び，人生のどのステージにおいてもより良く健康に生きて欲しいと願わずにはいられない．

　さて，2016年の合計特殊出生率は1.44と過去最低といわれた1.26（2005年）からは回復しているものの，人口減に歯止めがかからない状況である[4]．子どもの数は減少しているにもかかわらず，2014年のデータでは児童相談所における児童虐待相談対応件数は24年間で約80倍に増加していた[5]．また，子の虐待について実母が50.8％で，実父が36.3％であり，いかに未熟な親が多いかが分かる．家庭教育や学校教育だけが教育ではなく，虐待は社会全体で取り組む問題と言える．

　私たちは性について無知である．学校教育でも，家庭でも性の話題がきちんと語られることは少ない．しかし，いのちの問題として，真剣に自分のからだや性と向き合うことは必要である．性の問題は「知識」でなく，その人自身の生き方や道徳観に支えられている．性とはその人の生きる「知恵」として育まれるものである．性に関する知恵は自分自身と相手を理解することでもある．また，妊娠することは責任を伴うものであることを知る必要があり，妊娠中絶は女性の心も体も傷つける．男女ともに，性の知識を学び，お互いに責任ある行動が取れ，出産後は子どもの成長に愛情を注ぎ，親としての自覚が重要である．子どもの成長に合わせて気力・体力・財力も必要であり，育児の前に育自あり，自分自身を成長させよう．

　男女ともに生殖器は思春期に永い眠りから覚めて，急激に発育する繊細な機能である．そして女性の子宮は宿した命が出産まで，順調に育つための「いのちのゆりかご」ともいえる．お互いに自分の身体をいのちの神秘を知ろう．

A．女性のからだ

　女性の生殖器は子宮，卵管，卵巣，腟などで構成され，腹部の低い位置にあって，骨盤で保護されている（図1-7）．思春期になって始まる月経は，性機能が成熟した証で，女性が妊娠可能となる．

第1章 いのちと身体を見つめよう　13

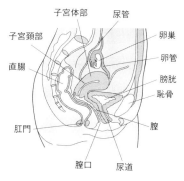

図1-7　女性の生殖器
（出所）　新・スポーツと健康の科学．

　そのメカニズムは脳の中の脳下垂体と呼ばれるところから卵胞刺激ホルモン（FSH: Follide Stimulating Hormone）と黄体形成ホルモン（LH: Lutenizing Hormone）が分泌され，このホルモンが卵巣に達すると，その刺激によって卵巣では卵胞が成熟する．体内には左右1対の卵巣があり，ほぼ28日を周期に左右交互に排卵されるしくみとなっている．

　排卵されると，黄体形成が行われる．そして，排卵前の卵胞からは卵胞ホルモン（Estrogen：エストロゲン）が，排卵後には卵胞ホルモンと黄体ホルモン（Progesterone：プロゲステロンなど）の2つが分泌され，それらのホルモンの働きで子宮内膜層が増殖して厚みを増す．これは受精卵が子宮へ運ばれてきた時に子宮壁に着床しやすくすることと，受精卵への栄養を準備するためである．しかし，受精が成立しない場合には，卵子は壊れて子宮分泌液などとともに体外へ排泄される．そして，着床準備のために厚みを増していた子宮内膜は剥離し，その時に生じる出血とともに体外に流出する．この現象が月経と呼ばれるものである．この周期的変化が，個人差はあるが，ほぼ28日間のサイクルで起こり（図1-8），1年間で13回，一生では400～500回も妊娠のチャンスがあることになる．妊娠・出産は家族にとって喜ばしい，人生で最高の贈り物と言える．その時を周囲の思いやりで支え，多くの家族や友人が祝えるように，準備する必要がある．加えて，喫煙や放射線の害も知らず知らず影響するので，法律で守る必要がある．

　また，出生時に持っていた卵子であるから，高齢出産では卵の質の低下のため，減数分裂の際の染色体不分離（トリソミーなどの原因）の頻度も上昇し，受

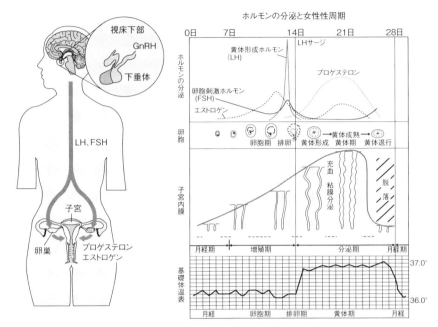

図 1-8　ホルモンの分泌と女性の性周期

(出所)　㈲彩考作成.

精や分割能力も低下することも考えられる[6]．

(1) **卵巣**

　卵巣は女性だけが持っている大切な臓器である．卵巣は子宮の両側に1つずつある長さ約3cm, 幅約1.5cm, 厚さ約1cmの卵円形の器官で, 親指大ほどの大きさである．卵巣で作られた卵子は卵管に送られ受精の時を待つ．受精した卵子は卵管を通り子宮体部に着床する．

　卵巣は卵子の産生と女性ホルモンの分泌が重要な役割である．主な女性ホルモンは, 卵胞ホルモン (エストロゲン) と黄体ホルモン (プロゲステロン) で, 女性ホルモンのバランスが崩れると, 月経不順, 子宮内膜症, 子宮筋腫, 不妊などの病気を発症する可能性がある．女性ホルモンの働きは以下の8つがある．

①　骨を作る
②　乳房や子宮の発達
③　自律神経のバランスを整える
④　血中コレステロールを減らす

⑤ 記憶力を高める

⑥ 美しい肌や髪を保つ

⑦ 腟内分泌液の分泌

⑧ 脳梗塞や心筋梗塞のリスクを下げる

卵巣は生命の維持には直接影響を与えない臓器であるが，分泌されるホルモンは人生や生活には大きな影響を与えている．

(2) 卵管

卵巣から子宮底の外側までの間を走る長さ約7～15cmの細い管．子宮内腔（卵管子宮口）に続き，先端は漏斗状に腹腔に開いている．卵管腹腔口の漏斗の外周縁は卵管采と呼ばれ，一部は卵巣に付着している．卵管壁の粘膜には線毛があり，卵子を子宮に送る．

(3) 子宮

骨盤腔内で膀胱と直腸の間にあり，底辺が上になる下向きの二等辺三角形状で，底部，体部，頸部（けいぶ）に分けられる．正常な場合，前傾・前屈状態になっている．子宮の中は子宮腔といわれる空間で，胎児はその中で育っていく．子宮壁は，粘膜，筋層，漿膜からなる．粘膜は子宮内膜といい，線毛上皮でおおわれ，多数の子宮腺をもつ．卵巣周期・排卵に関連して一定の周期的変化がおこる．

B．男性のからだ

ミュージカルの『コーラスライン』に出てくるマーク（20歳）は初めて夢精を体験し，父の医学書で自己診断し，教会で懺悔するシーンがあるが，真実を知れば，それは成長の過程で誰もが経験することで，病気ではないことが理解できる．

男性は思春期になると，生殖能力が十分に備わり，成人としての性の特徴が現れてくる．思春期は通常10～14歳を指すが，9歳という早い年齢で始まることもあれば，16歳まで続くことも珍しくない．思春期になると，脳の下垂体が黄体形成ホルモンと卵胞刺激ホルモンを分泌し，これらが精巣を刺激して男性ホルモンの一種であるテストステロン（Testosterone）がつくられる．テストステロンには，ひげや声変わりなどの第二次性徴を発現させる働きがある．精子の形成は14歳ごろに始まり，最初の射精は思春期の終わりに起こる．

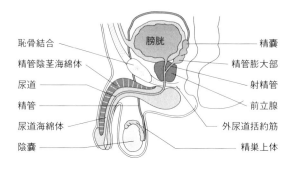
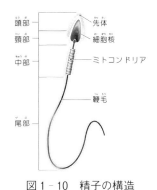

図1-9　男性の生殖器　　　　　　　　　　　図1-10　精子の構造
(出所)　㈲彩考作成.　　　　　　　　　　　　　(出所)　Medic Art8作成.

　男性の生殖器系は，外部器官の陰茎（ペニス）と陰嚢，内部器官の精管（輸精管），精巣（睾丸），尿道，前立腺，精嚢から構成されている．遺伝子を運ぶ精子は精巣でつくられ，精管を通って精嚢に蓄えられる（図1-9）．

(1) 精子

　精子は精液とともに尿道に送られ，勃起した陰茎から射出される．1回の射精で精液は3〜7cc放出され，その中に1〜4億個もの精子が含まれている．精子は37℃で25μm/秒（1μm = 1/1000mm）とゆっくりとした速度でしか移動しないが，分泌液と混じって精液となり，射精された後は，1分間に3mmぐらいの速さで進むことができるようになる．精子は睾丸の精細管の壁に並列している精上皮細胞が分裂して，約70日間で精子に変化する．また，精子は頭部，頸部，中間部，尾部の4つの部分からなっていて，長さは約0.1ミリである（図1-10）．

(2) 陰茎

　陰茎は腹壁につながった陰茎根，中間部の陰茎体，陰茎先端の円すい形をした亀頭で構成されている．亀頭の先端には，精液と尿の放出口となる外尿道口がある．亀頭と陰茎体の間のくびれを亀頭冠といい，割礼を受けていない男性では，亀頭が露出せず，亀頭冠まで包皮で覆われている（包茎）．陰茎体には，勃起組織である円筒形の空間（洞）が3本ある．そのうち大きい方の2本は1対の陰茎海綿体で，並んで位置している．もう1本は，尿道を取り巻く尿道海綿体である．これらの海綿体洞が血液で満たされると，勃起といい陰茎は大きく硬くなる（図1-11）．亀頭が露出せず，亀頭が包皮におおわれている状態が長期間におよぶと，包皮の内板と亀頭の間に恥垢（ちこう，スメグマともいい，こ

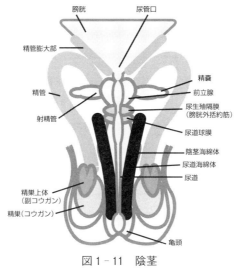

図1-11　陰茎

(出所)　㈲彩考作成.

の部分特有の垢)がたまる．恥垢は尿で汚染されやすく，細菌が感染しやすいうえ，体温や尿による湿り，外気にふれにくいといった条件から，細菌繁殖の温床となりやすい．予防としては，入浴時に包皮を翻転し，ぬるま湯で軽く洗うなどして，恥垢がたまらないようにするとよい．また，男性が清潔にしておかなければ女性の腟が細菌感染する恐れがあり，男女とも命を育むために清潔にすることはマナーである．また，幼児期などにも恥垢がたまり，細菌感染し尿道から膿が出ることもある．これが腎臓に達すると腎炎になることもあるので，子どもの時からきちんと教えるべきである．

(3)　陰囊

陰囊は薄い皮膚でできた袋で，精巣を包んで保護している．また，陰囊には精巣の温度を調節する役割もある．正常な精子をつくるためには，精巣の温度を体温よりやや低く保つ必要があり，陰囊壁の精巣挙筋がゆるんだり収縮したりすることで，精巣を体から離して冷やしたり，体に近づけて温めたりして保護している．

(4)　精巣

精巣には，精子をつくる機能と，主要な男性ホルモンであるテストステロンをつくる機能がある．精巣上体(副睾丸)はコイル状の管で，長さは約6メー

トルあり，左右の精巣にそれぞれつながっている．精巣でつくられた精子は精巣上体に集められ，ここで成熟する．精管は精巣上体から精子を送る丈夫な管で，左右の精巣上体から伸びて前立腺の背部につながり，尿道に通じている．

精管はさらに，血管や神経と合わさってからみ合った構造の精索を形成している．男性の尿道には2つの機能がある．1つは膀胱から尿を排出する尿路の一部としての機能と，もう1つは，精液を射出する生殖器系の一部としての機能である[7]．

C．妊娠・出産

お腹に生命を宿したその日から，肉体的にも精神的にも母体に大きな変化がはじまる．筆者の経験から，出産は女性にのみ与えられた最高の感動ともいえる．個人を取り巻く家庭，環境，生命尊厳の意識，幸福感，母親となる喜びや不安，肯定的感情や否定的感情など，すべてが生命の誕生に関わりあう．

現代は情報の時代であり，妊娠や出産，育児に関する本も多く，いつでも手にいれることができる．しかし，情報過剰や誤った不正確な知識よりも，いつでも相談できる身近な専門医や保健士，実際に子どもを産み育てた経験のある周囲の人々，そして同じ地域の母親同士で集まれる場所などを利用し励ましあって，育児を楽しもう．さらに家族の協力を得ることで余裕ができ，教えられ，学ぶことも多くなる．

(1) 妊娠

思春期になると約1万個の卵母細胞の中の1つが約12～14日間で成熟卵となり左右の卵巣から毎月交互に排卵される．卵子は卵管膨大部において，侵入してきた精子群と出合った時，そのうちの1個の精子が卵の原型質中に入り受精が成立する（図1-12）．受精卵は直ちに分裂を開始し，二分裂を繰り返しながら細胞数を増やして3～5日で十数個になり，外観が桑の実状を呈するようになる．

このような発育をしながら，受精卵は卵管内を10日近くかかって，子宮内部へ到着する．子宮内膜は黄体からエストロゲン・プロゲステロンの作用で厚くなるとともに柔らかく海綿状になり，血管が発達し種々の栄養分を蓄えて受精卵を迎え入れやすい態勢を整えている．この中へ入り込んだ受精卵は，まず自分で子宮内膜の表面に付着し，それを溶かして内部へ沈み込んでいく．こうして，一度は子宮内膜中へ埋没した受精卵は周囲から栄養を得てどんどん発育し，

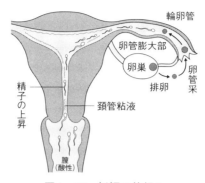

図1-12　妊娠の仕組み
（出所）㈲彩考作成．

次第に繊毛という細かい根のような組織を子宮内膜へと食い込ませて，定着と栄養摂取を行うようになる．

この繊毛群がのちに胎盤となって胎児の代謝のすべてを賄う器官に発達する．このようにして妊娠が完全に成立して受胎が完了する．まれに子宮外妊娠も起こりうるので妊娠の可能性があるときは，早期に診察を受け，医師の指示を得ながら，定期的にその発育状況を診ていくことが大切である．

妊娠が確認できる4週頃は，すでに胎児の脳や心臓など各器官の形成は始まっており，12週頃にはほとんどの器官が形成される（図1-13）．妊娠中は以下のことに注意しよう．

〈妊娠中の注意点〉
① 妊娠の事実を知る
② つわりの対策
③ 流産防止（振動・転倒・過労・腹部への強い衝撃など）
④ ウィルス性の病気への感染防止（風疹・単純ヘルペスなど）
⑤ ホルモン剤や薬剤の乱用を避ける
⑥ タバコ，アルコールは吸わない，飲まない
⑦ 肥満，ストレス，怒責，動悸などを避ける
⑧ 妊娠高血圧症候群の予防（十分な睡眠，休養，減塩，栄養のバランスによって防止）
⑨ 中期や後期は軽い運動を専門医の指導のもとに取り入れる．マタニティスイミングや軽い体操を行うとよい．

図1-13　胎児の発育
(出所)　iStock (Nataliya Iakubovskaia).

(2) 出産

　お産が正常に行われるためには，産道，娩出力，胎児の状態の3つのバランスが重要である．正常な胎児の位置は頭を下にしている（図1-14）．出産の第1期は開口期といわれ約13時間，第2期は娩出期で約1時間，第3期は後産期で15分から30分間ぐらいが一般的な時間経過である．

(3) 産後の注意点

　出産を境に，今まで盛んに分泌されていた女性ホルモンが急激に低下し，ホルモンの状態が妊娠中とは全くというほど変わる．そのため自律神経系が影響を受け，本人の自覚の有無にかかわらず感情の変化として現れる．

　他にも，分娩や慣れない育児の疲れ，家で1人育児にとり組まなければならない孤独感や不安，睡眠不足などのストレスが重なり感情が不安定になることもある．産後2～3日目に，わけもなく涙が出てきたり，家族のちょっとした言葉が気にさわって悲しくなったりする感情の不安定な状態はマタニティブルーと呼ばれる．

　しかし，育児は楽しいものであるが，夜泣きなどには悩ませられることが多い．筆者は，音楽体操のストレッチなどに使う心地よい音楽に合わせて自身の

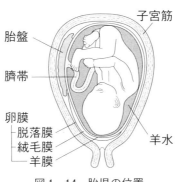

図1-14　胎児の位置
（出所）㈲彩考作成.

心臓の音を聞かせるようにやさしくスキンシップをした．泣くときは，おむつが濡れている，お腹がすいている，衣服にしわが寄っていて痛いなど原因がある．

　産後は母乳が大事であるので，必要な水分や栄養バランスを考えて食事をする．母乳育児の利点は，オキシトシンが分泌されて産後出血が減り，エストロゲン分泌が抑制されるため閉経前の乳がんが減り，卵巣がん，子宮体がんも減るとされている．また母乳を通して母親が食べたものの匂いと味を学習し，食育につながり，乳頭・乳輪を吸うことで顎や顔面が適切に発達し，SIDS（乳幼児突然死症候群）の予防につながるともいわれる．しかし，母乳が出ない場合もあるので，完全母乳にこだわらず，混合でも，人工栄養でも，母親が笑顔で子育てをすることが大事である．

　次に，産後の注意点を挙げる．

- 十分な休養を取る
- 産褥期（6～8週間）の母体回復の状態をチェックし，無理をしない
- 不規則な睡眠の中で，少しの時間でも休養と睡眠の確保をする
- 妊娠高血圧症候群の後遺症などに気をつける
- 貧血にならないよう，栄養バランスと鉄分不足に気をつける
- 炎症（子宮内膜炎，膀胱炎，乳腺炎）があれば，早めの治療をする
- ホルモンの変化による心の不安定があることを理解する

⑷ 家族計画と受胎調節

　家族計画は夫婦が将来の人生設計に基づき，母体の健康状態などを考慮しながら，それぞれの家庭の生活向上と幸せとを目的とし，子どもを，いつ，何人産むのかを計画的に行うことである．人口妊娠中絶は胎児の生命を奪うということから，倫理上問題となっている．また，母体にも悪い影響を与えることが多いので好ましくない．これらのことを考えると計画的な出産をするには，妊娠時期を調節することが必要になってくる．正しい受胎調節の方法には，OC（低用量ピル）・コンドーム・基礎体温法などがある．避妊法もしっかり学び望まない妊娠は避け，計画的な出産ができるようにすることが大切である．

　バースコントロール（避妊）はお互いが責任を持とう．2人が妊娠したことを祝福でき，周囲にも喜んでもらえるようにお互いに理解しあい，青年期は自分自身を育てるとともに，違いある他の人を理解する許容力も必要である．やがて，結婚，出産，育児，仕事といった大人の責務を与えられ学ぶことも多いが，若い時に自己を高める活動や社会貢献性のあるボランティアなどを経験し，行動することで，多くの出会いから学んでいこう．

　「みんなは幸せになるために生まれてきた」という HIV 感染者のマジック・ジョンソンは自分の運命を赤裸々に公表し，医学の進歩のおかげで，健康を維持し，病気を克服し事業を成功させた．失敗も人生であるが，困難は乗り越えることができる．自分の人生を誠実に生きていこう．親となれば子育てにもしっかり取組み，子どもには愛情をたっぷりと与えよう．「育児の前に育自あり」，自分が心身ともに自立でき，自己管理でき，自己責任を負えるなど，自分が自立した大人になり，母親も父親もまず健康であるために準備が必要である．

D．子育て

　人間は親になればただちに最良の子育ての専門家になれるわけではない．「子をもって知る親の恩」といわれるように，子どもを育てていく中で，親として人として，初めて気づき成長することが多くある．亀岡市の太田保育園の講堂には「子どもができて親になる，子どもと親は同い年」という言葉が掲げられている．

　子育てを通じて，親は子どもが人として心身ともに健全に育つためには何が大切かを学んでゆくことになる．乳幼児期は親の保護の元で成長をしてゆく．過保護，無知，放任は子どもに対して，取り返しのつかない大きな影響を考え

ることとなる．また，愛情と安全を心がけて育児に取り組むことも重要である．

(1) 子育てとその支援

誕生後，脳と神経のネットワークは3歳までの間に急速に発達する．しかし，それで終わりではなく，その後も長い時間をかけて発達していく．その月齢，年齢にふさわしい育児を心がけ，親自身も子どもとともに成長する．核家族や都会砂漠での1人での余裕のない育児を行う場合に，周囲は子育てに困っていること自体，特に気づきにくい[8)9)10]．そこで，全国各地で行政や関係組織がネットワークを持って「子どもを守る地域ネットワーク」などを運営している．困った時こそ，SOSのサインを出せば，子育てを応援するシステムがあるので，1人で悩まずに相談すべきである．

また，子育てや介護をしながら働き続けられるよう，仕事と家庭を両立しやすい職場環境づくりを推進するなど，誰もが仕事と生活の調和が取れた働き方ができる社会の実現に向けた政策も利用しよう．幼児期の学校教育や保育，地域の子育て支援の量の拡充や質の向上を進める「子ども・子育て支援新制度」も，2015年4月にスタートしている[11]．

幼児期の成長をみるとき「体力，意欲，感性，他のものを思いやる心」の充実が図られるためには，保育者自身が子育ての重要さと楽しさに気づくことが大事である．子どもの順調な成長に充実や喜びを感じ，子どもと共に笑顔で成長していこう．

現実的には子育て期にある30歳代男性の4人に1人は週60時間以上就業しており，子どもと向き合う時間が奪われている．日本の男性の家事・育児に費やす時間は世界的にみても最低の水準であり，その負担が女性に集中している．女性が育児休業を利用しなかった最大の理由は「職場への迷惑」であり，育児休業制度が十分に活用されるためには，職場優先の風潮を改善し，長時間労働環境の見直しが必要とされる．職場の中で，管理職の理解があり，職場の仲間が支えあう体制づくりも必要である．

(2) 身体の発育

生まれて1週間から2週間までの赤ちゃんを新生児といい，乳児期のなかでも特徴ある体の変化がみられる．平均的な新生児の体重は2500gから3800gまでで，2500g未満を低出生体重児，4000g以上を巨大児という．成熟と体重は必ずしも一致していないが，身長，体重，胸囲，頭囲は発育の目安となるので，定期的に一定の条件のもとで測定することが大切である．たとえば，体重の増

加率は人生のうちで最も大きく，満3カ月半で出生児の約2倍，1年で約3倍
となる．脳の重さは大人では体重の1/40であるが，出生児の赤ちゃんは約1/9
で，体重に比べると大きく，満1歳で出生時の2倍になる．発育状態は体重で
みる習慣があるが，正しくは身長と体重をあわせて判断しなければならない．

カウプ指数：乳幼児の発育状態を知る目安

$$カウプ指数 = 体重(kg) \div \{身長(cm) \times 身長(cm)\} \times 10^4$$

表1-1　カウプ指数と発育評価

発育状態	カウプ指数
やせすぎ	13未満
やせぎみ	13以上～15未満
標準	15以上～19未満
太りぎみ	19以上～22未満
太りすぎ	22以上

ローレル指数：学童期の発育状態を知る目安

$$ローレル指数 = (体重(kg) \div 身長(cm)^3) \times 10^7$$

表1-2　ローレル指数と発育評価

発育状態	ローレル指数
やせすぎ	100以下
やせぎみ	101～115
標準	116～144
太りぎみ	145～159
太りすぎ	160以上

注意点としては「判定結果」はあくまでも「目安」であり，中学1年前後では
標準は約50%で全体的にやせ気味に推移してしまう．

(3) 運動機能の発達

　ヒトの体の諸機能がそれぞれに分化して働くようになるまでには，かなり多
くの時間がかかる．出生して数時間で立ち上がって歩く他の動物に比べて，人
間はかなり未熟な状態で出生する．乳児期は，遺伝的，生まれつきの反射であ
る「生来反射」から初歩的な「獲得反射」へと発達してゆく．この乳児期にお
いて子育ての誤りがあり，そのまま克服しないでいると，幼児期にさらに影響
し問題を大きくしていく．たとえば，這わずに立った背筋の弱い子，タイツ，
手袋，厚着で育った肌の弱い子などである．

この一例からも発育発達の順序とその時期に必要な獲得すべき事柄を知ることが大切である．また，体を自分の意志で動かす行為は，神経系をはじめとする体の発達に伴って，高度なものになってくる．しかし，近年では，子どもが靴のひもを結べない，スキップができないなど，体を上手にコントロールできない，あるいはリズムをとって体を動かすことができないといった，身体を操作する能力の低下が指摘されている．

特に，体力低下は，子どもが豊かな人間性や自ら学び自ら考える力といった「生きる力」を身に付ける上で悪影響を及ぼし，創造性，人間性豊かな人材の育成を妨げるなど，社会全体にとっても無視できない問題である．

(4) 乳幼児の栄養

乳児の栄養は，心身の発達の基礎となるもののうちで最も重要なものである．その最初の大切な栄養は母乳で，出産した女性からは必ず催乳ホルモン，プロラクチン（plolactin）の影響で乳汁分泌がはじまる．産後の最初に出る乳汁を初乳といい，黄色く粘りがある．初乳は脂肪・たんぱく質・免疫抗体を含み，胎便を排泄させる働きもあり，是非飲ませたい．健康な母親から出る乳汁は，人工栄養では補えない良さがある（図1-15）．母乳の特徴は以下の8つである．

① バランスのとれた栄養価がある
② 母乳中の免疫が乳児への感染を防ぐ

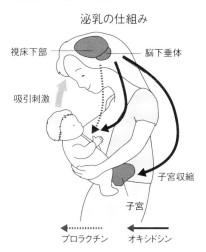

図1-15　泌乳の仕組み

（出所）　㈲彩考作成．

③ いつでも飲ますことができる

④ 牛乳アレルギーにかかりにくい

⑤ 授乳による刺激によって下垂体からプロラクチンの分泌がよくなり子宮収縮を促進させる

⑥ 授乳時，赤ちゃんは母親の鼓動を聞くことで気持ちが安定する．

⑦ スキンシップが摂れると同時に機嫌や体調を観察する事ができる

⑧ 肥満防止になる

　これらの利点から少なくとも6カ月間，やむを得ない場合でも8週間は母乳を与えることが望まれる．母親が病気であったり，母乳を与えられない場合は，健康な人の母乳をもらってでも与えた方がよいと言われている．生後2〜3カ月頃からは果汁を湯冷ましで薄めて与えるとよい．体重の目安として，7kgを目処に離乳食を始める．一生の味覚はこの離乳食で決まる．手作りで愛情のこもった家庭の味を食文化として伝えるスタートである．

　(5)　睡眠

　「寝る子は育つ」の諺どおり，生後2週間ほどは，一日中ほとんど眠り，哺乳の時だけ目を覚ます．1カ月ぐらいになると排尿，排便の時には目を覚ますようになる．1歳頃になると睡眠時間は16〜17時間くらいになる．明るい方を見たがるので，寝かせる場所は一方向ばかり向くことにならないよう配慮しなければならない．寝具による窒息事故にも注意が必要である．

　(6)　乳幼児の病気と事故

　言語伝達のできない乳児の病気を発見できるのは，母親の観察にかかっている．子どもの病気は予防，早期発見による治療が最も大切である．無菌状態であった胎内から，病原菌やウィルスの多い空気中にさらされる赤ちゃんは，いろいろな感染を起こしやすい．母乳で育っている場合は6カ月までは感染症を起こしにくい．乳児のバイタルサイン（図1-16）の体温・顔色・機嫌・睡眠・食欲・排泄の状態などにより，少しでも異常を感じる場合は，医師の診断とアドバイスを得ることが大切である．熱が38度以上ある，嘔吐や下痢をしている，発疹がある，呼吸が苦しそう，意識がない，ひきつけがあるなどの症状があるときは，まず医師の診察を受け，病状が十分に回復するまで無理をしないことである．元気そうだからと無理をすると病気を長引かせたり思わぬ合併症を引き起こし，慢性化したりする．また，伝染性の病気の場合は，他の子どもに移

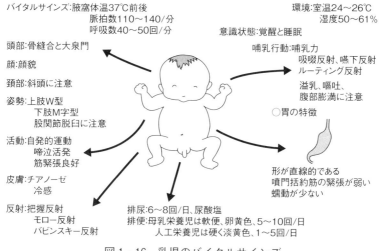

図1-16　乳児のバイタルサインズ
（出所）㈲彩考作成.

さないためにも，医師の許可がでるまで家庭で十分に休養させなければならない．また，病気にかかってから治すより，かからないよう予防することが大切で，予防接種はその免疫をつくるためである．

　また，乳幼児は，自分の意思で動くことができない．寝返りを打つことも，物をつかむこともできない．さらに，飲んだ母乳やミルクが苦しくても，うまく吐いたりゲップしたりすることすら難しい月齢であり，「誰も気づかないうちに」事故が発生し，大人の監視がなければ死につながる場合も少なくない．0歳を除く子どもの死因の上位に「不慮の事故」がある．残念ながら，長年にわたりこの傾向は変わっていない[12][13][14]．

　生後0～3カ月は以下のことに注意が必要である[15]．

- 熱いミルクなどによるやけど
- 吐乳（飲んだ乳を吐くこと）による窒息
- 車に乗っている時の事故
- 入浴時の事故
- ふかふかの寝具による窒息
- 赤ちゃんを落とす事故
- 熱中症

・ベビーカーの脱輪による事故

　次には成長とともに，行動範囲が広がる中，危険も拡大する．生後6〜9カ月になると，子どもは何でも口に入れてしまうので，ボタン電池の飲み込みにより，胃に穴が開く事故も話題になった．以下，次のような危険がある．

　　　・ドアによる指はさみ事故
　　　・車に乗っている時の事故
　　　・熱いミルクなどによるやけど
　　　・タバコや吸い殻の誤飲
　　　・小さなおもちゃなどの誤飲
　　　・ソファーベッドなどからの転落
　　　・よだれかけ，衣服のひもなどによる窒息
　　　・入浴時の転倒や溺水事故
　　　・電気毛布や電気あんかなどによる低温やけど
　　　・熱中症

　子どもの事故は，周囲の大人たちが，家庭内などの子どもの身の回りの環境にちょっとした注意を払い，対策を立てることで予防できるケースが多々ある．

　(7)　情緒の発達

　子どもはいろいろな経験によって，その獲得した能力を自由に発揮しながらモラルを確立していく．試行錯誤や失敗を繰り返し子どもも成長するので，保護者は暖かく見守りつつ，危険なことや正しい方向づけと必要な言葉がけなどの刺激を与える必要がある．また，子ども自身が考え，試すことのできる，子どもが安心して過ごし成長できる生活や活動環境を準備することが必要である．

　子どもが人と人のかかわりをもたず，玩具や機械，遊具，テレビなど，孤独な状態でいることはないだろうか．遊びは「人といっしょに」が大切で，大人や子どもどうしの交わりがあって遊びを伝え習うという伝承や，意志の表出，協調，創意工夫などで自分以外の考えやものの見方，工夫の仕方を習得する．このような活動の中で，子どもは自然と協調性を養っていく．人と向かい合う遊びは「人」を育てる．さらに育っていく過程で，親からだけでなく，安心でき愛情たっぷりの大人と交流したり，年齢差のある子どもなどとたくさんのコミュニケーションをすることが人を育てる．関係性の希薄な環境では乏しい力

第1章　いのちと身体を見つめよう　*29*

しか育たず社会性も広がりにくい．

　母親が楽な育児ができるようにと，いろいろな物が販売されている．しかし，手抜きの育児は，母も子もダメにする．ベビーラック・紙おむつ・インスタント離乳食・お話カセット・入浴剤・歩行器などについても一考を要する．親と子のふれあいや人間の内的教養を充実させる自然との交流や詩・芸術も重要である．

　これからの世界を担う子どもたちには，戦争のない平和で安全な環境で育って欲しい．そのためにも多種多様な人々がいかにして理解し合い，助け合って生きるかを考え，実践する必要がある．

　子どもの順調な発育と発達のデータなどは目安であり，参考としてみることで，発達の遅れを気にしすぎることもない．早くできる子ども，遅い子どもも個性ととらえて気長に成長を見守り，元気で，機嫌が良ければ，心配することなく自立を支援することである．発達の遅れなどが心配な時は1人で悩まず，周囲のサポートを得たり，専門家に相談したりすることが一番の解決となる．

3．シルバーエイジの健康

　1960年代半ば以降になると，人口の高齢化が認識され，また，戦後の家族制度の変革，高度経済成長にともなう若年層を中心とした人口の都市集中，核家族化，女性の社会進出，住宅事情等の要因が絡み，老人問題は広がりをみせる．

　昭和36（1961）年に「国民皆保険制度」が発足する以前は，高齢者が病気で倒れても，入院することはごくまれであった．ほとんどの高齢者は自宅で天寿を全うできた．しかし，「国民皆保険制度」さらに，昭和48（1973）年に「老人医療無料化制度」が実施され，病気になったら高齢者も入院することが常識となった．これに加えて，医療技術の進歩により死亡率も低下し，脳卒中など，命に関わる重大な病気であっても，障害を抱え生かされ「寝たきり高齢者」が現れるようになった．

　平成27（2015）年度の国民医療費は42兆3644億円で，前年度（平成26（2014）年度）の40兆8071億円に比べて1兆5573億円，3.8％の増加である．人口1人あたりの国民医療費は33万3300円，前年度の32万1100円に比べ1万2200円，3.8％の増加である．国民医療費の国内総生産（GDP）に対する比率は7.96％（前年度7.88％），国民所得（NI）に対する比率は10.91％（同10.79％）となっている[16]．

現在の高齢者（65歳以上）人口は，約2100万人であり，そのうち約280万人（約13.3%）が要介護者，さらにそのうちの約120万人（約6%）が寝たきりの状態にあると言われている．予測では，2025年には高齢者人口が約3300万人に達するといわれ，この時の要介護者は約520万人，寝たきりは約230万人と考えられている．このような現状分析の結果，介護保険法が施行され，施設介護や訪問介護の仕組みが拡充されてきた．

しかし，介護保険法の施行から3年目で，財源は大きな赤字を抱え，介護保険料の見直しが検討され，結果は全国平均で改訂前の13.1%アップという数字となった（『毎日新聞』2003年5月）．このままでは今後も保険料はあがっていくものと予想され，2006年4月からは介護予防が新たな注目を浴びた．

青少年では，他人より少々体力が劣っていても，日常生活の独立性が失われることはまれであるが，高齢者においては，体力の衰えは即，生活機能の喪失につながる．このような高齢者の体力についての調査が全国で実施され，実は男性の寝たきりの原因が循環器系の障害であり，女性は廃用性萎縮（生活不活発）であり，運動による予防が一番の課題解決法であることが明らかにされている．

継続的な「転倒や介護予防の体操」の実践で，健康寿命の延長や医療費・介護保険料が軽減することがわかってきた．元気な者がいつまでも元気を維持するためは，特に体力・運動能力の維持に注目，手軽に行える運動プログラムを定期的に継続することが重要である．また，その取り組みを組織的に継続・評価する必要がある．この章では超高齢社会を生きる健康実践を考える．

A．加齢と老化

2006年8月，第6回世界高齢者研究学会（World Congress of Physical Activity and Aging）が，カナダ・オンタリオ州ロンドン市のコンベンションセンターで開催された．「アジアの高齢者に関する調査研究」では，中国（西安，マカオ），韓国（ソウル）に比べて日本の高齢者は，体格では劣るが運動機能は全般的に高く，生活に対する満足度は中国・韓国の方が明らかに高いことなどが報告された[17]．

日本は人生80年時代を迎えて，平均寿命も健康寿命も世界一であったが，2017年に男性：80.98歳，女性：87.14歳で世界2位となり，1位は香港となった．香港は貧富の差がそれほどなく教育水準が高い国である．そのため国民の

健康への意識が強く，食生活や規則正しい生活に気をつかうため，長寿になると推測される．社会的・経済的な格差が健康の格差を生んでいるということがWHOでも1つの問題として注目されている．

　さて，日本社会は人生100年時代を見据えるようになった．1963年に初めて調査された100歳以上のセンテナリアンの人数は153人であったが，50年以上が経過し，2017年には6万5692人となった．このような超高齢社会の進展は人類史上では世界のトップランナーであり，生活習慣病の増加等の疾病構造の変化とともに，世界的に健康づくりに寄せる関心はますます高まっている．

　加齢と老化の問題で，人は欲求があり行動する．行動して学び，成長する．マズローの5段階欲求説では，「生理的欲求」，「安全や保障の欲求」が満たされたのち，集団に受け入れられたいという欲求（「社会的欲求」）が生じ，さらに他人からの承認を求める欲求（「自我の欲求」）を経て，自分の能力を最大限に発揮しようとする「自己実現の欲求」に達するといわれている．マズローは晩年，5段階の欲求階層の上に，さらにもう1つの段階があると発表したという．それは「自己超越」という段階で，「目的の遂行・達成『だけ』を純粋に求める」という領域で，見返りも求めずエゴもなく，自我を忘れてただ目的のみに没頭し，何かの課題や使命，職業や大切な仕事に貢献している状態である[18]．

　政治家集団，行政職を目指す人，子育てが終わり，定年を迎え，何人かでもこのような域にまで達すると，地域社会も変わるであろう．生産性だけを求めるのでなく，市民が普通に幸福に居住し，働き，健康が基礎となる社会創造に向けて，特に高齢者の安心・安全な生活環境を整えることは子どもや障がい者にも安心・安全な環境である．その中で，高齢者が社会貢献できる意欲を維持し続けられる環境づくりが求められる．生涯学習の一環として健康づくりと人と向き合うレクリエーションにも取り組めるシステムを地域につくり，それが自主運営できる仕組みが必要である．

　健康長寿に必要な体力は，筋力・全身協調性・柔軟性・バランス力・筋や心肺の持久力・敏捷性（神経系）である．筋力としては握力・脚伸展力，全身協調性として10m歩行テストやファンクショナルリーチテスト，柔軟性として長座体前屈，バランス力として片足立ち，そして持久力の検査法としてシャトルスタミナウォークテストやチェアスタンド，神経系ではステップテストなどがある．これらの体力テストの結果から，20歳のときの体力に比べて，80歳では体力が，筋力で40%，歩行スピードも40%，柔軟性は80%，バランス（開眼

片足立ち）40％，そして持久力は60％の低下となることが報告されている[19]．

　木村みさか教授（京都学園大学）は1980年代に高齢者に適用できる体力測定法を開発・提案し，延べ3万人以上の高齢者の体力を測定してきた．その結果，散歩や体操など日常生活での軽い運動習慣が高齢者の体力低下を抑制し，生命予後に良い影響を与えている事を報告している．

　京都学園大学（現 京都先端科学大学）では2011年に亀岡市で介護予防プロジェクトを立ち上げた．3年間の介入研究による結果から，生活習慣の違いによって70歳代では体力・認知機能に大きな差ができることを確認した．生活習慣の確立とともに，加齢による機能の低下を最小限に抑え，高齢期は無理をせず個々人のレベルに合わせた運動処方とその継続が重要である．

B．シニアのための運動プログラムの提案

　シニアの運動では特に低体力者，要支援，要介護I程度に適用できる手軽に行える運動プログラムを作成した．高齢者が運動習慣を獲得するための支援は社会貢献の大きい仕事である．介護保険受給者の約6割は介護度の低い区分に該当しており，運動量の少ない毎日はこのようなからだの状態をますます悪化させる．生活の中で手軽に取り入れられる歩行と体操を中心に，まず動くことで効果を実感でき，筋力強化と柔軟性の回復によって動けるからだづくりを行い，徐々に活動性を向上させ，楽しんで継続できるようなシステム（人・資金・施設・情報）の確立が必要である．

　虚弱な高齢者の自立化をはかる目的で，トレーニングマシンを利用した体力増強訓練（パワーリハビリ）も注目された．しかし，マシンの導入には財政面，置き場所，取り扱いのできる専門スタッフの確保など課題も多く，マシン1台で訓練できるのはたったの1名に限られる．自立的に運動ができる場合は，自宅でも手軽にでき，仲間と一緒であると，なお楽しくなるような活動の継続で，自宅に帰っても自主・自立して積極的に活動量を増加させる方向にもっていくことが望ましい．

　体の6割は筋肉であるが，体を使わないと筋肉は減少し，基礎代謝が低下し，脂肪が増加してくる．活動量の減少によって50歳になると基礎代謝はなんと5％から7％も低下する．年齢とともに摂取する食事が変わらない場合には，1日に2000Kcal摂取している人は，50歳になると1％基礎代謝が落ちるとして，1日に20Kcal，1年間で約1kg（20Kcal／9Kcal×365×1.2（2割は水分）＝973.3g）

体重が増える計算である.

　また，戦後すぐ（1945年）の糖尿病患者は数千人であったが，生活習慣と社会環境の変化に伴って急速に増加した．糖尿病はひとたび発症すると治癒することはなく，放置すると網膜症・腎症・神経障害などの合併症を引き起こし，末期には失明したり，透析治療が必要となることもある．さらに，糖尿病は脳卒中，虚血性心疾患などの心血管疾患の発症・進展を促進することも知られている．このような糖尿病患者数は2016年に推計2000万人と報告された．上述のように運動しないで，食べる量が変わらなければ，メタボリックシンドロームとなり，糖尿病のリスクも高くなる．このように現代病と言われる生活習慣病の多くが過食と運動不足が原因であるケースが多い[20)21)22)23)].

　高齢者の機能低下は避けられない現実があり，介護予防のために，運動の継続が必要であるが，虚弱高齢者に対して体力が劣る，弱っているという言葉は禁句で，無理のない，体力に見合った運動処方が必要である．高齢者の体力測定については，木村が長年実施してきた握力，チェアスタンド，シャトルスタミナウォークテスト，垂直とび，ファンクショナルリーチテスト，長座体前屈，開眼片足立ち，ステッピングの8種目がある．これらの体力測定を実施した71歳の3人の女性の結果が図1-17・18・19である[24)].この3人の体力差は生活スタイルの違いによる結果であると言える．同年齢でも，アクティブに過ごしているか，社会的役割を持っているかなど，日常の活動量の差で，高齢期の体力差は大きくなる．生活不活発病ともいわれるように，日々の生活の中で身体活動が減少することによって廃用性萎縮が認められるのである．図1-20の体力プロフィールは74歳の女性が週1回3カ月間体操教室に参加した前後の体力測定の結果である．高齢期からでも遅くはないが，成人期にはできるだけ体力のピークをあげ，その後に維持する努力を怠らないことが介護予防の最善の対策ともいえる．

　しかし，我々の生活はICT化や車社会となることによって座業が増え，生活の中で運動する機会が減少している．そこで，地域で虚弱な高齢者に対して運動介入をし，できることから初めて生活スタイルを活発にする．その後元気になった高齢者が地域で活動を継続し，役割をもって社会参加し活躍するしくみづくりが必要なのである．

　地球上の肥満人口は12億人（世界情勢2000）と新聞紙上で取り上げられた．ところが2014年に世界肥満実態調査の結果が医学誌「ランセット」に取り上げら

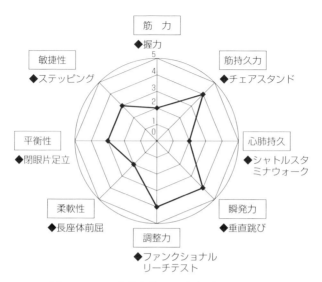

図1-17　70歳代女性Aの体力プロフィール

（出所）　筆者作成.

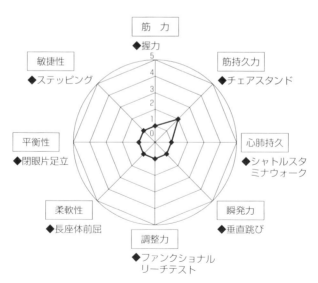

図1-18　70歳代虚弱者の体力プロフィール

（出所）　筆者作成.

第1章 いのちと身体を見つめよう　　35

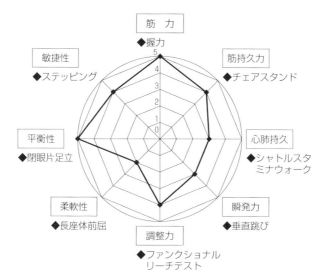

図1-19　70歳代女性Bの体力プロフィール
（出所）筆者作成．

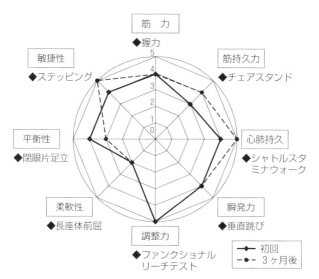

図1-20　運動介入3カ月の前後の体力変化
（出所）筆者作成．

れ，肥満人口は1.75倍の21億人を超えたと報告された．米国の他，ニュージーランド，オーストラリア，英国といった英語圏の諸国の肥満比率が高いのが目立っている．地球人口の8割は飢餓に瀕し，飢餓で死んでいく人口も2000年に12億人であったが2012〜14年では8億500万人と減少した．[25] 未だ経済格差から健康格差が広がっていることは大きな課題である．

先進国では世界的に太りすぎ・肥満対策が大きな課題になっている．OECDでは肥満比率を各国について公表している．英国では，糖分の取り過ぎによる肥満や糖尿病が問題になっていることから，課税によって食習慣の改善を促すため，清涼飲料水に含まれる砂糖量に応じて課税する「砂糖税」を2018年4月から導入すると発表した．メキシコでは既に2014年から10％の税率を課し，砂糖入り飲料の売り上げが12％減少している（『毎日新聞』2016年3月19日）．[26]

C．メタボリックシンドローム（Metabolic syndrome）

メタボリックシンドロームとは，内臓肥満に高血圧・高血糖・脂質代謝異常が組み合わさり，心臓病や脳卒中などの動脈硬化性疾患を招きやすい病態をいう．1993年以降に話題になり，そのメカニズムが解明された．内臓脂肪が蓄積して，脂肪細胞が肥大・増殖し，アディポサイトカインの分泌異常が起こると動脈硬化を促進し，糖尿病・高血圧・脂質異常症を発症させ，悪化させる原因となるのである．

日本内科学会など8学会の委員で構成されたメタボリックシンドローム診断基準検討委員会は，2005年，日本独自の「メタボリックシンドロームの定義と診断基準」を発表した．メタボリックシンドロームの診断基準では，表1-3の診断基準のように，内臓脂肪の蓄積が必須条件と位置づけられ，他の3つの項目のうち2つ以上を満たしている場合に「メタボリックシンドローム」と診断する．

最近の親が子どもに塾通いをさせたり，脂肪の多い食物を沢山摂取させたり，車で送り迎えをするというように，結果として食生活悪化と運動不活発が肥満をもたらすということが青少年においても問題となっている．しかし，肥満比率の各国比率（図1-21）を見ると，今のところ，日本は非常に低いことがわかっている．[27]

人の体内の脂肪細胞には白色脂肪細胞と褐色脂肪細胞がある．白色脂肪細胞は全身にあり，体内に入った余分なカロリーを中性脂肪の形で蓄積する．特に

第1章　いのちと身体を見つめよう　37

表1-3　メタボリックシンドロームの診断基準

| 必須項目 | 内臓脂肪蓄積
　　ウエスト周囲径　男性≧85cm
　　　　　　　　　　　　女性≧90cm
（内臓脂肪面積　男女とも≧100cm²に相当） |

選択項目 これらの項目の うち2項目以上	高トリグリセリド血症　　　≧150mg/dl かつ/または 低HDLコレステロール血症　<40mg/dl
	収縮期（最大）血圧　　　　≧130mmHg かつ/または 拡張期（最小）血圧　　　　≧ 85mmHg
	空腹時高血糖　　　　　　　≧110mg/dl

※ＣＴスキャンなどで内臓脂肪量測定を行うことが望ましい。
※ウエスト周囲径は立ったまま，軽く息をはいた状態でへそまわり
　を測定する。
※高トリグリセリド血症，低ＨＤＬコレステロール血症，高血圧，
　糖尿病に対する薬剤治療を受けている場合は，それぞれの項目
　に含める。

（出所）日本内科学会雑誌，94(4)，188，2005.

腕，背中，下腹部，お尻，太ももなどに多く存在している．白色脂肪細胞が多いと，女性では特に気になる下腹部やお尻，太ももなどに贅肉が増える．これに対して褐色脂肪細胞は，サーモニゲンというタンパク質を含み，エネルギーを効率よく熱に換える働きをする．褐色脂肪細胞が多く，活性化している人ほど，太りにくいということになる．褐色脂肪細胞を活性化するには寒さや冷たさなどの寒冷刺激を与えると効果的であるが，これに反して冷暖房に頼る生活では機能低下するため要注意である．

　また，内臓脂肪と皮下脂肪では，エネルギーの使われ方が異なる．皮下脂肪は減らしにくいが，内臓脂肪は比較的容易に溜まるが，運動で容易に燃焼することもできる．内臓脂肪は内臓を正しい位置にキープしたり，内臓を保護したりといった役割を担っており，皮下脂肪も同様に内臓を保護するためや，脂肪を長期的に貯め込みエネルギーの貯蓄をする．どちらの体脂肪も身体にとって不可欠なものではあるが，脂肪細胞は増えすぎるとメタボリック症候群をはじめ，高血圧症・糖尿病・動脈硬化・心筋梗塞・脳梗塞などの生活習慣病を引き起こす原因となる．日々のバランスの取れた食事や定期的・継続的な運動で余分な脂肪を減らし，病気のリスクを下げることは，十分に可能である．

肥満比率の各国比較（OECD諸国，2013年までの最近年）

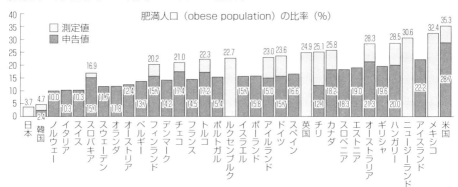

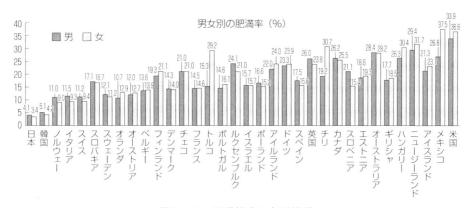

図1-21　肥満比率の各国比較

(注)　肥満比率はBMI30以上の人口比率である．BMI＝体重(kg)／身長(m)². 国の並びは測定値あるいは測定値がない国は申告値の1.45倍の値でソートした．この倍率は測定値と申告値が両方得られる国の測定値の対申告値倍率の平均である（男女計）．男女別の肥満比率は測定値データ，測定値がない場合は申告値データによる．

(出所)　社会実情データ図録（http://honkawa2.sakura.ne.jp/2220.html）（参照2017-12-3）．

D．恒常性の機能

　運動時には体温がかなり上昇する．しかし，体重の60％を占める水分があり，汗を発散することで，体から気化熱を奪い，体温を調節している．このような自動調節の機能によって，一定の状態を維持することを恒常性（ホメオスタシス）といい，からだの内部や外部の環境因子の変化にかかわらず，からだの状態を常に一定に保つ働きが人体には備わっている．

　19世紀のクロード・ベルナールは生体の組織液を内部環境とし，20世紀初頭

にアメリカ合衆国の生理学者ウォルター・B・キャノン（Walter B. Cannon）が「ホメオスタシス」（同一の（homeo）状態（stasis）を意味するギリシャ語からの造語）と命名した.

　恒常性の保たれる範囲は，体温や血圧，体液の浸透圧や pH などをはじめ，病原微生物の排除，創傷の修復など生体機能全般に及ぶ．恒常性が保たれるためには，これらが変化したとき，それを元に戻そうとする作用，すなわち，生じた変化を打ち消す向きの変化を生む働きが存在しなければならない．これは，負のフィードバック作用と呼ばれる．この作用を主に司っているのが自律神経系や内分泌系（ホルモン分泌），それに免疫系である．

　よく例に出されることの多いのが，体温調節である．鳥類や哺乳動物は酵素が働く至適温度である 37℃ 付近で最も活動し易いため，この温度に体温を保とうとする．これより体温が高くなると発汗作用により汗の気化熱とともに，皮膚血管の拡張で体温を下げようとし，体温が低い場合は震え，代謝の亢進による発熱によって体温を上げようとする．また，注意が必要なのは運動などで体重の 2 ％以上の水分が減少すると，約 10〜30％ 程度の範囲で筋持久力が低下する．その際，水だけを飲むと利尿作用が働き逆効果であるため，体成分に近いスポーツ飲料を補給したほうが体の恒常性を保つには効果的であるといわれる．寒い戸外に移動したとき，震えたり，足ふみをしたりするのも体温の恒常性を保つ働きである．また，感染症の際に炎症物質によって体温が上がるのは，病原体が熱に弱いという性質を利用した人体の抵抗活動である．しかし，38℃ 以上になると体にもダメージを受けるため，解熱鎮痛薬はこの目標温度を下げることで解熱させる.

　このように，私達の身体にはホメオタシス維持のための体調調節機能が備わっているが，ストレス・栄養障害・病気・外傷・手術などによる体力低下や衰弱・老化などの要因によって，この生体調節機能が低下することになる．生活習慣の確立や運動習慣はこのような生体調節機能の低下も予防することが可能である.

E．ロコモティブシンドローム

　2007年に日本整形外科学会は人類が経験したことのない超高齢社会・日本の未来を見据え，運動器の障害のために移動機能の低下をきたした状態を「ロコモティブシンドローム（略称：ロコモ，和名：運動器症候群）」とした．ロコモは筋

肉，骨，関節，軟骨，椎間板といった運動器のいずれか，あるいは複数に障害が起こり「立つ」「歩く」といった機能が低下している状態である．ロコモが進行すると日常生活にも支障が生じる．高齢期が長くなったため学会では，いつまでも自分の足で歩き続けていくために，運動器を長持ちさせ，ロコモを予防し，健康寿命を延ばしていくことが必要と考えたのである．

　しかし，日本整形外科学会，日本運動器リハビリテーション学会，日本臨床整形外科学会が協議し，これまでの診断基準では歩行移動が困難な寝たきり（日常生活自立度：ランクB，C）に該当する方々も「運動器不安定症」と診断される可能性を排除できなかったため，高齢化にともなって運動機能低下をきたす運動器疾患により，バランス能力および移動歩行能力の低下が生じ，閉じこもり，転倒リスクが高まった状態を運動器不安定症（Musculoskeletal Ambulation Disability Symptom Complex: MADS）とした．

　高齢化にともなって運動機能低下をきたす11の運動器疾患または状態とは以下である[28]．

1．脊椎圧迫骨折および各種脊柱変型（亀背，高度腰椎後弯・側弯など）
2．下肢骨折（大腿骨頚部骨折など）
3．骨粗鬆症
4．変形性関節症（股関節，膝関節など）
5．腰部脊柱管狭窄症
6．脊髄障害（頚部脊髄症，脊髄損傷など）
7．神経・筋疾患
8．関節リウマチおよび各種関節炎
9．下肢切断後
10．長期臥床後の運動器廃用
11．高頻度転倒者

　平成28年の介護が必要となった主な原因の「高齢による衰弱」「骨折・転倒」「関節疾患」を運動器の障害としてまとめると全体の33.6％で，一番多い原因となる（図1‐22）．また，要支援1では49.8％，要支援2では47.3％と約半分を占めており，運動器の障害をきっかけに日常生活の自立度が下がっている．このような運動器の傷害は栄養と運動によって予防が可能である．日本整形外科学会が中心となり，佐々木信行医師はロコモ予防の音楽に体操を振付け，東

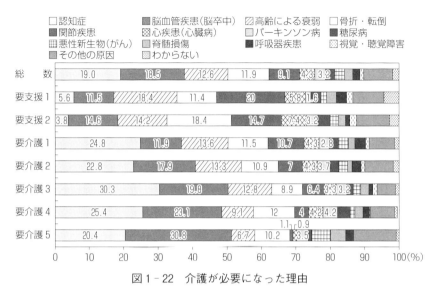

図1-22 介護が必要になった理由

（出所）厚生労働省，国民生活基礎調査．平成28年度．
要介護度別にみた介護が必要となった主な原因の構成割合より筆者作成．

北大震災で被害を受けた地域から，ロコモ予防啓発のためのロコモ体操ビデオが完成し，日本各地に予防活動を発信している[29]．

F．サルコペニアとフレイル

サルコペニアは，1989年に Rosenberg によって「加齢による筋肉量減少」を意味する用語として提唱された．サルコペニアは造語で，ギリシャ語でサルコ（sarco）は「肉・筋肉」，ペニア（penia）は「減少・消失」の意である．当初は骨格筋肉量の減少を定義としていたが，徐々に筋力低下，機能低下も含まれるようになった．上述の定義は European Working Group on Sarcopenia in Older People（以下「EWGSOP」）のものであり，身体機能障害，クオリティ・オブ・ライフ（QOL）低下，死のリスクを伴う包括的な内容も含まれるようになった．同年のヨーロッパ臨床栄養・代謝学会（European Society for Clinical Nutrition and Metabolism 以下「ESPEN」）のコンセンサス論文では筋肉量減少と筋力低下を認める状態とし，サルコペニア・悪液質・消耗性疾患学会（The Society of Sarcopenia, Cachexia and Wasting Disorders 以下「SCWD」）では筋肉量減少と身体機能低下を認める状態をサルコペニアと定義している．以上のように，サル

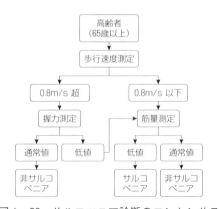

図1‑23　サルコペニア診断のコンセンサス
（出所）ヨーロッパ老年医学会によるサルコペニア診断のコンセンサスより作成．

コペニアの定義は現状では確定されたものはない．現段階での各学会の定義をまとめると，狭義では筋肉量減少のみが，広義では筋力低下や身体機能低下が含まれたものが「サルコペニア」と呼ばれている[30]（図1‑23）．

サルコペニアが発生するメカニズムは加齢によって，筋肉の増加に関係する性ホルモンの減少・筋肉を働かすために必要な細胞の死・ミトコンドリアの機能障害の発生，廃用・栄養不良・癌や糖尿病などの消耗性疾患による筋萎縮の要因などがあげられる．また，脳からの指令を筋肉に伝える働きをする運動神経の損失や，コルチコステロイド・成長ホルモン・インスリン様成長因子1・甲状腺機能異常・インスリン抵抗性など筋肉の増大に関係するホルモンの影響によっても起こるとされている．このように加齢以外でも以下のように

① 寝たきりの生活や活動性が低下することによって起こる廃用
② 癌や虚血性心不全，末期腎不全，内分泌疾患などの疾患
③ 栄養の吸収不良，消化管疾患や薬の副作用による食欲不振，エネルギー・タンパク質の摂取不足

など，サルコペニアには，加齢が原因で起こる「一次性サルコペニア」と加齢以外にも原因がある「二次性サルコペニア」がある．

平均寿命と健康寿命の差が10年程度あり，2014年に老年医学の分野から，虚弱をフレイルという言葉へと変更した．これはフレイルの状態から健常に近い状態へ改善したり，要介護状態に至る可能性を減すことができるという考えか

らである．フレイルは，厚生労働省研究班の報告書では「加齢とともに心身の活力（運動機能や認知機能等）が低下し，複数の慢性疾患の併存などの影響もあり，生活機能が障害され，心身の脆弱性が出現した状態であるが，一方で適切な介入・支援により，生活機能の維持向上が可能な状態像」とされており，健康な状態と日常生活でサポートが必要な介護状態の中間を意味する．一般にフレイルを経て要介護状態へ進むと考えられ，定年以降に社会的な役割などがなくなると，生活不活発から心身機能の低下が進み，高齢者ではフレイルが発症しやすい．Fried の基準には以下の 5 項目があり，3 項目以上該当するとフレイル，1 または 2 項目だけの場合にはフレイルの前段階であるプレフレイルと判断する[31) 32)]．

1．体重減少：意図しない年間4.5kg または 5 ％以上の体重減少
2．疲れやすい：何をするのも面倒だと週に 3 - 4 日以上感じる
3．歩行速度の低下
4．握力の低下
5．身体活動量の低下

フレイルの原因の中核がサルコペニアであり，この両者を予防することが高齢期の元気を維持する重要ポイントとなる．

4．食生活と健康

食事は生命維持や活動のエネルギー源となり，人とのコミュニケーションの場をつくるものである．しかし，開発途上国では慢性的な栄養不足の問題を抱える一方で，先進国の飽食は肥満や生活習慣病の大きな要因となっている．24時間いつでも購入できるコンビニエンスストアは，食べたい時にいつでも空腹への欲求を満たしてくれるが，栄養のバランスや食事の時間，食文化としての技術や知識など，大切なものが失われかねない．どのようなライフスタイルを設計したいかという原点に戻って食生活を見直し，食事の持つ重要性を認識する必要がある[33) 34) 35)]．

A．栄養と健康づくりの食生活

栄養とは，生物が体外（外界）から物質を摂取し，それで体を構成し・維持

し，生活活動を行うために役立たせる．「栄養」は体外から取り入れられる物質のことも指しているが，取り入れられる物質は，より厳密には「栄養素」と呼ばれる．現代の栄養学では栄養の働きを大まかに 3 つに分けて考えている．エネルギーになる，身体をつくる，身体の調子を調える，である．

　食生活を取り巻く環境は急速に変わりつつある．食の簡素化，加工食品への依存・外食・孤食など，豊かな食材に囲まれていながらも，なぜか「おふくろの味」や「旬の香りのない」食卓に慣らされている．食品の安全性については厚生労働省の管理下にあるが，さらに身体への影響がわかりにくい添加物や着色料・保存料・発色剤・防腐剤・残留農薬（ポストハーベスト）・その他の薬品などによって，知らず知らずのうちに身体が歪められる可能性がある．そこで，水も含めた食材の安全性が問われている．栄養面だけではなく，食事のもつ重要性を認識する必要があり，スポーツ選手ではサプリメントの知識も重要である．

　日本人の食事摂取基準（2015年版）は，健康増進法（2002年）に基づき摂取することが望ましいエネルギー及び栄養素の量の基準を示している．使用期間は2015～2019年の 5 年間で，健康な個人並びに集団，高血圧，脂質異常，高血糖，腎機能低下に関して保健指導レベルにある者までを含む人を対象として，国民の健康の維持・増進，エネルギー・栄養素欠乏症の予防，生活習慣病の予防，過剰摂取による健康障害の予防を目的とし，エネルギー及び各栄養素の摂取量の基準を示すものである．図 1 - 24，図 1 - 25は日本人の食事摂取基準（2015年版）策定の方向性を示したものである．また，健康な個人又は集団を対象として，健康の保持・増進，生活習慣病の予防のための食事改善に，食事摂取基準を活用する場合は，PDCA サイクルに基づく活用を基本とし，各プロセスの実際について分かりやすく図で示している．

B．1 日の食事のとり方

　近年は 1 日 1 回の外食という人が少なくない．外食メニューの一例から栄養のバランスを知り，他の 2 食で外食の不足分を補う事が望ましい．

　女子栄養大学の創立者である香川綾博士が考案した「香川式四群点数法」では，「1 日に何を，どれだけ食べればよいか」を 4 つの食品群に分け，その目安量を点数化して示している．子どもから高齢者までの基本の分量は，「1 日 20点 = 1600 kcal」（ 1 点 80 kcal）としている．

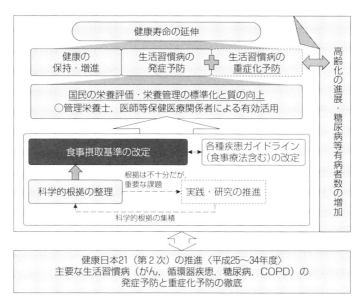

図1-24　生活習慣病予防と食事摂取基準の改訂

(出所)　厚生労働省, 日本人の食事摂取基準 (2015年版).

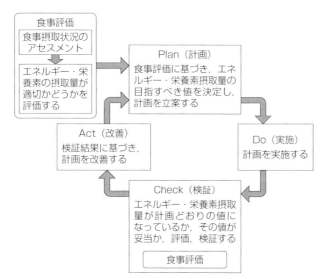

図1-25　PDCAのサイクルでの食事評価

(出所)　厚生労働省, 日本人の食事摂取基準 (2015年版).

図1-26　1日の食事のとり方

(出所) 女子栄養大学出版部．月刊栄養と料理，2019年4月号．

　食品をその栄養的特徴によっていくつかの食品群に分け，似たもの同志をまとめてそれらのグループに入れることにより，毎日とらなければならない栄養素と食品の組み合わせをわかりやすく示したものである[38]（図1-26）．

[第1群]　主に無機質，とくにカルシウム源となりそのほかタンパク質，ビタミンB2を多く含むもの
　　　　牛乳・乳製品・小魚・海草（ヨード源）　3点

乳・乳製品で 2 点，卵で 1 点

牛乳・乳製品：牛乳は完全食品ですが，鉄分が少なく，ビタミン C もほとんど含まれていない．しかし，牛乳のタンパク質は消化が良く，必須アミノ酸のバランスも良く，またカルシウムやビタミン A・B2 などの有力な供給源でもある．糖分は乳糖から成り，乳糖不耐症の人には下痢を起こしやすいが，腸内で乳酸菌の発育増殖に有効で，異常発酵や自家中毒を防ぐ働きがある．骨ごと食べられる小魚類はタンパク質源としてよりミネラル，とくにカルシウム源として重要である．つくだ煮（いかなご，はぜ，わかさぎ，あみ，こえび等）や干物（いわし，きびなごさくらえび等）などの加工品がある．

[第 2 群]　主にタンパク資源となり，そのほか脂肪やビタミン B2 を多く含むもの

魚・肉・豆類（大豆およびその製品）・卵　3 点

魚介・肉・その加工品で 2 点，豆・豆製品で 1 点

魚類，貝類，肉類はタンパク質，ミネラルやビタミン（B1・B2）の含有量も比較的多い．タンパク質中の必須アミノ酸とくにルジン，トリプトファン，含硫アミノ酸等が多く，しかもバランスがよくとれ，レバーは栄養素に富んだ食品の一つで，ビタミン（A・B）やミネラル（鉄）が多く含まれている．鶏卵は牛乳とともに完全食品といわれる．大豆はタンパク質の含有量が多く（約35％），しかも良質である．大豆は生のままでは消化が悪いので，昔からみそ，しょうゆ，豆腐，納豆，きな粉等に加工して利用される．運動するとタンパク質を多めにとる必要がある．それを怠ると，血中のタンパク質が筋肉の方にまわって低タンパク血症となり，赤血球の破壊を起こしていわゆるスポーツ貧血となる場合がある．運動の激しさに応じて，余分に摂取するエネルギー量の10～15％をタンパク質でとるようにし，とくに良質のタンパク質のうち動物性タンパク質は50～60％を目安にするのがよい．

[第 3 群]　主にカロチン源となり，そのほかビタミン C を多く含み，むもの

緑黄色野菜と淡色野菜（きのこや海藻を含む），芋・果実類　3 点

野菜で 1 点，芋で 1 点，果物で 1 点

一般にカロチン含有量の少ない野菜類．キャベツ・ハクサイなどの葉菜，ダイコン・カブなどの根菜が主なもの．淡色野菜は，ミネラルや繊維源としても

重用である．運動をすると新陳代謝が高り，ビタミン B1，B2，C，ナイアシンなどの消費が多くなる．スポーツ選手の場合，これらのビタミンの摂取量は一般人の所要量のほぼ 2 倍以上が必要である．また，腱靱帯をつくるコラーゲンを強化する意味で，日常ビタミン C を多く含んだ野菜や果物をとることも心がけることが大切．ビタミン C は，有酸素運動中に体に取り込まれた酸素から生成される活性酸素を除去するはたらきもある．

［第 4 群］　穀類は，炭水化物やたんぱく質を豊富に含む．また，ビタミン B1 や食物繊維などの供給源となる．油脂はそのほとんどが脂質で，砂糖，菓子，アルコール飲料などもエネルギー源となる．
　　穀類，油脂，種実，砂糖，菓子，飲料，調味料で11点
　　穀物で 9 点，油脂で1.5点，砂糖・その他で0.5点
　第 4 群に含まれるでんぷんなどの炭水化物や脂質は，エネルギーとして100％利用される．炭水化物や脂質の摂取量が多いと体脂肪となって蓄えられ，不足すると体の筋肉などのたんぱく質がエネルギーとして使われる．炭水化物や脂質は過剰になることなく，かつ不足しないように摂取する必要がある．[39)40)]

C．日本人の子どもの食事の現状

　食生活の欧米化，共働き世帯の増加などさまざまな生活環境の移り変わりから，「キレる子供達」が増え，問題になっている．現代の子どもたちの食生活の現状を分析すると次のような問題があげられる．

　　・朝食の摂り方が少ない
　　・間食が多く夜食も多い
　　・糖分，脂肪が多い
　　・インスタント食品，スナック食が多い
　　・食物繊維が不足している
　　・カルシウム・ビタミン B2 が不足している
　　・肉食が多く，魚を食べる量が少ない
　　・食塩摂取が多い
　　・偏食が多い

　これらの改善策として，4 群点数法を参考に，洋食，日本食，中華食など味

を変えながら，食品数を多くし，低食塩に心掛ける．食物繊維を十分に摂り，固いものもよく嚙み，旨みを味わい偏食をしない．食卓に空腹で向かわせ，孤食を避け食卓が楽しい雰囲気になるよう，工夫することが大切である．

D．食事バランスガイド

食事バランスガイドは1日に，「何を」，「どれだけ」食べたらよいかを考える際の参考として，食事の望ましい組み合わせとおおよその量をイラストでわかりやすく示したものである．健康で豊かな食生活の実現を目的に策定された「食生活指針」(2000年)を具体的に行動に結びつけるものとして，2005年に厚生労働省と農林水産省が決定した．

食事バランスガイドでは毎日の食事を「主食」「副菜」「主菜」「牛乳」「乳製品」「果物」の5つの料理グループに区分し，区分ごとに「つ (SV)」という単位を用いて1日の目安が示されている (図1-27)．

国立がん研究センターの研究から，食事バランスガイドの遵守度が高い人ほど死亡リスクが低下しており，特に脳血管疾患の死亡リスクとの関連がはっきりしていた．諸外国における食事ガイドラインに関する研究でも，同様の結果が報告されている．循環器疾患のリスク低下との関連は，食事バランスガイドの副菜 (野菜，きのこ，いも，海藻料理) および果物の遵守得点が高い人で顕著に認められた．このことは野菜・果物の高摂取による循環器疾患のリスク低下を報告した国内外の研究と一致した．一方，脳血管疾患死亡のリスク低下は主菜 (肉，魚，卵，大豆料理) の食事バランスガイド遵守得点が高い人で顕著で，この結果は，魚や肉の摂取量が多いと脳血管疾患のリスクが低いという国内外の研究データによっても支持されている．

日本では，食育基本法が制定 (平成17年) され，10年計画の国民健康づくり運動「健康日本21 (第二次)」がスタート (平成25年度) し，「和食；日本人の伝統的な食文化」がユネスコ無形文化遺産に登録 (平成25年12月) され日本の食事は注目されている．また，5年計画の「第3次食育推進基本計画」がスタート (平成28年4月) するなど，これらを踏まえて，今回，食生活指針の改定が行われた[41)42)]．

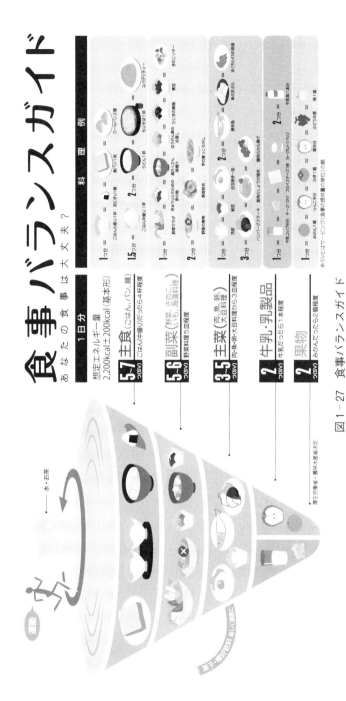

図1-27 食事バランスガイド

(出所) 農林水産省HP．食事バランスガイド（http://www.maff.go.jp/j/balance_guide/kakudaizu.html）（参照2017-12-2）．

5．現代の健康問題

　健康状態を示す包括的指標である「平均寿命」について見ると，日本は先進諸国間で，戦後，最下位であった．その後，比較的短期間にすべての先進国を追い抜き，WHOが2017年5月17日に公開した世界保健統計では日本が83.7歳で1位，続いてスイス（83.4歳），シンガポール（83.1歳）で，世界一の健康水準を示している．[43] 健康寿命も日本は世界1位で74.9歳であるが，これは寝たきり期間がほぼ10年であることを示す．2017年は特に，女性の寿命は87.14歳で2位との差がますます開きつつあり，人類としての寿命の到達目標とさえ見なされている．この成果は，日本の高い教育・経済水準，保健・医療水準に支えられ，日本は健康先進国ともいえる．

　しかし，健康は世界レベルで共有すべき問題である．WHOは持続可能な開発目標（SDGs）への1000を超える指標に関する健康関連統計をとり，平和を基盤に守られる健康が世界中で公平に得られるように活動している．WHO加盟の194カ国の健康指標がすべて得られた結果ではないが，平均寿命のランクが183番目のシェラレオーネは44.4歳であり，高齢化に達する前に寿命が尽きてしまうという環境下で暮らしている．健康問題にかかわる課題は世界共通であり，その国独自の課題への解決と同時に国々の協働での解決も重要である．[44]

A．少子高齢化と健康課題

　日本人の寿命が戦後急速に伸びた背景には，「感染症」などの急性期疾患が激減したことがあげられる．一方，がんや循環器病などの「生活習慣病」が増加し，疾病構造は大きく変化してきた．さらに最近では，「寝たきり」や「認知症」のように，生活の質を低下させるものも多く，予防や治療においては，日常生活の質の維持も重要な課題の1つとなっている．こうした生活習慣病の予防，治療に当たっては，個人が継続的に生活習慣を改善し，病気を予防していくなど，積極的に健康を増進していくことが重要な課題となってきている．[45]日本の総人口に占める65歳以上人口の割合（高齢化率）をみると，1970年に7％を超えてから急速に上昇しており，2013年の25.1％から2060年には39.9％に達すると推計されている．

　平成27（2015）年の日本の総人口は同年の国勢調査によれば1億2709万人で，

少子高齢化と人口減の急激な変化により，21世紀の日本は，疾病による医療負担や介護・年金などの負担が極めて大きくなると考えられる．老年人口も3387万人から，2020年には3619万人へと増加することが予想されている．老年人口割合を見ると，2015年現在の26.6％で4人に1人を上回る状態から，2036年に33.3％で3人に1人となり，2065年には38.4％，すなわち2.6人に1人が老年人口となる．また，国立社会保障・人口問題研究所の推計によれば，日本の人口は，2000年の国勢調査からは1億2700万人前後で推移していたが，2020年には1億2410万人，2030年には1億1662万人となり，2050年には1億人を，2060年には9000万人をも割り込むことが予想されている[46]．

　このような人口動態の変化から，これまでのような高い経済成長が望めないとするならば，社会的負担を減らすことが重要である．高齢化の進展だけでなく，日本の生産年齢人口は1990年代をピークに減少の一途を辿っており，2030年には2010年比で約1300万人が減少し，2050年には2010年比で約3100万人が減少する見通しである[47]．そこで，今後は高齢を負ととらえるのではなく，活力ある超高齢社会の実現を考えるべきであろう．知恵やノウハウを豊富に有する「アクティブシニア」を中心に，多くの高齢者が可能な限り長く自立して暮らし，年齢を問わず，その知恵や経験を活かして積極的に社会参加できるよう，「健康寿命の延伸」を図ることが重要といえる．

　また，子どもを中心に現代社会を見ると，都市化の進行，自然環境の破壊・汚染の進行，産業構造の変化，技術革新，情報化，国際化，少子高齢化，家族の変容，個の変化，ライフスタイルの変化，コミュニティの崩壊・弱体化等による社会・環境や生活環境の急激な変化は，子どものライフスタイルの変化，生活習慣の乱れ，体力の低下，運動・身体活動の二極化等をきたし，子どもの心身の健康にも大きな影響を与えている．

　現代の健康問題を新たな視点で整理し，その解決法を考え，関係機関と協働し，健康であることを平等に享受できる社会の構築も望まれる．経済格差が健康格差を生んでいることも否定できないが，健康教育や実践に対するインセンティブ，生活保護よりもベーシックインカムを導入することなども提案されている[48]．

B．生活習慣病

(1)　生活習慣病とは

　若いということと健康が同じでないように，加齢や老化は病気ではない．昔，成人病といわれて，加齢とともに発病していた異常や疾病の大部分は偏食や過食などの不規則な食生活，運動不足や睡眠不足，ストレスが続く毎日，タバコや酒の飲み過ぎなど，悪い生活習慣を続けることが原因であり，このように生活習慣が要因となって発症したり，進行したりする病気を「生活習慣病」と呼ぶようになった．

　「生活習慣病」は心筋梗塞，高血圧，肺ガン，糖尿病，肝臓病，脳卒中，痛風，肝炎，動脈硬化，大腸がん，骨粗鬆症など多岐にわたる[49]．その予防には，人々が自らの健康に対する意識，知識，生活行動を見直し，ライフスタイルを個々によい方向へ変容させていくことが大切である．健康状態を改善させるプロセスをヘルスプロモーションというが，身体的，精神的，社会的に良好な状態（Well-Being）になるような目標を設定することが大切である．行政の健康施策もこれまでの病気の早期発見・治療という二次予防から，以下のような積極的な一次予防へと変化している[50]．

- ・健康的な公共政策づくり
- ・健康を支援する環境づくり
- ・地域活動の強化
- ・個人の生活改善支援
  （生活習慣のリスクファクター解明・健康的生活習慣確立）
- ・ヘルスサービスの変容など

(2)　行動変容の難しさ

　人体の細胞には，神経細胞，横紋筋細胞，心筋細胞，眼の水晶体細胞などのように，胎児期につくられて出生後に新生されることがほとんどない"分裂終了細胞"と現在言われているものと，表皮の細胞，腸粘膜の細胞，内分泌腺の細胞などのように，短命で新しい細胞が生産追加されるものがある．これらの細胞が健康であるよう，必要とされる運動・栄養を供給しなければならない．また，生活習慣病の引き金は肥大した脂肪細胞から放出されるサイトカインだというのが定説となっており，肥満を予防するなど，生活習慣の改善が望まれる．

しかし，わかってはいるのだが，確立した悪い生活習慣を意識的に良い方向へ戻すことは大変難しい．悪い生活習慣を持つ人は以下のような行動パターンを取り，周囲にサポート体制がないことが多い．

- 食べ物，酒，タバコ，楽がしたい（運動不足）ことへの欲望が強い
- 周囲からの不健全なライフスタイルへの誘惑が強い
- 健康管理の責任を他に（周りの人，環境，遺伝）転嫁する
- 体調にすぐに表れない（自覚症状がない）ので生活習慣改善を先延ばしする
- 目先のことに捉われて将来の影響まで真剣に考えられない
- 悪い生活習慣を改める意志の強さに欠ける
- 面倒なことは先送りする
- 無気力で，現在のライフスタイルの変更は無理とあきらめている
- いったん取り組んでもすぐに効果が表れなかったり，面白くなかったり，つらいため長続きしない
- 他人に注意されると腹が立ち，ありがとうと感謝して受け入れない
- 相談に乗ってくれる人がいない

以上のような，克服すべき状況がある人ほど行動変容は難しい．規則正しい生活やよい生活習慣を積み重ねるか，過食，喫煙，夜更かしなど悪い生活習慣を繰り返すかは，自分の健康意識に委ねられている．しかし，病気となって自分自身の体に自覚症状が出たときは，すでに手遅れになっているということを肝に銘じて，自立した生活への理想を持って，意識的に生活習慣を改善し，「よりよく生きる意志」を明確に持つことが大切である．自立した生活に向けての正しい知識を1つ1つ身につけていくことが健康のポイントである．

C．心 （精神） の健康

心はどこに存在するのか．喜び，悲しみ，感動，恐怖，怒り，不安，欲望，嫉妬，愛情，哀愁，情熱など，複雑な心の動きをコントロールするのは身体のどこなのか．17世紀にデカルトが「脳と心（意識）はそれぞれ独立したものである」という心身二元論を唱えて以降，今日に到るまで，その論理は脳と心の関係を探究していく上において大きな位置を占めてきた．しかし近年では，数多くの科学者による研究や検査機器（CT/MRIなど）の発達により「心は，脳の

第1章　いのちと身体を見つめよう　*55*

表 1 - 4　人の精神機能

意識	睡眠と覚醒のリズムが保たれていること
知覚	視覚，聴覚，触覚，味覚，臭覚などが適切に機能していること
知的機能	記憶，計算力，理解力，判断力などが一定以上の基準にあること
感情	喜怒哀楽の気持ちが適切に生じ，表現されること
意志的活動	状況にふさわしい行動を自ら選択していくこと

働きによってつくりだされるものである」という心脳一元論がある.

　今日では脳科学が発達し，好悪感情は扁桃体，意欲は前頭連合野，というように，心のさまざまな要素が脳のさまざまな部位で分担されていること，右脳と左脳の関係，脳梁の役目，辺縁皮質と他の皮質との関係，各分野と全体の働きなど，脳の構造と機能が次々と解明されている. それでも，まだまだ不明なことのほうが多い.

　では，心という感情を含めた高次な精神の機能とは何かを表 1 - 4 から見てみよう. 人の精神機能には意識・知覚・知的機能・感情・意思的活動などがある. これらの機能は特に，ストレスによって影響されることが解明され，メンタルヘルスの問題が大きな関心事となってきた. 年間，300 万人以上の人がこころの病気の治療を受ける時代となり，特に働く人たちの「心の健康管理（メンタルヘルス・マネジメント）」が法的に導入された. この背景には成果主義の導入，人員削減による労働負担の増大など，労働者を取り巻く環境がストレスを増長させ，心の病による休職や離職，自殺の増加が深刻な社会問題と認識されたことによる. 人間社会で生きていく中でストレスは避けて通れないものではあるが，それを自分なりにいかに対処していくかもポイントである.

　個人がストレスにうまく対処することをストレスコーピングという[51]. そのときの考え方と手立てが，健康維持に繋がるか病気や異常となるかの岐路である. ストレス対処法には自分自身を成長させる行動変容とリラックスさせたり，気分を変えたりすることがある. 前者については，自分自身を客観的に捉える訓練が必要である. 自分自身を客観的に捉える方法として，将来のキャリアに向けた，自分自身の SWOT 分析（S：強み，W：弱み，O：機会，T：脅威の頭文字；企業や事業の戦略策定に使われるが，自己分析しても面白い）などで，自分にどのようなスキルが身についているかを理解して 1 年先・3 年先の自分のゴールをイメージすることや自分がやりたいこと，実現したいことを10個あげて順位付けし目標を決めるなどがある. 自分の行動を振り返り，うまくいったこと，修正や成

長につながる課題を見つけるなどである．後者はストレス解消法であり，簡単に行えるリラックス方法のうち，趣味や娯楽的な活動とスポーツやレクリエーションやコミュニケーショントレーニングなどの方法がある．スポーツやレクリエーションが果たす役割も大きい．

D．飲酒・喫煙と薬物乱用

(1) 飲酒

　酒類にはアルコール（エタノール）が含まれており，そのアルコールが酔いのもとになる．酔いとはアルコールによる脳の一時的な麻痺と考えることができる．近年，学生の急性アルコール中毒死が問題となっている．無理に飲ませることで眠り込んだり，ぐったりした状態になったりするだけでなく，体質やそのときのコンディションで呼吸中枢が麻痺し死亡することがある．[52]事故ではなく，周囲の者の強制による過失致死事件となる．

　アルコールは小腸で吸収され血液に入り，脳を麻痺させる．アルコールが血液中に，0.05〜0.1％になるとほろ酔い状態となり，大脳皮質が麻痺し，陽気になり，はしゃぐようになる．尿の量も増加し顔が赤くなるが，0.1〜0.2％で酩酊状態となり脳幹が影響を受ける．このときは，足がふらつき，多弁となり，感情の急変やろれつが回らなくなる．転落やケンカが多発する．さらに急性アルコール中毒といわれる血中アルコール濃度0.2〜0.3％になると，小脳まで麻痺が進み，吐き気や眠気，歩行不能状態となる．0.3〜0.4％になれば，延髄の呼吸中枢に麻痺がすすむ．一気に多量のアルコールを飲んだときは，いきなりこの状態が発生し，揺さぶっても反応しない昏睡状態がみられる．ここまで進むと救急搬送の必要があり，死の危険を考えるべきである．0.4％以上は致死量といわれているが，このようにほろ酔いと致死量がきわめて接近しているところに，急性アルコール中毒の怖さがある．

　常習的飲酒により，アルコール依存症にいたる期間は，男性20年，女性8年といわれる．現在アルコール依存症は日本で230万人，受診患者数は4万と報告されている．主婦が育児ノイローゼや家庭内ストレスで患者になるケースもみられる．妊娠中の飲酒は，胎児への影響が明らかにされ，小頭症などの奇形や中枢神経への影響で，知能の発育不全，発育の障害が高いことがわかった．女性患者には，胎児性アルコール症候群とよばれる特徴的な顔形や知能障害をもつ子どもが生まれることがある．また，最近は飲酒による悪質な交通事故が

多発し，社会的な問題となり，飲酒による刑事罰と行政罰は違反点数が13〜35点，3〜5年以下の懲役，または50〜100万円以下の罰金，及び免許停止90日または免許取り消しという厳しい処分を受けることとなった．

(2) 喫煙

タバコは喫煙する者のみならず，周囲の人々の健康にもさまざまな影響を及ぼすことから，厚生労働省では正しい知識の普及をはじめとする喫煙対策を進めている．

1989年のWHO総会において，毎年5月31日を世界禁煙デーとし，タバコを吸わないことが通常の社会習慣となるよう定めた．今日では交通機関や公共の場での禁煙が進んでいるところであるが，タバコによる実害はほかに，火事の原因の1位であるとか，乳幼児のやけどや飲み込み事故，吸殻のポイ捨てによる清掃費や火災など多くの問題がある．

タバコの煙には，主流煙といわれる，吸った本人が吸い込む煙があり，煙全体の10%にあたる．これが，ふたたび吐き出された煙を剰余煙，タバコの先から出る煙を副流煙という．副流煙は90%以上で，これによって周囲の人は受動的喫煙を強いられることになる．副流煙に含まれるタール・ニコチンは主流煙の3倍，一酸化炭素は5倍，発ガン性があるニトロサミンは50倍以上含まれている．

さらに主流煙は酸性であるが，副流煙は多量のアンモニアを含みアルカリ性で刺激が強く，灰皿などで燻っていると，むせたり咳き込んだりすることがある．ニコチンは猛毒で，60mgで死亡し，赤ちゃんでは10mgで生命に危険を及ぼすのである．タバコ1本には20〜30mgが含まれており，フィルターを通しても有害物質はなくならない．指が震えて，やめられなくなるのはニコチンの中毒症状で，ニコチンは血管も収縮させるので，喫煙後，毛細血管が収縮し数秒間血液が流れなくなり，血流の低下がその後も続くことから，心筋梗塞や血流障害，肌の衰えや老化をはやめる．妊婦では血流の停止と低下は，胎児に深刻な影響を与え，発育不良児や低体重児を生み，早産の頻度は吸わない人で2.8%，1日10本以下の人で7.1%，11本以上の人で14.5%となっており，母親の責任は重い．喘息の子どもの発生も高く，家族がタバコをやめて良くなった例は多い．一酸化炭素による記憶力の低下もタバコの害としてあげられているが，タバコをやめることで健康の回復がかなりみられる[53]．

タバコの煙は200種以上の毒物が含まれているので，毒物の缶詰といわれる．

煙をハンカチに強く吹き付けると黒くなる．これはタールである．これが肺や気道，歯や鼻腔に着き，組織を黒く染め病変を起こす．タールの中には，発ガン性のあるニトロサミン，ベンツピレン，カドミウムなどがあり，フェノールは発ガンを促進するものとみられている．一酸化炭素は特に猛毒で知られているが，これは酸素の200倍という力でヘモグロビンと結びつき，血液中に酸素不足を起こし，各細胞を酸欠状態とする．脳の働きの低下と，皮膚の老化も酸欠状態の結果現われてくる．

日本ではタバコの消費量が増えるにつれ，肺ガンの死亡率も急増した．肺ガンの場合の死亡率は，喫煙開始年齢が低く，喫煙量が多い人ほどその率は高くなり，肺ガンとタバコの相関は高い．夫に喫煙習慣がある妻の肺ガン死亡率は，吸わない人に比べると約2倍である．また，すべての病気の死亡率も，タバコを吸わない人に比べ30〜80％高く，喉頭ガンでは14倍，口腔ガン7倍，食道ガン3倍，25本以上吸う人では，喉頭ガンが98.6倍の率で発生している．これは，煙の濃度がより高い口の近くが肺よりも汚染されるためである．数十年間，50〜60本吸っていた人が，5年間禁煙したときの肺ガンの発生率は吸いつづけた人の50％であるが，心筋梗塞で倒れてその50％が死亡している．

しかし，日本における8つの前向きコホート研究（参加者3万2000人以上）のデータを用いて，全がんおよび喫煙関連がん罹患リスクに対する禁煙の影響を評価し，日本人のがん罹患リスクは，男性で21年以上，女性で11年以上禁煙すれば，喫煙歴のない人と同レベルまで低下することが明らかになった．[54]

(3) 薬

薬には副作用があり，服用するときは，効能，用法や量をよく読み，食前食後の別やピリン系，非ピリン系の別などにも注意する必要がある．薬は1回の摂取量を多くすれば，それだけ効果が上がるというものではない．また，副作用を恐れ服用しないのも，盲信して薬漬け状態になるのも良くなく，医者にどのような内容の薬かを確認し，体調の異常が感じられる場合は，すぐに医者や薬剤師に相談することである．

近年，アトピー性皮膚炎の薬である副腎皮質ホルモンやステロイド軟膏の副作用が問題になっている．また，難病の1つであるスモン病もキノホルムという胃腸薬の副作用といわれている．スモン病は，整腸剤「キノホルム」を服用したことによる副作用で，1970年8月に新潟大学の椿忠雄教授が疫学的調査を踏まえてキノホルム原因説を提唱し，厚生労働省（当時は厚生省）はこれを受け

てキノホルム剤の販売を直ちに停止した．その結果スモンの発生は激減し，キノホルム原因説を確証する有力な証拠となった．その後，動物実験によってキノホルムがスモンの症状を引き起こすことが確認され，キノホルム説は確立された．

海外において，薬を薬局で自由に買えるのは，韓国，タイ，パキスタン，エジプトの4カ国で，他の国では医者の処方箋が必要で，例外的に風邪薬，胃腸薬，ビタミン剤が買える程度である．

麻薬・覚醒剤などの一部は，医療のために用いられる場合にはおおいに有効性を発揮するが，乱用すると個人のみならず社会全体にまで著しい害を及ぼす薬である．これらの乱用は世界的にも深刻な問題となっており，アメリカでは社会問題として最大級の対策を続けている．麻薬・覚醒剤は，使用しているうちに中毒となる．しかし，一般の人がはじめから麻薬として手を染めることは少ないといわれている．巧妙な手口で麻薬と知らずに常用し，日々数万円もする麻薬が必要な体質となるというケースが多い．このように，不正な薬物売買によって，元気になる薬とか，頭がすっきりし，眠気がなくなる新薬とか，気分がよくなる薬などと紹介され売られて，国際問題に発展している．原料となる大麻や芥子は日本でも育つが，多くは密輸によって日本に持ち込まれている．

現在では向精神薬（鎮静剤，睡眠薬，精神安定剤）やシンナー，マリファナ，覚醒剤，コカイン，LSD，ヘロインなどが乱用され，廃人になったり，傷害事件を起こしたりなどの非社会的行動に発展する．

青少年期は，強い好奇心や仲間との関り，無気力や各種の悩みなど精神的に不安定な状態と無知などが絡み合い，法律を犯す事件へと展開することが多い．麻薬や覚せい剤は乱用すると，個人だけでなく社会全体にも計り知れない害悪をもたらす非常に危険な薬であることを知るべきである．麻薬・覚せい剤は，長期に使用するとやがて薬なしではいられない状態，即ち中毒となり，薬を入手するためには，窃盗，詐欺，売春などを平気で犯すようになり，薬が切れると前にも増して激しい疲労におそわれ，これから逃れるため，また使用するようになる．このくり返しにより使用量も増え，苛立ち，不安，被害妄想などの中毒症状があらわれる．中毒性の精神錯乱，妄想や幻覚によって殺人，放火等の重大犯罪を起こし，問題はますます個人の問題を超えていく．

近年になって南米の麻薬密売組織（麻薬マフィア）によるコカインの汚染が日本をターゲットにしている傾向が顕著になっている．薬物の不正取引を行う巨

大な犯罪組織による国家的社会規範の破壊，要人へのテロ活動，左翼ゲリラへの武器供与等，薬物乱用問題が包含している弊害は，私たちの心身への悪影響から国際的脅威まで，深刻な社会問題となっている.[55)56)57)]

E．エイズ

エイズ（AIDS）とは，Acquired Immunodeficiency Syndrome（後天性免疫不全症候群）のことで，その病原体は HIV（Human Immunodeficiency Virus：ヒト免疫不全ウィルス）である．HIV に感染すると，体内の免疫機構がしだいに破壊されて体の抵抗力が低下する．そのため，種々の病原体はもちろんのこと，健康な人にとって害のない，自然環境に普通に存在している細菌・ウイルス・カビなどが体内で増殖するのを防ぎきれなくなってしまう．その結果，重い肺炎にかかるなどのさまざまな病気に侵される.

日本では1985年に初めてエイズ患者が報告され，2016年までに HIV 感染者1万8920件，エイズ患者8523件，合わせて2万7443件の報告があった．2016年の新規報告者数は，HIV 感染者が1011件，エイズ患者が437件，合わせて1448件で，2007年以降，年間1500件前後の新規報告が続いている．近年，エイズの感染が世界中に拡大し，特にアジア諸国で急速に広がっている.

WHO の報告では世界 HIV 感染者・エイズ患者数は3940万人となっている．アジア諸国ではタイやインドを中心に490万人以上が感染しているものとみられている．日本においては，これまでの欧米での主な感染経路となっていた男性同性愛者や薬物乱用者が少ないため，諸外国に比べると感染者数は低くとどまってきた．しかし，最近では感染者が急増し全国的に広がり，在日外国人感染者の急増，異性間性行動が同性愛者を抜いて主な感染経路となるなど，感染の状況は新たな局面を迎えている．性教育をいのちの教育として，若者に浸透させない限り，近い将来，諸外国の例からみて感染爆発が起きると考えられる．エイズ対策は国策としても，個人の問題としても早急に取り組まなければならない．根本的な治療法のない現在，エイズ対策の基本は，国民1人ひとりがエイズに対する正しい知識をもち，予防するとともに，患者・感染者に対して理解ある行動が取れるようにすることである．また，諸外国の例をみても，早い時期から国民に正しい知識の啓発普及を行った国は，エイズの爆発的蔓延からのがれている．発病すれば死亡率はきわめて高く，アメリカでは一時，若年層の死亡原因にエイズが第1位になった.

HIV に感染すると，免疫をつかさどるリンパ球が破壊され，さまざまな感染症を引き起こす．エイズウィルスは，感染力が弱く通常の生活では感染しない．血液と精液，膣分泌物で感染するので，性交時のコンドーム使用が有効な予防手段となる．血液感染では，カミソリを共有するなどは危険性が高いが，医療機関では注射器は使い捨てにし消毒しているので問題はない．また，日常生活での咳き・くしゃみ・握手や軽いキス・風呂やプール・洋式トイレ・蚊・などでは感染にいたらず，輸血も入念な検査と熱処理がされているので感染することはない．母子感染とは，胎盤や産道，まれには授乳で感染するといわれ，これは血液感染の１つである．

エイズは感染しても６〜８週間後まで抗体ができないので，検査をしても感染直後では反応がみられない．また，感染しても潜伏期間が数年あるので，すぐに発病することも少ない．HIV 抗体検査の普及により，HIV 感染症は早期に発見され，発見された HIV 感染症患者は，多剤併用療法（HAART）等，発症予防に極めて有効な治療法によって治療される．その結果，HIV 感染症は完全には治癒しないものの，エイズの発症や死亡，性的接触による感染の拡大を予防することができるようになった[58]．

注

1）　エレイン N. マリーブ著，林正健二・他訳，人体の構造と機能第４版，2018.

2）　木山博資・遠山正彌，人体の解剖生理学 Human anatomy & physiolog 第２版，金芳堂，2017，17-168.

3）　吉中康子・佐藤仁・斉山美津子・他，新・スポーツと健康の科学，晃洋書房，2007.

4）　Garbagenews，日本の出生率と出生数をグラフ化してみる，http://www.garbagenews.net/archives/2013423.html，（参照2017-12-2）.

5）　子ども虐待防止「オレンジリボン運動」，虐待相談対応件数，https://www.orangeribbon.jp/about/child/data.php，（参照2017-12-2）.

6）　渡辺とよ子，35歳からの育児，Medical Tribune，2011.

7）　木山博資・遠山正彌，人体の解剖生理学 Human anatomy & physiolog 第２版，金芳堂，2017，287-315.

8）　飯田順三，子どもの発達と行動（脳とこころのプライマリケア４）シナジー，2010.

9）　ベビーカレンダー，https://baby-calendar.jp/knowledge，（参照2017-12-2）.

10）　ベネッセ 教育情報サイト，http://benesse.jp/kosodate/childcare/，（参照2017-12-2）.

11）　内閣府，よくわかる「子ども・子育て支援新制度」，http://www8.cao.go.jp/shoushi/shinseido/sukusuku.html，（参照2017-12-2）.

12） 消費者庁，子どもを事故から守るプロジェクト，http://www.caa.go.jp/kodomo/project/pdf/130509_project.pdf，（参照2017-12-2）.

13） （独）国民生活センター，暮らしの危険262，http://www.kokusen.go.jp/kiken/pdf/262dl_kiken.pdf，（参照2017-12-2）.

14） 消費者庁，子どもを事故から守る事故防止ハンドブック，http://www.caa.go.jp/policies/policy/consumer_safety/child/pdf/child_170712_0001.pdf，（参照2017-12-2）.

15） 消費者庁，あなたのお子さんは安全，http://www.caa.go.jp/kodomo/onepoint/pdf/newdetailadvice_all.pdf，（参照2017-12-2）.

16） （公財）全日本病院協会，医療保険の仕組み，https://www.ajha.or.jp/guide/4.html，（参照2017-12-2）.

17） 中村容一・田中喜代次，「加齢と身体活動」をテーマとする国際学会，体力科学，53，2004，575-578.

18） モチベーションアップの法則，https://www.motivation-up.com/motivation/maslow.html，（参照2017-12-2）.

19） 木村みさか・平川和文・奥野直・小田慶喜・他，体力診断バッテリーテストからみた高齢者の体力測定値の分布および年齢との関連，体力科学，38，1989，175-185.

20） 東内一明，働く高齢者の安全・健康管理——ハード・ソフトの改善で生涯現役を目指す——，労働新聞社，2015.

21） 長谷川和夫・長嶋紀一・遠藤英俊，発達と老化の理解——介護の視点からみる高齢者の心理と健康——，建帛社，2009.

22） 昇地三郎，100歳時代を生きぬく力——明るく健康に長生きする法——，東洋経済新報社，2010.

23） 佐々木拓男，新常識！身体健康学，大学教育出版，2016.

24） 吉中康子・佐藤仁・斉山美津子・他，新・スポーツと健康の科学，晃洋書房，2007，75.

25） 池田晶子，飢餓人口と肥満人口，サンサーラ，24号（2000. 6. 30初掲），http://www.21ca.ac/21c/kiga.html，（参照2017-12-2）.

26） 清涼飲料水に砂糖税，毎日新聞，2016. 3. 19.

27） 本川裕，社会実情データ図録，http://www2.ttcn.ne.jp/honkawa/2220.html，（参照2017-12-2）.

28） e-ヘルスネット，メタボリックシンドロームの基礎知識，https://www.e-healthnet.mhlw.go.jp/information/metabolic/m-01-003.html，（参照2017-12-2）.

29） https://www.youtube.com/watch?v=sZz7ymqDyTU（参照2018-7-9）.

30） 飛田哲朗，サルコペニアの定義と分類，https://sarcopenia.jimdo.com/，（参照2017-12-2）.

31） 祖父江逸郎，（公財）長寿科学振興財団，運動器疾患の予防と治療，https://www.tyojyu.or.jp/kankoubutsu/gyoseki/0022.html，（参照2017-12-2）.

32） 荒井秀典，総説　フレイルの意義，日本老年医学誌，51，2014，497-501.

第 1 章　いのちと身体を見つめよう　　*63*

33)　崎谷博征，間違いだらけの食事健康法——現代人が「慢性病」を抱えた理由——（知りたいサイエンス），技術評論社，2013.

34)　惠谷ゆり・西本裕紀子・大阪府立母子保健総合医療センター，妊娠期・乳児期（こどもの心と体の成長・発達によい食事：こども病院の医師と栄養士による食育レシピ 1 ），金芳堂，2016.

35)　惠谷ゆり・西本裕紀子・大阪府立母子保健総合医療センター，学童期・思春期（こどもの心と体の成長・発達によい食事：こども病院の医師と栄養士による食育レシピ 3 ），金芳堂，2016.

36)　厚生労働省，食品添加物及び食品中の残留農薬に関する安全対策，http://www.mhlw.go.jp/topics/bukyoku/iyaku/syoku-anzen/iken/dl/070209-2a.pdf，（参照 2017-12-2）.

37)　厚生労働省，日本人の食事摂取基準（2015年版），http://www.mhlw.go.jp/file/04-Houdouhappyou-10904750-Kenkoukyoku-Gantaisakukenkouzoushinka/0000041955.pdf，（参照2017-12-2）.

38)　（参考）香川綾物語，https://www.youtube.com/watch?v=DkQ8Cp2hutE

39)　四群点数法による 1 日のバランスシート，https://www.aeonretail.jp/kodawari/shokuiku/foodnote/img/pdf/check0107.pdf，（参照2017-12-2）.

40)　食べ方のルール，四群点数法誕生まで，http://www.eiyo.ac.jp/fuzoku/tenjisitu/tenji_16th/images/leaf01.pdf，（参照2017-12-2）.

41)　農林水産省，食生活の指針改定のポイント，http://www.maff.go.jp/j/syokuiku/attach/pdf/shishinn-4.pdf，（参照2017-12-2）.

42)　農林水産省，食生活の指針，http://www.maff.go.jp/j/syokuiku/shishinn.html，（参照2017-12-2）.

43)　世界保健機構，平均寿命ランキング・男女国別順位— WHO 世界保健統計2016年版，https://memorva.jp/ranking/unfpa/who_whs_2016_life_expectancy.php，（参照2017-12-2）.

44)　WHO, World Health Statistics 2016, https://memorva.jp/ranking/unfpa/who_whs_2016_healthy_life_expectancy.php，（参照2017-12-2）.

45)　齋藤英子，Smoking cessation and subsequent risk of cancer: A pooled analysis of eight population-based cohort studies in Japan. Cancer epidemiology, 2017, 51, 98-108.

46)　国立社会保障・人口問題研究所，http://www.ipss.go.jp/pr-ad/j/soshiki/ipss_j2017.pdf，（参照2017-12-3）.

47)　国立社会保障・人口問題研究所，日本の将来推計人口（平成29年推計），http://www.ipss.go.jp/pp-zenkoku/j/zenkoku2017/pp29_gaiyou.pdf，（参照2017-12-3）.

48)　小沢修司，ベーシック・インカム論議を発展させるために，https://www.jstage.jst.go.jp/article/peq/49/2/49_KJ00009361384/_pdf/-char/ja，（参照2017-12-3）.

49)　厚生労働省，生活習慣病予防，http://www.mhlw.go.jp/stf/seisakunitsuite/bunya/

kenkou_iryou/kenkou/seikatsu/seikatsuyuukan.html，（参照2017-12-3）．

50）　守山正樹，70年後の健康教育とヘルスプロモーション，http://www.wifywimy. com/e-future，（参照2017-12-3）．

51）　厚生労働省，生活習慣病予防のための健康情報サイト e-ヘルスネット，ストレスコーピング，https://www.e-healthnet.mhlw.go.jp/information/dictionary/exercise/ys-068.html，（参照2017-12-3）．

52）　厚生労働省，生活習慣病予防のための健康情報サイト e-ヘルスネット，アルコールによる健康障害，https://www.e-healthnet.mhlw.go.jp/information/alcohol-summaries/a-01，（参照2017-12-3）．

53）　厚生労働省，生活習慣病予防のための健康情報サイト e-ヘルスネット，喫煙，https://www.e-healthnet.mhlw.go.jp/information/tobacco，（参照2017-12-3）．

54）　Eiko Saito, Manami Inoue, Shoichiro Tsugane, et al.：Smoking cessation and subsequent risk of cancer: A pooled analysis of eight population-based cohort studies in Japan, Cancer epidemiology. 2017 Nov 02, 51, 98-108，（参照2017-12-3）．

55）　（財）麻薬・覚せい剤乱用防止センター，http://www.dapc.or.jp/index.htm，（参照2017-12-2）．

56）　全国 HIV/ エイズ・性感染症検査・相談窓口情報サイト，http://www.hivkensa. com/whatis/，（参照2017-12-3）．

57）　薬物のない世界のための財団，真実を知ってください：薬物教育パッケージ，http://jp.drugfreeworld.org/drugfacts.html（参照2018-7-9）．

58）　API-Net　エイズ予防情報ネット，http://api-net.jfap.or.jp/（参照2018-5-2）．

第2章　身体運動の科学

　骨格筋は使うことによって強化される．逆に骨格筋は，使わないでいると年齢を問わず萎縮し，筋の太さも収縮力も低下する．加齢によっても筋肉量の減少と筋力の低下が起きるが，加齢に伴う生理的変化か病気によるものなのか，使わないでいることによる萎縮なのかを区別することは大変難しいものである．65歳くらいまでは，体重と脂肪量は共に増加するが，70歳以降は逆に体重と除脂肪量は減少する．高齢者では蛋白質の不足から，エネルギー栄養障害の有病率が増加するため注意が必要である．

　近年サルコペニアやフレイルが話題になっているが，筋肉は体を動かす運動だけではなく，呼吸運動や胃腸の消化運動などにも関与する．筋肉組織は筋細胞（筋線維）が主体となり，多数の神経や血管が侵入し，結合組織が介在しており，身体の中では重要な働きをしている．私たちのからだは，身体運動を行うことによって意志力を含めた人間の体力（筋力・持久力）や体の神経系統の機能を高めることができ，全身の約37兆の細胞はお互いにネットワークを持って機能的に活動している．健康であることは目的ではないが人生の資源である．QOL（人生の質）を高め，幸福を得るためにもエビデンスに配慮した理論を学ぶことは重要である．

1．筋・骨格系と運動トレーニング

　1回の運動刺激に対する身体の反応を「応答」と言い，長い期間トレーニングを継続することで効果が表れて体は「適応」する．筋力や持久力だけでなく，ボールコントロールや，美しい動きなどのスキルの向上は意識的に修正して，練習した身体の適応の結果である[1]．このようなトレーニングの目的は健康で充実した心身を養うことであるが，これに加えて，スポーツ種目別のパフォーマンスを向上させ，高い目標を掲げ練磨し，意思の強化やマナーの向上，戦術の習得などから，QOLを高めることでもある．本章では目標を持って成果を得

るためにトレーニングの基礎や原理・原則を学ぼう.

A. 運動強度

適度な運動を具体的に行おうとするときの運動の強さの表し方には次のような指標がある.

(1) メッツ (METs: Metabolic Equivalents)

METs＝（作業時代謝量／安静時代謝量）

「メッツ」とは身体活動強度を示す国際的単位である. 1メッツは仰臥し安静にしている時の身体活動度であり, これを尺度として身体活動時の運動強度を示す. バス停1駅を5分で歩く（時速4キロ）程度の普通歩行は3メッツ, 3分の速歩（時速6キロ）が4メッツ, ジョギングでは7メッツ, ランニングでは10メッツである.

厚生労働省では「運動所要量・運動指針策定検討会」（2005年）を設置し, 約1年をかけて, 運動所要量を決めた. これに基づいて, 「健康づくりのための運動指針2006」という, 具体的でわかりやすい運動指針を作成した.「身体活動量」はメッツ・時（身体活動強度と時間を掛け合わせたもの）で示され, これを「エクササイズ」と呼ぶ. 1週間の運動所要量を23エクササイズ以上（その内4エクササイズ以上は中強度以上の運動を含める）としている.

(2) 最大酸素摂取量に対する割合 (%VO₂max)

最大酸素摂取量とは,「単位時間当たりに組織が酸素を取り込む最大の量」のことで, この値が大きいほど「全身持久力が優れている」と評価される. たとえば, 走る速度を徐々に速くしていくなど, 運動強度が大きくなると, それに伴って酸素の需要量は増え, 運動強度に伴って酸素摂取量は増加する. しかし, 酸素摂取量の限度は個人によって差がある. 激しい運動によってそれ以上増加しない時の酸素摂取量を最大酸素摂取量という. このように最大酸素摂取量とはその人が酸素を体の中に摂り込む器の大きさを表した値である.

空気中には主に, 窒素 (N_2) が79.04％, 酸素 (O_2) が20.93％, 二酸化炭素 (CO_2) が0.03％の割合で含まれている. 人はこの中の酸素を吸って, 二酸化炭素を吐き出して呼吸をしている. 運動によって酸素を消費すると, 吐き出すときには酸素の割合は少なくなり, 二酸化炭素が多くなる. このときに少なくなった酸素は体の中でエネルギーを作るために使われている.

人間は呼吸により酸素を体内に取り込み, 細胞に届け, 発生したエネルギー

によって活動している．生命は循環器・臓器の運動で維持され，この運動機能を最大限に高め，向上させることは，寿命の観点から見ても大変重要である[2]．

(3) 心拍数（HR: HeartRate）

運動中または運動直後の心拍数を測定することで運動強度を推測することが可能である．運動中の心拍数の最大心拍数に対する割合は，運動強度と呼ばれる．心拍数が身体活動水準と関係することは古くから知られているが，強度の尺度として大きな意味をもつようになったのは，%VO_2max ときわめて一致することが明らかにされたためである．

しかし，最大心拍数は年齢が増すと減少し，運動後心拍数は急速に減少するので，手首に指を当てて計る時は，運動後10秒以内に測ることが望ましい．最高心拍数がわかれば，運動中の心拍数で運動強度が何％であるかが容易に算出できる．国立長寿医療研究センターでは以下のように目標心拍数を決めて，安全に運動することを進めている[3]（表2-1，表2-2）.

表2-1 目標心拍数の求め方

適正な強度で運動するために！
① あなたの　安静時心拍数　　　　　　10分以上の安静後に測定すること
② あなたの　最大心拍数　　　　　　　＝207－（年齢×0.7）
③ あなたの　予備心拍数　　　　　　　＝②－①
　目標心拍数（60％強度）　　　　　　＝③×0.6＋①
運動直後10秒の脈を図り6倍します．

表2-2 目標心拍数と測定の仕方

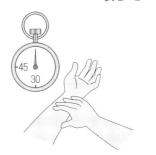

運動強度50%		年齢（歳）					
		65	70	75	80	85	90
安静時心拍数（拍/分）	60	111	109	107	106	104	102
	70	116	114	112	111	109	107
	80	121	119	117	116	114	112

運動強度60%		年齢（歳）					
		65	70	75	80	85	90
安静時心拍数（拍/分）	60	121	119	117	115	113	110
	70	125	123	121	119	117	114
	80	129	127	125	123	121	118

運動強度70%		年齢（歳）					
		65	70	75	80	85	90
安静時心拍数（拍/分）	60	131	129	126	124	121	119
	70	134	132	129	127	124	122
	80	137	135	132	130	127	125

効果的に運動を進めるためには，運動内容・頻度・強度の設定が重要です．運動頻度は習慣化するために毎日行うことをおすすめします．強度については目標心拍数を求めて，運動の時に自分で脈を取りながら適性がどうかを確認することが重要です．

（出所）国立長寿医療センター，コグニサイズより

⑷　消費エネルギー量

　消費エネルギー量は体重１kgあたりで消費するエネルギーとして，kcal/kg
で表す．カロリーとは，食べ物や運動の熱量などを表現する「エネルギーの単
位」のことである．１kcalは１gの水の温度を１℃上昇させるのに必要な熱
量を意味する．消費エネルギー量とは，基礎代謝（生命維持）や運動などによ
り消費されるエネルギーの総和で，消費エネルギーの使用率は，基礎代謝：60
〜70%，運動とその他：30〜40%と言われている．エネルギーは生きている限
り，寝ているだけでもエネルギーは消費されている．摂取カロリーと消費カロ
リーの関係は，摂取量が消費量を上回った分が体に体脂肪として蓄積される．
主な日常生活と家事の消費エネルギー量を表２‐３に示す．

B．運動の原理・原則

　運動を合理的に効果的に安全に行うために，次のような３つの原理と６つの
原則を意識して実践することが大切である[4]．

　① オーバー・ロードの原理

　　体力を高めようとするとき，あるいは健康づくりのためにと目標をもっ
て運動しようとするとき，日常生活で使っている体力レベル以上の運動強
度でなければ効果は期待できない．特にスポーツ選手のトレーニングや，
体力を高めたいという場合には基本的な原理である．きついトレーニング
の後は，２〜３日は空けて，１週間で全身を鍛えるようにしよう．

　② 可逆性の原理

　　効果的な運動によって得られた体力や能力，特に筋力や最大酸素摂取量
などはトレーニングを中止すると，元のレベルに戻ってしまう．トレーニ
ングは継続することで現状維持でき，勝利が目標であれば負荷を徐々に上
げていこう．

　③ 特異性の原理

　　各種の運動やスポーツには，それぞれ特有のパフォーマンスがある．ト
レーニングはやり方によって，その部位や機能に効果を発揮するものであ
る．運動処方を行う際にはこのことを十分に考慮し，目的・目標に合った
トレーニング内容を組まなければならない．

　上記の３つの根幹となる原理を踏まえたうえで，運動を継続していく場合，

表2-3 主な日常生活と家事の消費エネルギー量

ぞうきんがけ	38kcal	ガーデニング	26kcal
拭き掃除	28kcal	ゆっくり歩く	22kcal
洗濯（手洗い）	28kcal	普通の速さで歩く	27kcal
洗濯（電気洗濯機）	19kcal	急ぎ足で歩く	38kcal
掃除機による掃除	23kcal	階段の昇り降り	47kcal
炊事	23kcal	サイクリング（時速10km）	37kcal
アイロンがけ	22kcal	ジョギング（120m/分）	59kcal

次の6原則に基づいて実施することで効果を上げることができる.

① 全面性の原則——特定の運動だけでなく，いろいろな動きや機能および心身のバランスをとり全身的・全面的な発達を目指す.

② 意識性（自覚）の原則——なぜ，どうしてという問いから身体や運動に関する知的理解を深める. 試合場面などをイメージしながら効果的にトレーニングする. 身体の仕組み，スポーツの戦術など，スポーツスキルを深める学びも重要である.

③ 漸増性の原則——弱から強へ，遅から速へ，軽から重へなど徐々に階段を昇るように運動の強さを高めることで，怪我せず効果も期待できる.

④ 反復性の原則——何事にも繰り返しが上達や効果につながる. 休息・休養をとりながら規則的・継続的にトレーニングすることで成果に繋がる.

⑤ 個別性の原則——性，年齢，体力，生活環境，運動の経験など，個人の体力特性に適した運動を行う.

⑥ 継続性の原則——健康づくりや体力づくりは1週間や数カ月で効果が上がり，完成するというものではなく，生涯現役でという意識で取り組み，楽しむことで効果が現れる. 継続は力，さらに継続して宝なりで，QOLも高まり，若者であれば職業選択の幅も広がる.

C. 運動の継続要因

健康長寿を全うするためには，身体活動・運動が欠かせないという認識が広

がり，運動を実施する高齢者の数が増加しつつある一方で，運動非実施者の割合は減少していない．高齢者だけでなく，どの世代においても運動実践の二極化が懸念されている[5]．地域に運動を習慣化する人を増やすためには，まず「運動に対する否定的イメージを排除する」ことである．運動の意義や効果について正しい知識を伝え，「運動を始めるきっかけ」を与えるさまざまな工夫が必要である．人口密度の高い地域であればフィットネスクラブなども多く存在し，利用できるが，過疎地域は「行政」「住民」双方が協力しながら健康づくりの場を広げる必要がある．産官学民の協働で地域に効率的に運動を習慣化する健康づくりのシステムを構築することで医療費を削減することができる．運動する仲間が増え，地域に運動習慣のある住民が定着した時に超高齢社会への対応が根付くことになる．

　そこで，運動の継続要因を挙げると以下のようになる．

- ・誘い合う仲間，集まって楽しめる仲間がいる．
- ・自分なりの目標をもち，少しずつ高めていける．
- ・心身ともにその効果が実感できるエビデンスの確立したプログラムがある．
- ・生活圏内に利用できる場がある．
- ・身近にアドバイスをしてくれる人やよい指導者がいる．
- ・仲間の励ましがある．
- ・疲れや体調が悪いときは無理をせず休むことができる．
- ・運動にふさわしい服装をし，ファッションも楽しめる余裕がある．
- ・費用が無理のない額である．
- ・運動後は達成感があり体調がよくなる．

　都市在住の60～89歳の高齢者179名（男子82名，女子97名）を対象にした，これまでの研究においても，運動習慣のあるものは体力が高いことが報告されている[6]．

D．運動の効果

　有名なルーの法則（Wilhelm Roux, 1850-1924，ドイツ），① 人間の体は使えば使うほど発達する，② 使わなければ退化・萎縮する，③ 過度に使いすぎると障害を起こす，この3つの基本法則は現代のスポーツや体育でもよく用いられる．

青年期だけでなく，中高年になっても，筋肉は適度に鍛えるほうが良い．運動をしないと，カルシウムやリンは体外へ排出される．そして，カルシウムは吸収されず骨粗鬆症となる．運動は潜在化している機能〈潜在能力〉を知覚し，意識できるものから，パフォーマンスとして「見えるもの」に変えることで，できないことができるようになる．このように自分の能力が水滴のように溜まり，あふれ出し「見える化」できた時に，やればできるという自己効力感（self-efficacy：セルフ・エフィカシィ）を得て，喜びを感じることができる．

　また，運動の効果を上げると以下のようになる．

- ・最大酸素摂取量が増えて運動能力が向上し，心臓や肺の機能が向上する
　　──生活習慣病や老化の進行を抑える──
- ・ストレスに対する交感神経反応が抑えられ，血圧が下がる
　　──高血圧の予防・治療──
- ・糖質の利用が増加して，血糖値が下がる
　　──糖尿病の予防・治療──
- ・運動中に増加するホルモンの働きで脂肪の利用が高まり，善玉コレステロール（HDL）が増える
　　──肥満の解消・高血圧・動脈硬化の予防・治療──
- ・骨量が増える──骨粗しょう症の予防・治療──
- ・ストレスの解消

　このように運動の健康に及ぼす効果は大きいことがわかる．しかし，これは運動を楽しんで行った場合の効果であり，いやいや運動をしてはストレスとなって，体の免疫力を下げてしまう．トレーニングの意義，目的を理解し，自分にとって最適で，効果のあるプログラムを研究し，生活習慣にしよう．

　高校までの学校教育では，体育の授業がある．しかし，それ以降は自分で自分の健康を考えて運動習慣を実践する必要がある．そして，健康長寿のために，越えなければいけない「2つの壁」を越えよう．1つは，中年期の肥満やメタボリックシンドロームの放置によって脳卒中や心筋梗塞の発症につながる「60代の壁」．もう1つは，60代の壁を越えた後，サルコペニア（加齢に伴う筋肉量の減少）の放置によって転倒・骨折やフレイル（虚弱）の問題につながる「70代の壁」である[7)8)]．元気な70・80代を迎え，動ける90代，センテナリアンを目指そう．

2．呼吸・循環・内分泌系と運動トレーニング

　運動には無酸素運動と有酸素運動の2種類がある．無酸素運動とは100m走やウェイトリフティングなどに代表され，筋収縮に要するエネルギーを酸素を利用せずに作り出す運動で，主に速筋と呼ばれる筋繊維がこれに関与する．速筋は瞬発力とパワーに優れているが，持続力はない．一方これに対して，有酸素運動とはジョギングやマラソンに代表され，酸素により糖質や脂肪を燃焼させ，そのエネルギーで筋収縮を起こさせる運動である．主に遅筋と呼ばれる筋繊維がこれに関与し，持久力に優れている．この有酸素運動によるトレーニングが呼吸・循環器系のトレーニングである．

　すなわち，呼吸器系のトレーニングとは酸素の取り込みをいかに多くするか，循環器系のトレーニングとは，いかに多くの酸素を血流を介して筋肉に供給できるかということであり，これは最大酸素摂取量の増加のためのトレーニングということになる．

　人間の体は生きていくために，十分なエネルギーを生み出す必要がある．このエネルギーは，酸化という過程で，食物中のグルコースを燃やす（グルコースが酸素と結合する）ことによって生み出される．酸化の過程では，炭素と水素が酸素と結合し，二酸化炭素と水ができる．

　このように，酸素を消費し，二酸化炭素を生成することは生命維持に不可欠な働きである．そのため，人間の体には，激しい運動をしたときでも体の求めに応じられる速さで，循環する血液と周辺の大気との間で二酸化炭素と酸素を交換する器官が必要になる．呼吸器系の器官は，酸素を体内に取り込み，二酸化炭素を体外に排出することを可能にしている．これらの仕組みについて学ぼう．

A．呼吸器系の仕組み

　呼吸器系の器官は，鼻と口から始まり，気道から肺へと続く．空気は鼻と口から呼吸器系へと入り，のど（咽頭）を下って，声帯がある喉頭を通過する．喉頭の入り口は小さな蓋（喉頭蓋）で覆われており，ものを飲み込む時には自動的に閉じて，食べものや飲みものが気道に入るのを防いでいる．

　一番太い気道が気管で，それより細い2つの気道に枝分かれして左右の気管

第2章　身体運動の科学　73

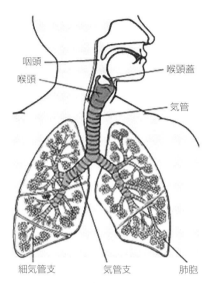

図2-1　呼吸器系のしくみ
（出所）㈲彩考作成.

支となり，それぞれが左右の肺につながっている（図2-1）．左右の肺はそれぞれ葉と呼ばれる部分に分かれており，右肺は3つの葉，左肺は2つの葉から成り立っている．左胸部のスペースは心臓と共有しているため，左の肺は右の肺より少し小さくなっている．

　左右の気管支は，より細い気道へと，次々と枝分かれして，最終的には細気管支という最も細い気道になり，細気管支の直径は0.5ミリメートルほどしかない．気道全体をみると，木を逆さまにした形に似ているため，呼吸器系のこの気道部分は，「気管支樹」という．太い気道は，ある程度の柔軟性をもった軟骨と呼ばれる線維性の結合組織によって保持されている．細い気道は，周りの密着した肺組織に支えられている．気道を取り巻く平滑筋は，拡張したり収縮したりできるため，気道のサイズは変えられる．肺にある何百万もの肺胞を合わせると，$100\,m^2$を超える面積となる（図2-2）．肺胞の壁の内部は，細い血管（毛細血管）が密集した網状の組織になっている．空気と毛細血管の間の壁はきわめて薄いため，酸素は肺胞内から血液中へ移動でき，さらに二酸化炭素は血液中から肺胞内の空気へと移動できる．

　呼吸器系の最も基本的な機能は，酸素と二酸化炭素を交換することである．吸いこまれた酸素は肺へ入っていき，肺胞の内面を覆っている細胞の層と肺胞

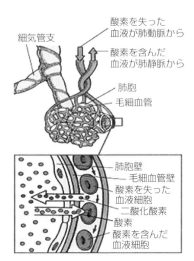

図2-2　肺と肺胞のガス交換のしくみ
(出所) ㈲彩考作成.

を取り巻く毛細血管に取り込まれる．空気と血液の間の距離は平均すると約1 μm（1/1000 mm）の厚さしかないため，酸素はこの空気―血液障壁をすぐに通り抜ける．同様に，血液中の二酸化炭素は肺胞に取り込まれ，体外へ吐き出される（表2-4）.

酸素を含んだ血液は肺から肺静脈を通って心臓の左心房へ送られ，左心室から全身へと送り出される．逆に酸素を失い，二酸化炭素を多く含んだ血液は，上大静脈と下大静脈という2本の大静脈を通って右心房へ戻り，右心室から肺動脈を通って肺へと送られ，肺で酸素を受け取り，二酸化炭素を放出する．

肺を流れる血液中に外気から酸素を取りこむには，呼吸，拡散，灌流という3つの過程が欠かせない．呼吸とは，空気が肺に出入りする過程のことである．拡散は，肺胞の空気と肺の毛細血管の血液との間で自然に行われている気体の

表2-4　血液とリンパ循環の仕組み

血液循環	血液によって酸素や栄養を組織・細胞に供給し，組織で生成された老廃物の二酸化炭素や尿素，アンモニアなどを処理する器官（肺と腎臓）まで運搬する．
	体循環	心臓ポンプで全身に動脈血を運び，静脈血を右心房に集める．
	肺循環	静脈血を肺に運び，ガス交換して動脈血にして左心房に戻す．
リンパ循環	組織中の余分な組織間質液を回収し血液に戻す．脂肪を運搬する．

移動である．灌流は，心血管系が肺全体へ血液を送り出す働きをいう．このような体の循環器系は，酸素を含む大気と酸素を消費する体内の細胞とを結びつけている．たとえば，全身の筋肉細胞に酸素を行きわたらせるには，肺だけではなく，酸素を運ぶ血液の働きや，その血液を筋肉に運ぶ循環器系の能力に依存している．

呼吸器系も，他の器官と同様に，加齢によって最大機能が徐々に低下する．加齢に伴う肺の変化には，最大呼吸量，ガス交換量，肺活量（空気を最大限に吸いこんでから，吐き出すことのできる空気の最大量）の減少，呼吸筋の衰え，肺の防御機構の低下などがある．健康な人では，これらの加齢に伴う変化による症状が現れることはほとんどないが，高齢になると，特にランニングやサイクリング，山登りといった激しい有酸素運動ができなくなる一因となる．また，肥満も肺の機能を低下させる．特に喫煙の有害作用による病気があると，加齢に伴う肺の変化によって，その症状が悪化することがある[9][10][11]．

B．心臓と血管

(1) 血液循環のしくみ

心臓は握りこぶしぐらいの大きさで，4つの部屋に分かれている．中でも左心室は，血液をからだ中に送り出す部屋なので，厚い筋肉で丈夫にできている．絶え間なく血液を送り続ける心臓は1日に10万回も休むこともなく動き続け，200リットルのドラム缶で40個分の血液を毎日，血管を介して，身体の隅々まで送り続けている．安静時心拍数は1分間に60〜80回なので，1日の心拍数は8万6400〜11万5200回，80歳まで生きると25〜33億回も休みなく働き続ける．

また，全身の血管は10万 km に及ぶと言われ，地球2周半もある．血管の構造は内膜，中膜，外膜の3層からなっている．動脈の壁は拍動性の血流と血圧に耐えられるよう厚く弾力があり，内部の圧が減っても丸い形が保てるようになっており，静脈の壁は薄く柔らかな構造である（図2-3）．このような働き者の組織には，たばこで傷つけたり，睡眠不足で疲れさせないよう配慮し，大事にしたいものである．

① 動脈

動脈とは，心臓から送り出される血液を全身に運ぶパイプのような血管である．動脈はとてもしなやかで，破れたり詰まったりしない強さと弾力性を備え持っている．全身に新鮮な酸素と栄養を補給している．

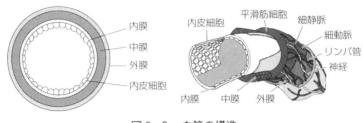

図 2-3　血管の構造
(出所)　新・スポーツと健康の科学.

② 静脈

毛細血管に続き，全身の血液を心臓に送り返す血管で，中膜では平滑筋が少なく弾性も乏しくなっている．始まりの部分は細静脈という．場所により内膜に半月状の静脈弁を持ち血液の逆流を防いでいる．皮下組織内を走行する静脈を皮静脈と総称している．全身の老廃物を回収している．

③ 毛細血管

細動脈と細静脈とを結ぶ網目状の血管で最も細い血管（5～20μ）である．

壁は単層の内皮細胞からなり，平滑筋はない．壁の細胞のすきまを通して，血管内の血液中と組織間で，栄養素，酸素，二酸化炭素，老廃物などの物質交換が行われている．

(2) 血管と血液の働き

心臓から送り出された血液は約30秒で全身をめぐり，約37兆個ある全身の細胞に新鮮な酸素や栄養を届けて，老廃物や二酸化炭素を受け取り心臓に戻ってくる．体内で一番太い血管は大動脈で約3 cm，最も細い血管は5～20μmである．血管には血液を心臓から体の末端に送る動脈と，体の末端から心臓に向かって血液を送る静脈とがあるが，動脈系は，左心室の大動脈口から始まり，大動脈という1本の本幹から枝分かれしながら全身に分布している．これらの動脈はさらに分枝しながら最終的には毛細血管となり，各組織に血液・栄養素・酸素を運んでいる．毛細血管は再び合流して静脈となり，末端で回収した老廃物やCO_2とともに，心臓に戻る．このように心臓と各組織との間をめぐるルートを大循環（体循環）という（図2-4）．

一方，これとは別に心臓と肺との間をめぐる血液のルートがあり，これを小循環（肺循環）という．小循環では，心臓から肺に行く肺動脈内には，大循環の動脈とは逆に二酸化炭素を多く含んだ静脈血が流れ，肺から心臓に向かう肺

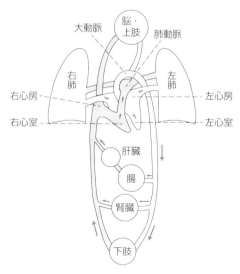

図2-4 血液循環のしくみ
(出所) 新・スポーツと健康の科学.

静脈内には,肺でガス交換をして酸素を多く含み,きれいになった動脈血が流れている.

　　動脈血…酸素が多い血液
　　静脈血…二酸化炭素が多い血液

　心臓を起点に血液が出ていくほうを動脈(下り路線),心臓に血液が戻るほうを静脈(上り路線)と覚えるとよい.

(3) 血液

　血液は体重の約12分の1～13分の1(7～8％)を占める.血液はその45％が赤血球,白血球,血小板などの細胞成分で,残り約55％は液体成分である血漿からなっている.

　赤血球はヘモグロビン(血色素)によって酸素の運搬を行っている.赤血球は血色素中の酸素の量によって,動脈血(鮮紅色)と静脈血(暗赤色)との色の差が生じる.

　白血球は体内に入った細菌や異物を処理し,体を守る働きをする.リンパ球は白血球の1つで,免疫グロブリンを産生して血液中に供給し,抗原性細胞を攻撃破壊する.

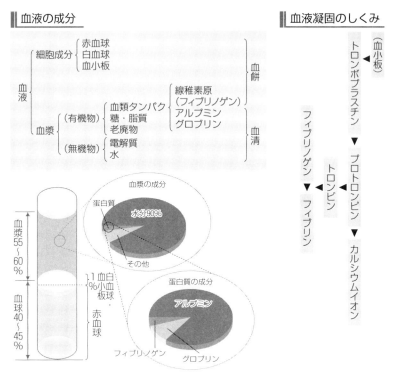

図2-5　血液の成分と凝固のしくみ
(出所)　新・スポーツと健康の科学.

　血小板は血漿の中の成分と一緒に働いて，血液の凝固や止血の作用をする．
　血漿の約90％は水で，それ以外には主に蛋白質（血漿蛋白）が含まれる．血漿は全身をめぐって，栄養素やイオン，水，ホルモンなどを運び，不要物や余分な水を持ちかえる．また，体温調節作用，体の保護，止血作用などの働きをする（図2-5）．

C．内分泌系の役割

　内分泌腺の主な機能は，血液中に直接，ホルモンを分泌することである．ホルモンは体の他の部分（標的器官）の働きに影響を与える化学物質で，メッセンジャーとして働き，体のそれぞれの部位の活動を制御し，協調させる働きがある．ホルモンは標的器官に到達すると，カギがカギ穴にぴったり合うように受容体と結合する．

第2章　身体運動の科学　79

　ホルモンが受容体と結合すると，標的器官が特定の作用を起こすように情報を伝達する．ホルモン受容体は核や細胞の表面に存在し，最終的に，ホルモンは全身の器官の機能を制御し，成長や発達，生殖，性徴などのさまざまな過程に影響を及ぼす．ホルモンは体がエネルギーを消費し，貯える方法にも影響し，血液量，血液中の塩分や糖分の濃度をコントロールする．

　ホルモンの言葉の由来は，「刺激する」とか「呼び覚ます」といったことを意味するギリシャ語の「ホルマオ」という言葉からきたと言われる．それが20世紀初頭となり，イギリスの生理学者ベーリスとスターリンによって「ホルモン」とされた．語源のようにホルモンはごく微量でも非常に強い効果がある．

　ホルモンは血液を介して全身を循環するが，ホルモンのタイプによって特定の臓器または組織に影響を与える．1つだけ，あるいは2つの臓器に作用するホルモンや，全身に影響を与えるホルモンもある．たとえば，甲状腺刺激ホルモンは下垂体でつくられ，甲状腺にだけ作用する．対照的に，甲状腺でつくられる甲状腺ホルモンは，全身の細胞に作用して細胞の成長を調節し，心拍数を制御し，エネルギーの燃焼速度に影響するといった重要な機能に関係する．私たちの身体は血液中のブドウ糖を燃料にして動いている．膵臓ランゲルハンス島から分泌されるインスリンは，臓器に血糖を取り込んだり，タンパク質の合成をしたり，脂肪の代謝に関係するなどの働きがある．

D．全身持久力とトレーニング

　全身持久力とは，長時間にわたって全身を動かし続ける能力のことである．全身持久力を鍛えることで，心臓や血管が発達し，より多くの酸素をカラダの隅々に運搬することができるようになる．全身持久力を鍛えるにはジョギング・ランニングなどの身体全体を使って行う，呼吸循環能力を高める有酸素運動が効果的である．特に高負荷と低負荷を繰り返すインターバルトレーニングが最も効率が良いとされている．

　これを計測する指標として脈拍数・心拍数がある．高負荷の場合150〜180（拍／分）・低負荷の場合120（拍／分）と交互に繰り返すトレーニングをする事によって全身持久力を向上させる事が期待できる．スポーツ選手の場合に，大事なことは実戦よりも強い負荷を筋肉にかけなければ筋肉が発達しないのと同様に，呼吸・循環を司る心肺機能も実戦よりも強い負荷をかけてトレーニングしなければ強化することはできない．

しかし，何らかの激しいトレーニングや運動をして，次の日まだ疲れが残っている，筋肉痛もひどい場合は，長めの休養が必要である．初級者など最初のころはだいたい1日おきを目安にし，徐々に負荷を上げて行くにつれ2日おき，3日おきというふうに調節していけばよい．

3．脳・神経系と運動トレーニング

私たちのからだはトレーニングによって身体が適応し，スキルが向上する．脳の神経系統の発達は，3歳頃に80％，6歳頃に90％，12歳頃までには100％に達する．幼児期から，毎日たっぷりと外遊びをさせ，飛んだり，跳ねたり，走ったり，踊ったり……と，本人が楽しいと思える多種多様な遊びで，たくさんの体の部位を動かす体験をさせることが大切である．

幼児期から中学生まで，1つのスポーツの動きばかりを反復させるより，なるべく色々な動きができるように体に覚えさせることで，どんなスポーツにも対応できる素晴らしい運動神経が発達する．このような視点から，日本の体育のカリキュラムは優れている．

さて，一流スポーツ選手の脳は空間認知能力や俯瞰的理解力などが高いことがわかっている．得点を決めたり勝負に勝ったりするには，ただ速いとか力があるだけでなく，コートやグラウンド内の陣形を空から見ているかのように把握する力や，攻撃している最中に守備側からはどう見えるかが目に浮かぶなどの想像力，先を読む力が必要である．それには脳を多重に使えるように，脳の素早い処理脳力が必要となる．特に，遊びや練習・実践のゲームなどのあらゆる場で脳の処理能力は鍛えられる．さらに脳は行動と快感を結びつけて「やる気」をつくる．「やる気」を育てるコツは，素質でなく行動をほめることである．

「運動すると，脳由来神経栄養因子（BDNF: Brain-Derived Neurotrophic Factor）という物質が脳の中でさかんに分泌される．この BDNF が，脳の神経細胞（ニューロン）や，脳に栄養を送る血管の形成を促すことが明らかになっている」[12)13)]脳内で分泌されるタンパク質で，学習・記憶を促すだけでなく，情動のコントロールや食欲を抑制し，また認知症やうつ病の予防にも効果的であるとされる[14)]．使うことで発達し続ける脳と神経ネットワークについて学ぼう．

Ａ．脳の構造と機能

　成人の脳の平均重量は約1300ｇで，髄膜や髄液で保護され，頭蓋腔の中に納まっている．脳を取り巻いている髄膜には，骨側に張りついている脳硬膜と，脳に密着している脳軟膜，脳硬膜と脳軟膜の間にある脳くも膜の３種類の膜がある．脳は，大脳（終脳），中脳，小脳，間脳，橋，延髄からできている．大脳は，左大脳半球と右大脳半球があわさって構成されているが，大脳は大脳縦裂という溝によって左右にわかれ，その部分にも脳硬膜が入り込んでいる．大脳の表層は大脳皮質と呼ばれ，灰白質（神経細胞の集まり）でできている．そのため，表面は多数の浅い溝やふくらみ（脳回，脳溝）で凸凹状になり，しわが寄っているように見える．

　大脳皮質は６層構造をもつ新皮質と，６層構造を示さない古皮質があるが，90％以上が新皮質で占められている．脳は構造も働きも複雑であるが，もとは１本の神経管の前方部が膨れ出たものである．特に，最前方部とそのやや後方部の２カ所がふくれて，大脳と小脳になった．この大脳と小脳以外の部分は，脳の中軸部で，「脳幹」と呼ばれている．

　大脳の表面の大脳皮質は，大きな溝によって，前頭葉，頭頂葉，後頭葉，側頭葉に区分され，それぞれに独自の機能がある．図２‐６のように，大脳は，運動機能や言語機能，記憶・判断・感情思考などの高次機能，視覚・聴覚・知覚に反映される機能がある．

　大脳の基幹部に当たる部分は「間脳」といい，「視床」と「視床下部」からなる．「視床」は，大脳と結びつきの強い神経細胞が集まり，脊髄などからきた感覚の情報を大脳に伝えたり，大脳の運動の指令を調節したりしている．「視床下部」は，本能や情動の中枢であり，脳下垂体からのホルモンの分泌を調節する役割もある．

　間脳は，外界からの知覚刺激を大脳に伝える働きをし，自律神経の中枢でもある．間脳の下に，中脳，橋，延髄と続く．中脳は大脳と脊髄，小脳を結ぶ伝導路で，視覚反射や眼球運動に関する反射，聴覚刺激に対して反射的に眼球や体の運動を起こし，身体の平衡，姿勢の保持をするなどの中枢がある．延髄には循環や呼吸運動を制御し，生命の維持に重要な自律神経の中枢がある．

　小脳には，大脳よりもずっと細かい溝がたくさんあり，橋の上にのっている．小脳は，内耳からの平衡感覚で眼球の運動を調節し，平衡機能，姿勢反射の総合的調整，随意運動の調整など大脳や脊髄と結びついて，円滑な運動ができる

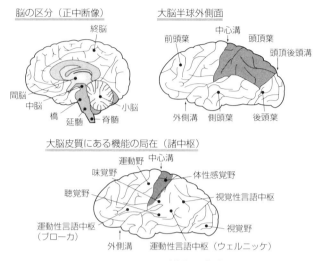

図2-6　脳の構造と名称
（出所）　新・スポーツと健康の科学.

ようにコントロールする働きがある．このため，小脳が損傷を受けると，うまく運動を調整できず，スムーズに歩くことができないばかりか，日常生活動作にも支障をきたすことになる．

　脳幹は，生命を維持するために重要な自律機能を調節する部位である．心拍や血圧を調節する循環や，呼吸リズムを形成する呼吸，嘔吐反射を起こす嘔吐中枢，さらに嚥下や排尿などの中枢があることが知られている．脳幹は，生命を保つために必要な不随意反射機構（呼吸・血圧など）の維持をしている．

　脳組織から主に頭部の各器官へ直接神経線維を出しているのが脳神経である．脳から出入りするのは，臭神経・視神経・動眼神経・滑車神経・三叉神経・外転神経・顔面神経・内耳神経・舌咽神経・迷走神経・副神経・絶佳神経の12対がある．

　脳は心臓から送り出される血液量の15〜16％が流れ，全身で消費される酸素のうち，20％が脳で消費されるといわれている．脳はその活動を維持するために多量のエネルギーを必要とするが，それを脳に蓄えることができないため，血液の流れにより絶えずブドウ糖や酸素を供給しなければならない．脳は呼吸や循環によって十分な栄養や酸素の供給が行われないと，短時間で活動が低下し，たった数分間，血流が停止しただけでも，死滅してしまう．このようなメカニズムが周知されてきたため，2004年7月から，救命のためであれば，一般

市民も AED（自動体外式除細動器）が使えるようになった．心室細動による心停止が起こっても，AED の操作は驚くほどシンプルである．救命講習を受講し，利用できるようにしておこう．音声ガイダンスに従って，電極を傷病者の胸部へ張付け，解析結果に基づいて適報ボタンを押す．操作に高度な専門知識を全く必要とせず，救急車が到着するまでの危機的な状況を改善できる．近年，AED は公共の場所に設置され，誰でもが使用できるようになった．心肺蘇生法も，定期的に受講し，活用できるように訓練しておくことで，心肺停止になった人を救う可能性が一段と高くなる．

B．神経系のネットワーク

近年，脳の老化に関しての研究が進められているが，いったん老化してしまった脳を若返らせる薬はない．しかし，脳の情報処理の担い手であるシナプスの量を増やし，活性化させることが，脳の若さを保つポイントの1つであることがわかってきた．脳のさまざまな能力を決めているのは，140〜160億といわれる脳細胞の数ではなく，脳細胞間のつながりである．つまり，脳が経験を積むということで発達するネットワークの数によるところが大きいと言われている．このネットワークを発達させることで脳は活性化する．脳細胞の数は増えることはないが，このネットワークは経験によって増やすことができる．

しかし，脳を使っているかのように思える行動でも，日常生活で習慣的に身についた動作などは，実際は同じ作業の繰り返しで，脳幹で処理され反射動作となる．習慣的な作業の繰り返しなど，考えないでも身についた動作では脳は刺激されないため，脳神経は衰退していくことになる．脳の働きを良くするには，幼少時から多くの体験を積み，人生いつの時代でも，新しいことに興味を持ち，挑戦し，夢中になることが必要である．

認知機能の低下を予防するには，日常生活の中で，人と交流し，喜怒哀楽の感じられる生活をすること．生涯現役で大脳の多くの領野を活性化させ，脳のネットワークをさらに広げることなどがポイントとなる．表2-5にはこのような脳の部位別の働きをまとめた．

C．イメージトレーニング

イメージトレーニングという言葉の意味は，以下の2点のように定義づけられている．

表 2 - 5　脳の働き

大脳	体のすべての情報を受け取り，判断し，各部に命令を伝える，人体のコントロールセンター．大脳新皮質は左右からなり，脳の一番外側を覆っている部分．知・情・意・言語などの精神活動の根源であり，知覚と運動の最高の中枢である．これら知的活動に欠かせない新皮質を持っているのは，ヒトやサルなどの霊長類だけである．また，大脳新皮質の内側には大脳辺縁系がある．これは，食欲，性欲などの本能的行動や快・不快などの情動をつかさどる動物的行動の中枢である．		
小脳	大脳の下方にあり，全身に分布する神経細胞の半分以上が集中している部分．主に体の平衡感覚を保ったり，大脳からの運動命令を全身に伝える機能を持っているので，運動の脳と呼ばれている．つまり，体位や方向の安定，手足の複雑な動きなどの器用さなど，運動の調節をつかさどっている．		
脳幹	大脳と脊髄を結ぶ部分にある神経線維を通す管で，脊髄・末梢神経・筋肉につながっている．呼吸，心臓の活動，体温調節などの生命維持や意識の中枢．		
	間脳	視床	全身の感覚器（嗅覚以外）からの情報を処理して大脳に伝える働きを担っている．
		視床下部	自律神経や内分泌をコントロールする司令部的役割を担っている．代謝や体温の調節，情動・本能などの重要な機能を受け持ち，外界や体内環境の変化に適応できる状態に体を整える器官である．
		脳下垂体	視床下部からの指令を受け，体内の各内分泌腺が分泌するホルモンの量や時期を調整する，内分泌腺のコントロールセンター．
	中脳		眼球の動きや瞳孔の大きさの調節，筋肉の緊張調節などをつかさどる．
	橋		脳幹の中で最も膨らんだ部分．呼吸の調節や，顔や目を動かす神経が出ている．
	延髄		発語，摂食，呼吸・心臓の働きをつかさどる中枢．くしゃみやせきの反射中枢もある．

・スポーツで，体を実際に動かすことをせず，頭の中で動作を考えて，その正しい運動動作を学習すること．
・ある事柄について，起こり得る場面，場合，対処方法などを，頭の中で考え，慣れておくこと．

　このようなイメージトレーニングは，日常のさまざまな場で役立つことが多い．スポーツ選手に限らず，結婚式の挨拶や，会社や学校でのプレゼンテーション，あまり親しくない相手とのミーティングや，学校での生徒や家庭での子どもへの対応，友だち同士などの人間関係など，イメージを広げるだけで，体験を重ねることができる．イメージを頭に思い浮かべて，準備することで，より自信をもって物事に対応できるようになることもある．
イメージトレーニングのポイントは3つである．

○ゴールを明確にする

○静かに集中できる場所を選ぶ

○感覚をフルに使う

イメージトレーニングの目的は明確なゴールに向かって，自分のイメージを膨らませていくことにある．これから実際に体験するであろう事柄に，自分はどのように対処したいか，どのような結果を期待するか，自分の想像するゴールを明確にし，イメージする．スポーツでは獲得したい技やプレーをシミュレーションし，実践し，さらに修正することでパフォーマンス向上を目指すのである．

4．運動による疲労と休養

長時間の運動や高強度の活動，無理な姿勢での作業など，激しい身体活動の後に，筋肉痛や全身の倦怠感を覚え，数日間その痛みや疲労感が残ることがある．言いかえると，我々の体はそれだけの時間をかけないと，いちど破られた身体の平衡が回復できないということである．長時間の勉学・仕事や運動では，疲れたと感じ，活動の持続が困難になり，作業能力・集中力の低下などが起こる．肉体的疲労と精神的疲労が起こり，身体への警鐘が鳴らされる．疲労はグリコーゲンなどのエネルギー源の消耗，乳酸など代謝物の蓄積，大脳皮質や筋肉への酸素供給量の低下，脳と筋肉や眼球を結ぶ神経系の疲労などが原因になっている．疲労も貯めすぎると慢性疲労から，取り返しのできないダメージを心身に及ぼす．これらのメカニズムを知ろう．

A．疲労の種類と原因

疲労には全身に疲労がみられるときと局所的な疲労がある．体育・スポーツでのトレーニング効果は，疲労とその回復を繰り返すことによって現れる．このようなトレーニングによる疲労は適度な休養をとることで，超回復につなげればよい．また，一般的に体力の弱い人，不慣れな運動時，緊張感の高い活動や目を酷使するなど，集中力の持続を要求する作業にみられる疲労は，通常は生理的なもので休息すれば疲労は回復するので心配はない．しかし，このような疲労が回復されず，蓄積する場合は注意が必要である．たとえば，運動や作

業の強度と実施時間が自己の体力の限界を超え，いわゆるオーバー・ワークとなる場合には問題がある．これではトレーニング効果が得られないばかりでなく肉体的にも精神的にも病的な疲労症状が現れる．すなわち，嘔吐や血尿，全身脱力感，不眠，食欲不振，微熱など種々の変調が表れ，慢性疲労，蓄積疲労などに移行する[15]．疲労回復法を学び，効率的なトレーニングをし，目標を達成しよう．

B．疲労の症状

a）身体的症状

頭が重いか痛い．全身がだるい．足がだるい．息苦しい又は胸が苦しい．体のどこかがつったり痛んだり，だるい．つばが出ない，口がねばる，又は口が渇く．あくびが出る，冷や汗が出る．疲労の初期にはこのような身体症状が出るので，休息が必要である．スポーツで鍛えた人は疲労耐性が高く，無理をしすぎることがあるので注意しよう．

b）精神的症状

頭がぼんやりする，のぼせる．考えるのがいやになる，考えがまとまらない．1人でいたい，話をするのがいやになる．いらいらする．眠れなくなる．気が散る．物事に熱心になれない．ちょっとしたことが思い出せず，物忘れする．することに自信がなくなる．することに間違いが多くなる．物事が気にかかり，何かにつけ心配になる．このような症状も要注意，心の休養が必要である．

c）感覚的症状

目が疲れ，目がちらちら又は目がぼんやりする．目が乾き，しぶい．動作がぎこちなくなり，間違ったりする．足元がたよりなくふらつく．味が変わり，臭いが鼻につく．めまいがする．瞼やその他の筋がピクピクする．耳が遠くなり，耳鳴りがする．手足が震える．きちんとしていられない．疲労が過度になると感覚的にも異常なバイタルサインが現れる．

C．疲労の回復

多くの場合，疲労は退屈な作業，不幸な状況，失望感，睡眠不足，過度な仕事量や継続的なオーバートレーニングなどと関係している．疲労は誰にでもよくみられる愁訴であるが，心理的な問題から起きる場合も多く，ややもすると，使命感や重責，時間が逼迫した状況の中で重大になり得ることを見過してしま

うことがある．そこで，このような疲労の回復方法を身につけるため，慢性化を防ぐ方法を学ぶだけでなく，周囲の人の疲労についても気づき，マネジメントに活かせるようにしよう．[16)]

(1) 睡眠

生後1〜3カ月頃の新生児は，まだ体内時計が出来ていないため，昼夜問わず短い睡眠を繰り返し16時間程度寝る．子どもも8時間以上寝る．これは成長ホルモンが出て，成長するために必要な睡眠である．成人の平均睡眠時間は6時間程度である．これらを平均すると人生の3分の1を眠って過ごす．2020年になると18歳から成人扱いとなり，ストレスも増え，シフトワークや長時間通勤・受験勉強・インターネットやゲームなどにより，夜型生活となることも多く，睡眠不足や睡眠障害の危険も増加する．

近年，睡眠不足による深夜バス・トラック・産業事故，慢性不眠によるうつ病や生活習慣病の悪化なども問題視されている．睡眠問題を放置すると日中の心身の調子にも支障をもたらす．疲労を完全に回復し，明日への活力を生じさせるのは睡眠である．睡眠は脳の働きの1つであり，脳の高度な活動を支える不可欠な生理作用である．一日に約6〜7時間を必要とする睡眠は，休養の中心であり体内時計のリズムにより起こる．

睡眠のリズムは交感神経から副交感神経への切り替えと，増加した睡眠物質による催眠と光量の変化による感覚神経からの情報などに影響される．光の刺激が網膜に届くと大脳後頭葉にある視神経につながり，体内の親時計が感知する．視床下部の両方にある視交差上枝は約1万のニューロンが突起しておりホルモンを分泌する脳下垂体と松果体に結合している．視交差上枝のセロトニンが毎日周期的に増減し，体内時計のリズムをつくる．

光が減る→セロトニンが減る→メラトニンに変わる→酵素が増える→メラトニンが増える→体温が下がる→眠くなる．このパターンで睡眠と覚醒が繰り返される（図2-7）．

〈哺乳動物の睡眠の特徴〉
・脳波の変化を伴う（高振幅の徐派の出現）
・不活動状態が続くサーカディアンリズムを示す
・消費エネルギーが少なくなり，安全と思われる場所で眠る
・レム睡眠時には発汗が著しく抑えられる

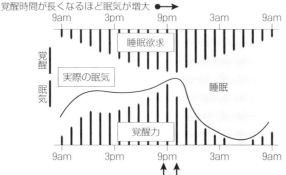

図2-7　睡眠と覚醒のパターン
（出所）厚生労働省，生活習慣病予防のための健康情報サイト，眠りのメカニズム
（https://www.e-healthnet.mhlw.go.jp/information/heart/k-01-002.html）（参照2018-12-2）.

・代謝率が安静覚醒レベルよりも平均20％くらい減少する．

　朝からの活動により蓄積された睡眠物質を眠ることによってどのように減少させるかで，翌朝の目覚めや疲労の回復が決定される．私たちは，1カ月間まったく運動しないでも生きることはできるが，普通の人は3日間も眠らないと錯覚や幻視が起こり，1週間以上眠らないでいると人格障害も生じ，死に至る場合もある．ショートスリーパーを自称する人も，人間関係の歪み，腎臓など心身へのダメージなど，良質の睡眠をとり，疲労を貯めないようにしよう．
　眠りにはレム睡眠とノンレム睡眠があり，睡眠中にこの2つを交互に繰り返しているという説もある．ノンレム睡眠がはじめに現れ，深い睡眠となり，やがてレム睡眠という浅い眠りを繰り返すのが人の眠りにみられるパターンと報告されている．居眠りから，少しぐらいの刺激では目を覚ますことがない深い眠りとなり，明け方になるに従い脳の眠りも浅くなるがノンレム睡眠は脳のための睡眠といわれ精神機能が回復する．一方，レム睡眠は，眠っていても眼球が動くことから名づけられ，脳は活動していて，物音を聞いたり見たりして夢を見ているような睡眠である．脳の眠りは浅いが，体は休まって弛緩しきっているので，体のための眠りといわれている．レム睡眠では主に情報の選択と身体の回復が促進される．レム睡眠は明け方になるに従い長くみられるようになり，起きるための準備ともなっているが，睡眠全体での割合は25％である．
　一般的には加齢とともにノンレムが減り，途中で目が覚めるようになる．つ

まり1回の睡眠時間が短くなり，切れ切れになるが，このことで，高齢者は短時間でよいということではない．夜勤後の疲労回復能力は加齢に伴って著しく低下し，50歳になったときには20歳代より27％低下するといわれる．子どもは疲れを知らないというが，回復が早いだけなのである．20歳をすぎると疲労回復は遅くなり，加齢とともに良質の睡眠が長時間必要になる．発育期にある人，激しいトレーニングをする人，緻密で高度な精神活動をする人ほど，十分な睡眠が不可欠である．睡眠不足が続くと，心身の健康に悪影響を与えたり，作業や判断のミスが多くなったりする．慢性疲労から病気になるケースもあることを知る必要がある．

　不安，心配，恐れ，悩み，怒りだけでなく，大きい楽しみがあるなど，心の起伏が激しい場合も眠れないことがある．これは情動中枢が興奮しているからである．入眠障害，途中覚醒，熟睡障害，早朝覚醒などの不眠症とナルコレプシー，周期性傾眠症，睡眠時無呼吸症状（スリープ・アプネリア）などの睡眠障害は専門医に相談する必要がある．目覚めは，覚醒中枢，睡眠中枢，体内時計との関係にある．視覚を刺激する光線や聴覚を刺激する音，皮膚感覚を刺激するストレッチやシャワー，洗顔，また臭覚などの刺激により，さらにスムーズに目覚めることができる．それによって体内時計がリセットされ，新しいリズムの一日が始まるのである[17]．

　(2)　エネルギーの補給

　国際試合などのテレビ中継などで，ドリンク剤を補給している選手の様子があたりまえになったが，これは激しい運動中や運動後の疲労回復のために補っているのである．水分が多量に失われるときには，機会をみて補給することが必要であるが，一般には運動後で十分である．運動時に失われやすいものは，エネルギー源の糖，ビタミン類，特にB群とC，ミネラル類のカルシウム，鉄，マグネシウム，ナトリウムなどである．食事にたんぱく質を含めて，これらの栄養を食べ物から摂るのが理想であるが，ドリンク剤はこれらの回復に役立つ栄養素を配合したものがある．

　(3)　血行を促進し新陳代謝を高める

　血行をよくすることは乳酸などの疲労物質を取り除き，細胞に酸素と栄養を与えることにつながり，回復に役立つ．運動時の休息やストレッチも血行促進の効果があり，自動車運転時・運動時・労働時などでは，1〜2時間に1回の休息をとるのが望ましい．

また，運動前後のウォーミングアップやクーリングダウンでストレッチや体操をきちんと行いたい．プロスポーツでは，トレーナーがトレーニングと同じくらい，運動後の回復に力を入れている．この自覚のない選手は競技寿命を大きく損なうことになる．ストレッチや整体，マッサージ機も同様な効果を狙っている．入浴は解放感と気分転換にくわえて血行が促進される．同様にサウナでは温熱と冷却によって，筋の緊張を和らげ，気分を爽快にさせ血行をよくする効果がある．

(4) 積極的休息

マラソンなどの激しい運動のあとに，完全安静状態に入る場合と，ゆっくり走ったり，体操をするなどのクーリングダウンを行ったりした場合との疲労回復度を比較すると，積極的に疲労回復に努めた後者の方が回復度は大きい．また，激しいスポーツの後や長時間の知的作業などに，他の軽スポーツを行うと疲労の回復が進むことが知られている．これを積極的休息とよんでいる．主運動によって抑制された中枢神経を解放し，筋肉に多量に残された血液を心臓や肝臓に戻すことと血行の促進の相乗効果がある．

休養の基本は安静であり，その中心は睡眠であるが，積極的に体を動かしたり，散歩したり，気分転換に歌を歌ったり，音楽を聴くなどのリラックスした身体・精神活動も大切な休養である．通常，青年期は，一晩の睡眠で疲労は回復するが，中高年期になると，この回復力が低下してゆくだけではなく，疲労に対して鈍感になり，疲労発現の自覚的所見の遅延がみられる．このようなメカニズムを知り，青年期に能力向上を目指し，中年期には人と協働し，精神的にも肉体的にも無理のない活動のための仕組みを作り，組織の動かし方を学ぶなど，その年代にふさわしい仕事力や家庭経営力を向上させよう．

収入の20％は自己投資，精神・身体活動は，休養や栄養による疲労回復の方法次第で，元の水準ばかりか，元の水準を超えた超回復現象を起こし，精神力・筋力や持久力など体力の向上につながる．この回復や超回復現象が生物に共通した適応力で，芸術家やスポーツ選手，プロの仕事をするためには重要なポイントである．

5．発育・発達・加齢と老化

戦後日本人の体格の大型化は学齢期，思春期に起きたと理解されてきたが，

そうではなく，乳幼児期の著しい発育にその原因があった[18]．このことは長らく誤解され続けた研究によると報告されている．何事も物事は一部を見るのでなく，俯瞰し，全体を見る必要がある．私たちは，今までに例を見ない高齢化社会を生きるのであるから，発育・発達・加齢と老化の知識や実践も100歳を生きるための知恵として再構築が必要である．

A. 発達障害とその支援

　最近は発達障害についての理解が深まり，支援する法律も整備されてきた．発達障害は，脳機能の発達が関係する障害であり，発達障害がある人は，コミュニケーションや対人関係をつくるのが苦手で，その行動や態度は「自分勝手」とか「変わった人」「困った人」と誤解され，敬遠されることも少なくなかった．しかし，それは親のしつけや教育の問題ではなく，脳機能障害によるものと理解され，身近な地域での支えあいと支援が必要であることが最近広く知られることとなった．

　2004年に発達障害者支援法が定められ，発達障害を早期に発見し，発達支援を行うことに関する国及び地方公共団体の責務を明らかにした．また，学校教育における発達障害者への支援，発達障害者の就労の支援をし，何よりも国民がこれらの理解を深め，発達障害者の自立及び社会参加に協力するよう努めることが重要である．発達障害には自閉症，アスペルガー症候群その他の広汎性発達障害，学習障害，注意欠陥・多動性障害などがあり，その特徴を理解し，援助することが必要である．

　発達障害の子どもは，発育・発達の著しい学校入学前は母子保健福祉等の厚生労働省所管で，入学後は学校保健と特別支援教育を中心とした文部科学省が所管する．教育終了後は障害者就労活動や労働現場の産業保健として，無職の場合や老齢期においては地域保健福祉として，厚生労働省所管となる．いずれの場合にも，当事者の生活の場である地域において，地方自治体や地域住民を中心とした支援が必要となる．

　しかし，現在これらの行政関係者・関係諸機関の連携や連絡は，担当者同士等の自主的なつながりによるものであって，発達障害の子どもに対する生涯を通じた社会的支援体制として一貫したものは少なく，ごく一部のピアグループ，親の会，学校医療連絡協議会などが生涯にわたる援助を視野に入れた活動を始めているに過ぎない．発達障害の特性を考えれば，援助の連続性が重要なこと

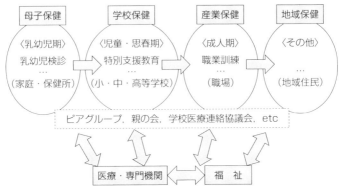

図2-8　発達障害の子どもの支援体制

(出所)　筆者作成.

は明白である．現在の援助体制には課題も多く，もっと当事者にやさしい一貫性のある支援となることが求められている．近年は改善されつつあるが，発達障害の子どもに対する生涯を通じた支援体制の確立と地域住民の理解が急務である（図2-8）．法整備と公的な支援が確立しても，なお一層の地域におけるインテグレーションが進む必要がある．

　亀岡市では国際ソロプチミスト亀岡（2019年認証30周年）が京都学園大学（現京都先端科学大学）ボランティア研究会をΣソサイティと認証し，活動資金を援助し，学生たちが発達障害のある子どもたちの学びの支援をしている．

B．子どもの発育と発達

　子どもの特徴は，常に発育（成長，発達）していることである．成長は身体の量的な増大のことで，発達は機能的な成熟を意味する．子どもの発育期を区分すると，新生児期（出生後の4週間），乳児期（出生より1年），幼児期（小学校入学まで），学童期（児童期：小学校在学期間），思春期（中学から青年になるまで，あるいは身長の伸びが止まるまで）に分けられる．

　発育は連続的であるが，一定のスピードで進むのではなく，新生児期が一番伸び，次いで思春期に発育する．各臓器も一定のスピードではなくそれぞれの臓器別に特有の速度をもって発育する[19]．このような各臓器の年齢と発育の関係を示したのがスキャモンの発育型のグラフである（図2-9）．

① 神経型：一番最初に発育するのは，脳，脊髄，神経回路などの神経系である．脳・神経系は6歳ぐらいで成人の約90％になり，10歳頃にはほぼ完成す

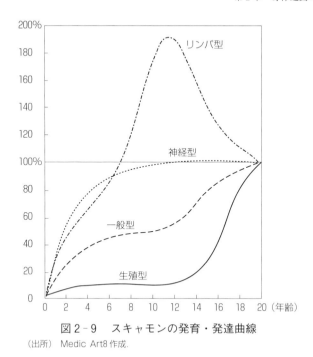

図 2-9　スキャモンの発育・発達曲線
（出所）Medic Art8 作成．

る．神経細胞の数は，基本的には胎児期に増加し，生後はほとんど変わらない．生後の神経系の発達は，神経線維の連絡が増加し，ネットワークができることによる．

② リンパ型：次に早く発育するのは，胸腺，扁桃，リンパ節などのリンパ系器官である．リンパ系器官は，病原菌や病原ウィルスから身を守るために重要である．出生後に，病原菌などと接触することにより，身体のメカニズムとして対処方法を学習していく．胸腺は12歳前後でその大きさや活動が最大になり，その後は衰えていく．（胸腺において，自己防衛にとって適切に働くTリンパ球のみが選ばれ，それ以外が除去される．これは一般に，「Tリンパ球の教育」と呼ばれる．）

③ 一般型：次に発達するのは骨，筋肉，内臓などである．身体全体の発育量は，2～3歳ぐらいまでと思春期において著しく増大する．学童期に発育が穏やかになるのは，リンパ系の完成のためにエネルギーを割かれているためである．

④ 生殖型：一番遅れて完成するのは生殖機能である．第一次性徴と第二性徴

に分けらる．思春期において第二次性徴の部分が急速に発育発達する（第一
次性徴…・胎生期に生じる生殖腺や生殖器に直結する部分に見られる雌雄の違い）（第二
次性徴…・男性では11〜13歳頃，女性では10〜13歳頃から始まることが多く，第一次性徴
以外の，性による体の形質の差を言う）．

C．ゴールデンエイジのスポーツ

　小学校の4年生〜6年生の時期はゴールデンエイジと言われている．大脳の
可塑性が比較的高く，また動作習得のための条件もピークを迎え，双方が絶妙
なハーモニーを奏でるのがこの時期ということで重要視されてきた．それは，
動きを頭で理解してから体に伝えるのではなく，見たまま感じたままのイメー
ジに従って，からだ全体で技術を吸収していく特別な時期と言われているため
である．しかし，成長は連続的なものであり，この時期以前はプレ・ゴールデ
ンエイジといわれる．多様な運動・遊びを通じて，神経回路を活性化すること
で，子どもは素晴らしい能力を身に着けていくのである[20]．

(1)　プレ・ゴールデンエイジ（〜8，9歳頃）〜楽しさを伝える〜

　幼少期には神経回路が急ピッチで伸びていく．運動能力の基礎は，この年代
で形成されることになる．この年代の子ども達には特定のスポーツだけでなく，
色々な遊びを経験させたり，ボールに触れさせたりするなどの楽しさや，身体
を動かすことの喜びを感じさせる体験が必要である．

　できないことができるようになり，やればできるという自信（自己効力感）に
繋がる．自己効力感（self-efficacy）という概念は，Bandura の社会的学習理論
の中で初めて提唱された．彼は，著書の中で自己効力感を perceived self-effi-
cacy や efficacy belief と表現しているが，一般に自己効力感もしくはセル
フ・エフイカシーという訳語が定着している．「動く事が大好き」という状態
で次のステージへと送り出す事が理想である．

　この時期の子どもは，楽しそうなこと，興味のあることには夢中になるが，
おもしろくないと感じればすぐにやめてしまう特徴を持っている．保育者は，
子ども達が飽きない内容や進め方を工夫する必要がある．つまり，子ども達が
その時に興味を示したこと，楽しんでいることを大切にしながら，自主性を損
なわせないような活動を行うことが重要である．ボールを使った鬼ごっこやラ
グビーボールでのサッカーなど，さまざまな遊びを工夫することで，子どもの
能力が楽しみながら伸びるよう誘導していくことが望ましい．

現代っ子の運動能力の低下が指摘されているが，スクリーンゲームの普及などにより昔に比べて，この年代に外で走り回って遊ぶ時間の減少が大きいと考えられている．子どもの遊び環境を改善する必要がある．

(2) ゴールデンエイジ（9〜12歳頃）〜実践的な技術の定義〜

神経系の発達がほぼ完成に近づき，形成的にもやや安定した時期である．この時期は，動きの巧みさを身につけるのにもっとも適している．一生に一度だけ訪れる，あらゆる物事を短時間で覚えることのできる「即座の習得」を備えた時期（ゴールデンエイジ/Golden Age）と言われるのもそのためである．また，精神面でも自我の芽生えとともに，競争心が旺盛になってくる時期でもある．

また，指導者は子ども達に，状況判断や戦術など絶えず考えながらスポーツに取り組める選手になるために必要な要素（状況判断）を必要とするようなメニューを練習に取り入れるとよい．そして，さらに「各専門種目の基本」を身につけさせることを心がけるとよい．この時期に身に付けた「基本」は将来の多様なスポーツ活動の基盤となる．すべての競技に共通している正しい走り方，ボールの投げ方などを獲得させると一生の財産となる．

「ゴールデンエイジ」と呼ばれるこの時期には，プロが見せるような高度なテクニックも身につけることが可能である．一度習得した技術は大人になってからも忘れることはない．この時期は多くの技術を身に着けることが可能な時期ではあるが，子どもの発育や発達のスピードは個々人で異なるので，基本と高度な技術の両方をこの時期に身に付けるべきではあるが，子どもの個性も尊重し，スポーツ嫌いを作らないような配慮も必要である．

また，この時期は，筋肉がまだ未発達なため，強さや速さに対する体の準備はできていない．スピードや力強さを要求するのではなく，大人になっても必ず残る財産ともいえる「技術（スキル）の基本」を身につけさせるよう心がけたい．

(3) ポストゴールデンエイジ（13歳頃以降）〜個人に目を向けた指導〜

急激に身体が成長する第二次性徴期に，骨の成長に筋肉の成長が追いつかず，身体のバランスが今までとは異なってくるのが13歳以降である．身体と感覚のバランスが狂い，以前に習得した技術を思うように発揮できなくなる．そのために，上達に時間がかかることがこの時期ではよく見られる．このことを「クラムジー（Clumsy）」と呼ぶ．クラムジーの意味は不器用な，ぎこちないである．同時に成長痛によるひざ痛（オスグッド病）を発症する子どもも多く，精神

的にも肉体的にも「何をやってもダメ」な状態に陥ることも少なくない．子ども達の体格，体力的に差が大きいのもこの時期で，画一的な指導ではなく，1人ひとりを理解し，それぞれに適した指導を心がけるべきである．

(4) インディペンデントエイジ（15〜16歳以降）

クラムジーが終わると，自立のための準備期となる．この時期には，精神的にも肉体的にもバランスがとれるようになり，それまで身につけたスポーツの「基本」を土台として，さらにその上に自らの個性を発揮できるようになる．

重要なことは，外傷・障害を起こさない身体をつくることである．スポーツの技術を習得するための基礎体力という土台づくりが必要である[21]．しかし，スポーツ科学も走りながら考える学問であり，完成した理論が積み上げられつつあり，日進月歩である．1人ひとりの個別な発育に見合うように，トレーニングし，最大の効果を上げるよう実践し積み上げることが重要である．知識も方法論もその時代の情報を学び続け，常に更新する必要があり，個体差に合わせて柔軟な対応が必要である．また，スポーツをライフスキルとして学び，工夫したトレーニング法を編み出したり，試し修正したりする PBL（Problem Based Learning）が重要と言える．そのためには常に振返り（AAR: After Action Review）が必要で，学んだことを実践し，成果を積み上げるのである．

D．老化について

『加齢』とはヒトが生まれてから死ぬまでの時間経過，すなわち暦年齢を示す．一方，『老化』とは成長期（性成熟期）以降，すべてのヒトに起こる加齢にともなう生理機能の低下であるが，機能低下の速さはすべてのヒトが同じではない．"老化"とは加齢に伴って生体機能，たとえば筋力，神経伝導速度，肺活量，病気に対する抵抗力などが低下することである[22]．年齢にともなうこのような機能低下は，一般に生殖年齢に達したあとに始まり，人によって早い遅いはあるが誰にでも起こる．ヒトでは20歳から30歳以降に始まる．注意したいのは「老化は病気ではない」ということである．これまで老化関連疾患あるいは老年病は生物学的な老化が背景にある場合が多いと考えられてきた．実際，動脈硬化症，骨粗しょう症，糖尿病，認知症などの老化関連疾患の最大の危険因子（リスクファクター）は「加齢」であるとしばしば言われているが，活動的な高齢者と不活動な高齢者では体力に大きな差があることが明白になってきた．

このようなことから，老化の速度を遅らせる，アクティブな生き方が望まれ

るのだが，高齢低体力者に対する運動処方についてはまだまだ研究途上といえる．

注

1 ） Michael Kent・福永哲夫，オックスフォードスポーツ医科学辞典，朝倉書店，2006.
2 ） 池上晴夫，現代栄養科学シリーズ18，運動生理学，朝倉書店，2009.
3 ） 国立長寿医療研究センター，コグニサイズ，http://www.ncgg.go.jp/cgss/department/cre/documents/cogni.pdf，（参照2017-12-2）．
4 ） 厚生労働省，生活習慣病予防のための健康情報サイト e-ヘルスネット，運動プログラム作成のための原理原則——安全で効果的な運動を行うために——，https://www.e-healthnet.mhlw.go.jp/information/exercise/s-04-001.html，（参照2017-12-2）.
5 ） 厚生労働省，身体活動・運動，http://www1.mhlw.go.jp/topics/kenko21_11/b2.html，（参照2018-6-9）
6 ） 木村みさか・森本好子・寺田光世，都市在住高齢者の運動習慣と体力診断バッテリーテストによる体力，体力科学，Vol. 40，1991，455-464.
7 ） 久野譜也，健康長寿に立ちはだかる「2 つの壁」とは？，日経 Gooday，http://gooday.nikkei.co.jp/atcl/column/17/062900008/?ST=exercise，（参照2017-12-2）.
8 ） 石井直方，「筋肉学」を現場で活用する(1)，日経 Gooday，http://gooday.nikkei.co.jp/atcl/column/15/040200001/103000062/?ST=exercise，（参照2017-12-2）.
9 ） スポーツ医科学研究所，有酸素トレーニングと呼吸器系の適応，http://lifeorder-lab.com/archives/4393，（参照2017-12-2）.
10） 猪飼道夫，呼吸・循環機能からみた体力の限界，呼吸と循環，16(6)，1968，449-456，https://www.jstage.jst.go.jp/browse/-char/ja，（参照2017-12-2）.
11） 山本恵三・跡見順子・川原貴・浅見俊雄・黒田善雄，発育期における定期的な身体運動が呼吸循環器系機能及び運動能力に及ぼす影響，体力科学，11，1985，31-39.
12） ジョン J. レイティ，脳細胞が増える運動「3 つの条件」，PRESIDENT Online，http://president.jp/articles/-/10350，（参照2017-12-2）.
13） ジョン J. レイティ／エリック・ヘイガーマン，脳を鍛えるには運動しかない！ 最新科学でわかった脳細胞の増やし方，NHK 出版，2009.
14） 野藤悠・諏訪雅貴・佐々木悠・熊谷秋三，脳由来神経栄養因子（BDNF）の役割と運動の影響，健康科学，九州大学健康科学センター，Vol. 31，2009，49-59.
15） 疲労とは何か，http://fatigue.hajime888.com/f001.html，（参照2017-12-3）.
16） 澤田彰史，慢性疲労とはどのような状態？，ヘルスケア大学，http://www.skincare-univ.com/article/010724/，（参照2017-12-2）.
17） 厚生労働省，生活習慣病予防のための健康情報サイト e-ヘルスネット，健やかな睡眠と休養，https://www.e-healthnet.mhlw.go.jp/information/heart-summaries/k-01，（参照2017-12-2）.

18) 大澤清二，日本人の大型化は乳幼児期の発育によってもたらされた，発育発達研究，Vol. 63，2014，1-5.

19) 政府広報オンライン，発達障害って，なんだろう，https://www.gov-online.go.jp/featured/201104/contents/rikai.html，（参照2017-12-2）.

20) 国立スポーツ科学センター，女性アスリート指導者のためのハンドブック，2014.

21) 山本肇一・熊谷啓子・新田晶子，子どもの体力・運動能力と生活習慣等とのかかわりについて──幼児期から児童期における子どもの健全な心と体を育てるために──，奈良県立教育研究所研究紀要・研究集録18号，2010.

22) 東京都健康長寿医療センター，加齢（aging）と老化（senescence, aging）の違い，http://www.aging-regulation.jp/topics/topics-01.html，（参照2017-12-2）.

第3章　運動・レクリエーションの実践

　子どもの体力・運動能力の低下，あるいは精神的疾患等の増加の大きな要因として，子どもの外あそびの減少を挙げる報告も多い[1]．日本における子どものあそび環境の調査によれば，公園・広場などの空間的な点から見ると，1955年から1975年の20年間に大都市で20分の1，地方都市で10分の1という減少率と報告されている．特に，日本では1960年代に自動車が激増し，道路での遊びが狭い路地も含め，全て禁止されたために，子どもはあそび空間を一気に失った．1960年代半ばを境に外あそびから内あそびへと転換した．

　その変化を助長したのがテレビである．さらに1980年代のテレビゲーム，1990年代後半からのパソコン，2000年代からの携帯電話の普及，2010年のタブレット販売などにより，日本の子どものITメディアとの接触時間は世界最長とまで言われるようになっている．1975年からの20年間はさらに内あそび化，生活時間の分断化が農山魚村においても進み，いまや農山魚村の子どもでさえ自然あそびが出来ない状況になりつつある[2)3)4)5]．

　アメリカのロバート・フルガムの『人生に必要な知恵はすべて幼稚園の砂場で学んだ』の本にもあるが，子どもはあそびを通して身体性，社会性を開発していく[6]．あそびを疎外されることは心身の健康な成長を妨げるものと言える．子どもたちの8歳頃までの成育環境が，その後の成長に大きく影響すること，また現代日本の15歳の子どもたちが世界的に突出して孤独であると感じていることを認識し，心と体の健全な発達のため，成育環境の空間，時間，仲間とコミュニティ，プレイの方法というすべての分野において早急に改善していく必要がある[7]．人を元気にするスポーツ・レクリエーション活動などについて学ぼう．

1．体育・スポーツ・レクリエーション

A．体育とは
日本に「体育」が誕生したのは，身体教育ということばを簡略化した明治9

(1876) 年である．フランス式の教育に範をとり，ロック（John Locke：1632～1704），スペンサー（Herbert Spencer：1820～1903）らの教育学から知育・徳育・体育を重要な教育目標と定め，体育についても早くからその特性について着目していた．[8]

体育は，心身の健全な発達を図るために，身体活動を通して行う意図的・計画的な教育活動である．しかし，現在において体育という言葉は，いろいろな場面に対して使われているため，その時々によって異なる意味と目的をもっていた．そこで，体育の目的を定義すると次の3項目があげられる．

① 身体文化としての体育

体育の目的の1番目は身体文化としての体育である．体育に含まれるスポーツ・レクリエーションも文化の一形態であり，人間が自らの向上のためにつくりあげた身体に対する行動や様式のすべても含んだ総称である．保健体育の内容には運動・栄養・睡眠・成長・労働と休息・身体養護も含み，身体教育として，身体の修練としての体育も含んだものである．

② 教育としての体育

教育の一方法として，身体を通しての教育であり，身体活動を通じて心身の健全な発育・発達，人間性の開発を図る教育の一領域としての体育である．

③ 身体の修練としての体育

身体を鍛え，生命力を向上させ，技術や技能を高めるための手段としての体育である．

次に，スポーツ（sport）の語源はラテン語の「deportare」で，14世紀にイギリス人が「disport」として使用した．"dis" には離れる，"port" には運ぶという意味があり，心を運びさるという意味となる．[9] 現代の技術革新が進む社会においては，運動不足病を引き起こし，生活体力の低下が幼少期から危ぶまれている．[10][11] スポーツ・体力と人間性の涵養という点においても，意図的に動く機会を組み込む必要がある．

B．日本におけるスポーツ

2011年にスポーツ基本法が成立した．これは，1961（昭和36）年に制定されたスポーツ振興法を50年ぶりに全面改正したものである．[12] スポーツ基本法とはスポーツに関し，基本理念を定め，国及び地方公共団体の責務，スポーツ団体の努力等を明らかにし，スポーツに関する施策の基本となる事項を定めたもの

である[13].

　今日のスポーツは，自ら実施するスポーツのほかにも，観衆に見せることを中心にしたものや，広告媒体としてのチームなど，その種類と目的に広がりがみられる．スポーツはフェアプレイの精神が中心にあるが，勝つためにルールをあえて犯すこと，過度のトレーニングや激しい試合により健康を損ねること，政治や国家に利用されることなどや，金や資本力が顕わに出て公正観を害するような弊害を伴うこともある．しかし，現代社会におけるスポーツの果たす役割として，プラスの効果が認識されるようになり，体力づくり，健康づくりを目指したスポーツの実践は，各年齢層とも増え，特に高年齢層のスポーツ人口の増加は著しい．

　スポーツの種類は多岐にわたり，オリンピックでの競技数を調べると，2014年ソチの冬季（7競技98種目）と2016年リオデジャネイロ夏季オリンピック（33競技310種目）で，40競技，408種目である[14]．これらのスポーツ競技は以下のように分類される．

- 人びとの間で行われた遊びが発達し組織的になったもの……バドミントン，ゴルフ，サッカー，重量挙げなど
- 人間生活に必要な日常活動が発展し，その本来の目的を離れて運動や技術がスポーツ化したもの……陸上競技，水泳，ボート，スキー，カヌーなど
- 戦いの技術や，格闘がその実用性を失って新たにスポーツとして組織されたもの……弓道，柔道，剣道，相撲，レスリング，ボクシングなど
- 近代社会の要求から，新たに考案され組織化されたもの……野球，バスケットボール，バレーボール，テニス，ラグビー，ヨット，自転車競技，体操競技など

　日本の競技スポーツ選手では，長く競技を続けたスキージャンプの葛西紀明選手のように，生きたレジェンドと世界的に称えられる選手から，10代の若者まで，スポーツの技は国を超えて感動を呼ぶ．する人・見る人・支える人，多くの人々によって，スポーツは支えられ，その魅力が高まっている．

　このようなスポーツの持つ社会教育力は大きく，スポーツを核にした楽しみの活動に，社会貢献というテーマを加えることで，学びも人との出会いもあり，その体験がキャリアアップにつながっていくこともある．

教育機関，特に大学や学生が地域の市民や行政，企業，社会教育関連団体と協働して，スポーツを通して地域を元気な姿にしていくことは今後ますます必要とされることである．

C．レクリエーションとは

日本レクリエーション協会は，1947年の創立である．以来，レクリエーション指導者の養成事業のみならず，レクリエーションを原動力として，市民と共に地域の活性化を図る活動を多彩に繰り広げる公益財団として歩んできた．1993年には公益性の高い財団法人に認められる特定公益増進法人として，1998年には，国，地方公共団体と同様に紺綬褒章の申請団体として，総理府より認定された．そして，2011年4月からは，内閣府より公益財団法人の認定を受けている．

協会の創立期に，日本は神武景気（1955～1956）や岩戸景気（1959～1961）が到来し，高度経済成長期時代へと突入していった．太平洋ベルト地帯をはじめ，各地には大規模な工場が建設され，多くの若者たちが近代的オートメーション工場の従業員となった．この時代には機械化・合理化が追求される労働環境において，人間としての主体性の喪失という新たな問題が浮上し始めた．そこで，企業がその対策として取り入れたのが「明るい人間関係作り」を強調した「職場レクリエーション」であった．

1961年に公布されたスポーツ振興法も手伝って，昼休みともなれば，工場の通路や中庭，空き地がスポーツ広場に早変わりし，ひと汗かくことが推奨された．昼休みのスポーツ以外にも，社内旅行や運動会，休日を利用したハイキングなどが盛んに催され，職場レクリエーションは急速に広まっていった．

1970年代の高度経済成長期には，大都市の過密と過疎化の進む農村という二極化を促進させた結果，かつての地域社会が崩壊し始め，改めて「まちづくり」が地域社会の存続にかかわる重大なテーマとして意識されるようになった．この時代のレクリエーションは，地域の新たな健康づくりや文化的活動として，祭りや郷土芸能などの伝統文化のとのつながりにおいて，まちづくり運動に欠かせないプログラムとして注目を集めるようになった．

レクリエーション協会や関係者たちは，常に時代の課題とレクリエーションの役割を見つめ，内容を改革し，実践してきた．最近ではレクリエーションにかかわる研究報告も多く，脳科学からレクリエーションをとらえる研究も出て

きた.「一般的に勉強や仕事中に比べて，遊んでいるときのほうが『やる気』が高まりやすいことが分かっている.[15]」このような活動を日常生活に取り入れることで，現代社会のストレスフルな状況をコーピングするスキルも重要である.

日本レクリエーション協会は，協会が定めた学習課程を修了し，資格を取得した者を公認指導者に認定している．公認指導者の養成は，日本レクリエーション協会や都道府県レクリエーション協会，市区町村レクリエーション協会のほか，400を超える大学・短期大学・専門学校などの教育機関で行われている．日本レクリエーション協会公認指導者数（延数）は5万8430人で，その内訳は以下のようである（2018年3月31日現在）[16].

　　　レクリエーション・インストラクター／5万313人
　　　スポーツ・レクリエション指導者／777人
　　　レクリエーション・コーディネーター／2409人
　　　福祉レクリエーション・ワーカー／4362人
　　　余暇開発士／569人

2．運動不活発の影響

運動不活発や生活不活発の影響が近年は特に問題視されるようになっている．生活の利便性だけでなく，風水害や地震などの自然災害，乗り物の発達によるエコノミー症候群などだけでなく，IT化や環境悪化も生活不活発に拍車をかける．このような現状を科学的に分析してみよう．

A．生活不活発病とは

地震・水害等の災害の後には，特に高齢者や障害のある人では，生活不活発病になりやすくなることが東北大震災などでクローズアップされた．生活不活発病は，「"生活"が"不活発"」になることで全身の機能が低下する病気である．

しかし，重要なポイントとして，生活不活発病は予防が第1であるが，一旦起こっても回復させることができるものという概念である．このような状況を分析し，解決するため，2001年に予防と健康増進を含む個人的な保健ケア，および社会的障壁の除去や軽減による参加促進，社会的支援の推進に応用されるICF（International Classification of Functioning, Disability and Health）が国際的に採

用されるようになった[17].

　自然災害や定年後に自宅での役割（家事・庭いじり，畑仕事，など）がなくなったり，地域での付き合いや行事がなくなったり，老人クラブや趣味の会が休止・解散したりなどの要因で外出機会がなくなると，「悪循環」で「動かない」ため人は病んでしまう．生活不活発病をなくすために，一番重要なことは地域活動を活発化することである．若い時には教育・教養があるという学びが必要であるが，高齢期には今日行く・今日用があることが大事である．そのためには，地域の住民やボランティアなどの支援者の存在が欠かせない．行政・NPO などの関係団体・趣味の会などが地域活動を活発にし，歩いて行ける距離に高齢者が活動できる場を育てるとよい．学び甲斐があり・楽しい交流が深まる活動の工夫や支援をすることが大事である．このような活動が地域のソーシャルキャピタルの再構築に繋がっていく．

　ソーシャル・キャピタルとは，人々の協調行動を活発にすることによって，社会の効率性を高めることのできる，「信頼」「規範」「ネットワーク」といった「社会的仕組みの特徴」と定義されるが，市民同士のコミュニケーションの密度や，市民と行政のパートナーシップが活発であるほど，豊かな社会が形成される．すなわち上下関係のない水平的で自発的な市民同士の活動や自発的な団体の存在が民主主義にとって重要であるという考え方に立ったソフトな概念である．今後生活不活発の予防を推し進めるうえで，この仕組みの構築が重要と考えられる[18].

B．肥満による健康問題

　いつでも食べたい物が手に入る豊かな時代になり，肥満による健康問題が増えている．近年は欧米だけでなく，中国などのアジア諸国でも肥満が急増中である．日本では成人における肥満の割合は約30％．最近30年間の推移を見ると，成人男性の肥満が増え続けている．健康を支える上で肥満に対する対策が課題となっているなか，日本肥満学会によって「肥満症の診断基準」の見直しが行われ，2011年9月，11年ぶりに新しい診断基準が示された[19]（図3-1）．

　肥満の目安となる BMI（体格指数）は，体重(kg)÷身長(m)^2 で求められる（表3-1参照）．また，肥満症の診断に必須となる合併症は，これまで10種類（表3-2の1～10）であったが，新たに「肥満関連腎臓病」が追加され，11種類になった．これは，肥満によって蛋白尿が出て，腎障害が起きる人がいること

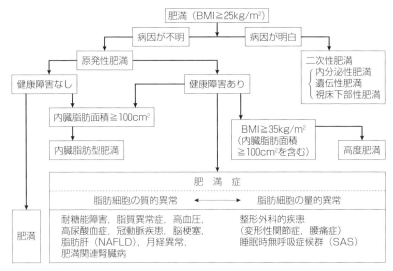

図3-1　肥満症診断のフローチャート

(出所)　日本肥満学会，肥満症の診断基準と治療ガイドライン，検討の最前線，
http://www.jasso.or.jp/data/office/pdf/guideline.pdf，(参照2017-12-2).

表3-1　新しい肥満度分類

BMI	判定
18.5以下	低体重
18.5〜25未満	普通体重
25〜30未満	肥満（1度）
30〜35未満	肥満（2度）
35〜45未満※	肥満（3度）
40以上※	肥満（4度）

(注)　BMI35以上を「高度肥満」と定義．
(出所)　日本肥満学会，肥満症の診断基準と治療ガイドライン，検討の最前線，
http://www.jasso.or.jp/data/office/pdf/guideline.pdf，(参照2017-12-2).

表3-2　肥満症の診断に必須となる合併症

1	耐糖能障害（2型糖尿病・耐糖能異常など）
2	脂質異常症
3	高血圧
4	高尿酸血症・痛風
5	冠動脈疾患：心筋梗塞・狭心症
6	脳梗塞：脳血栓症・一過性脳虚血発作
7	脂肪肝（非アルコール性脂肪性肝疾患）
8	月経異常，妊娠合併症（妊娠高血圧症候群，妊娠糖尿病，難産）
9	睡眠時無呼吸症候群・肥満低換気症候群
10	整形外科的疾患：変形性関節症（膝，股関節）・変形性脊椎症，腰痛症
11	肥満関連腎臓病 ← 新しい判断基準で追加になった合併症

(出所)　日本肥満学会，肥満症の診断基準と治療ガイドライン，検討の最前線，
http://www.jasso.or.jp/data/office/pdf/guideline.pdf，(参照2017-12-2).

がわかってきたからである．肥満関連腎臓病には内臓脂肪が深く関わり，減量による治療が非常に重要と考えられている（表3-2）．

C．動脈硬化による健康問題

動脈硬化とは，動脈にコレステロールや中性脂肪などがたまって，詰まったり，硬くなったりして弾力性や柔軟性を失った状態をいい，動脈硬化になると，スムーズに血液が流れなくなる（図3-2）．動脈が弾力性や柔軟性に富んでいれば，心臓や脳などの臓器や筋肉などの組織に必要な酸素や栄養の供給が行われる．しかし，コレステロールなど血液の脂質が，動脈にたまったり，酸素や栄養が不足したり，高血圧により常に血管に負担がかかったりしていると，動脈は弾力性を失い硬く，脆くなってしまう．血管の老化が進むと，動脈硬化を引き起こしやすくなるため，心筋梗塞や脳梗塞のリスクが高くなる．動脈硬化の予防には食事と有酸素運動が効果的である[20]（図3-3）．

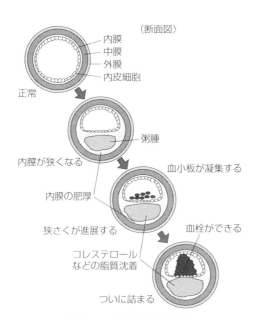

図3-2　動脈硬化の経過
（出所）（公財）循環器病研究振興財団，健康で長生きするために——知っておきたい循環器病あれこれ——．(http://www.ncvc.go.jp/cvdinfo/pamphlet/blood/pamph21.html#anchor-1)（参照2018-12-2）．

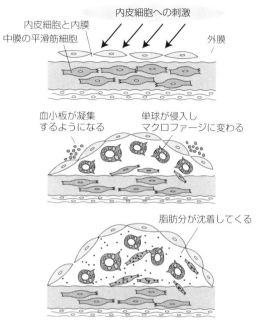

図 3-3　動脈硬化の仕組み
（出所）（公財）循環器病研究振興財団，健康で長生きするために
　　　——知っておきたい循環器病あれこれ——．（http://
　　　www.ncvc.go.jp/cvdinfo/pamphlet/blood/pamph21.
　　　html#anchor-1)（参照2018-12-2）.

3．身体活動とこころの健康

A．こころの病気
　こころの病気は自分では気づきにくい場合もあり，自分で不調に気づいてはいても，こころの病気だと思っていない場合もある．その人らしくない行動が続いたり，生活面での支障が出ている場合は，早めに専門機関に相談するよう勧めたい．こころの病気で病院に通院や入院をしている人たちは，2014年で国内に392万人にのぼる．日本人のおよそ40人に1人の割合である．生涯を通じて5人に1人がこころの病気にかかるともいわれている．しかし，こころの病気にかかったとしても，多くの場合は治療により回復し，社会の中で安定した生活をおくることができるようになった．

病気や怪我をした人は症状や治療の過程が目に見えるため「無理はしないでね」と，自然に声をかけることができる．骨折をしている人に，重い荷物を運ぶことは頼まないし，計ればわかる熱も対応が可能である．しかし，こころの病気の場合は，気づかないうちに無理なことをさせたり，傷つけたり，病状を悪化させている可能性がある．

こころの不調やストレスが長く続くと，以下のような症状になる．

- ・気分が沈む，憂うつ
- ・何をするのにも元気が出ない
- ・イライラする，怒りっぽい
- ・理由もないのに，不安な気持ちになる
- ・気持ちが落ち着かない
- ・胸がどきどきする，息苦しい
- ・何度も確かめないと気がすまない
- ・周りに誰もいないのに，人の声が聞こえてくる
- ・誰かが自分の悪口を言っている
- ・何も食べたくない，食事がおいしくない
- ・なかなか寝つけない，熟睡できない
- ・夜中に何度も目が覚める

こころの病気は自分では気づきにくい場合もあり，自分で不調に気づいてはいても，こころの病気だと思っていない場合もある．その人らしくない行動が続いたり，生活面での支障が出たりしている場合も専門医に相談が必要である．

- ・服装が乱れてきた
- ・急にやせた，太った
- ・感情の変化が激しくなった
- ・表情が暗くなった
- ・１人になりたがる
- ・不満，トラブルが増えた
- ・独り言が増えた
- ・他人の視線を気にするようになった
- ・遅刻や休みが増えた

・ぼんやりしていることが多い

　　・ミスや物忘れが多い

　　・体に不自然な傷がある

　私たちはいつもストレスにさらされながら生活している．大きな出来事があれば眠れないこともあり，大切な人が病気になれば気持ちが憂うつになる．これは自然な反応である．健康な人では，何かの症状や変化が出ていても，ストレスが去れば元の状態に戻る力がある．これを復元力（レジリエンス）という．この復元力が十分働いているときは病気にはなりにくい．前述した症状が長く続き，生活するうえで支障が大きくなり，つらくて苦しいといった場合には病気の可能性がある．

　こころの病気についてのおもな診断基準として，アメリカ精神医学会が作成したDSM（精神疾患・精神障害の分類マニュアル）や世界保健機関によってつくられたICD（国際疾病分類：International Statistical Classification of Diseases and Related Health Problems）があり，日本でも広く使われている．こうした診断基準では，病名をつけるうえでは原因は問わないことが基本となっている[21]．精神的ストレスが増加すると脳に変異が起こることも解明されるようになった．重症になる前に，社会的な環境やストレスの状態も含めて総合的な診断を受けて，治療する必要がある．

　同じうつ病という診断がついた場合でも，ストレスがきっかけの場合もあれば，体の病気と関係していることもある．こころの病気には依存症，うつ病，解離性障害，強迫性障害，睡眠障害，摂食障害，双極性障害（躁うつ病），適応障害，統合失調症，認知症，パーソナリティー障害，発達障害，パニック障害・不安障害，PTSD，性同一性障害，てんかんなどがあげられている[22]．

B．こころの健康づくり

　こころの健康とは，世界保健機関（WHO）の健康の定義を待つまでもなく，いきいきと自分らしく生きるための重要な条件である．具体的には，自分の感情に気づいて表現できること（情緒的健康），状況に応じて適切に考え，現実的な問題解決ができること（知的健康），他人や社会と建設的でよい関係を築けること（社会的健康）を意味している．人生の目的や意義を見出し，主体的に人生を選択すること（人間的健康）も大切な要素であり，こころの健康は「生活の

質」に大きく影響するものである.

　こころの健康を保つには多くの要素があり，適度な運動や，バランスのとれた栄養・食生活は身体だけでなくこころの健康においても重要な基礎となるものである．これらに，心身の疲労の回復と充実した人生を目指す「休養」が加えられ，健康のための3つの要素とされてきたところである．さらに，十分な睡眠をとり，ストレスと上手につきあうことはこころの健康に欠かせない要素となっている.

　うつ病はこころの病気の代表的なもので，多くの人がかかる可能性を持つ精神疾患であり，自殺のうち，かなりの人数がこのうつ病が背景にあると考えられている．こころの健康を維持するための生活やこころの病気への対応を多くの人が理解し，自己と他者のために取り組むことが不可欠である.

　こころの健康の基本方針は

(1)　**日常生活や習慣の重視**（全人的なアプローチ）

　健康が総合的なものであることを考えると，身体的な健康とこころの健康を統合した全人的なアプローチが重要である．そのためには，日常生活全般を視野に入れ，習慣や行動の形成や維持についての原理を明らかにする行動科学を理解し，それに基づく方法を導入する必要がある.

(2)　**行動科学に基づいたセルフケアの推進**

　行動科学とその具体的な適用法である行動療法は，運動や食事，喫煙や飲酒など，身体的健康に直接影響する生活習慣行動だけではなく，感情のコントロール，不適応的な認知の修正，対人技術や時間管理など多くの問題に有効である．これらに基づいてセルフケアを行うことが，1人ひとりが全人的な健康を実現する助けとなる．具体的な方法としては，

　　① 達成可能な目標をたてる，
　　② 自分の行動や考えを観察，記録する，
　　③ 望ましい行動を強化する，
　　④ 望ましい行動をみちびくように環境を整える，

など多くのプロセスがあげられる．セルフケアを推進するために，行動科学の考え方や方法を普及することの意義は大きい.

(3)　**こころの病気への早期対応**

　うつ病などのこころの病気には有効な治療法が確立しており，早く専門医と

相談し，治療を始めることが重要である．しかし，現実にはうつ病にかかった人のうち，ごく一部しか医療機関にかからず，その中でも精神科医療を受けている人はさらに限られた数でしかないという報告がある．

こころの不調は自覚できないことも多いので，周りの人が専門医へつなぐ役割を果たすことが必要である．また，体の症状を訴えて一般診療を受けることも多いので，かかりつけ医と専門医が連携することも重要である．

C．こころの健康対策

「こころの健康」は，人がいきいきと自分らしく生きるために重要であり，生活の質にも大きく影響する．「こころの健康」には，いくつかの要素がある．具体的には，前述したように

① 自分の感情に気付き，それを表現できること（情緒的健康）
② その時々の状況に応じ適切に考え，問題解決ができること（知的健康）
③ 他の人や社会と建設的で良い関係を築けること（社会的健康）
④ 人生の目的や意義を見いだし，主体的に自分の人生を選択できること（人間的健康）

などがあげられる．

こころの健康を保つためには，ストレスに立ち向かう抵抗力（ストレス耐性）を高め，ストレスに上手に対処すること（ストレスコーピング）が大切である．「適度な運動」「バランスのとれた食事」「十分な休養」はストレス耐性を高める．しかし，「大学に行きたくない」「仕事に行きたくない」「イライラする」「だるい」「食欲がない」など，身体的には特に悪いところがないのに，このような症状が出るのはストレスのせいであり，ストレスを回避する方法を見つけよう．

2013年の国民生活調査では12歳以上の者（入院者は除く）について，日常生活での悩みやストレスの有無をみると「ある」が48.1％と2人に1人がストレスを抱えていた．このようなストレスフルな現代社会の課題から，2015年より，ストレスチェック制度が施行され，定期的に労働者のストレスの状況について検査を行うこととなった．職場では本人にその結果を通知して自らのストレスの状況について気付きを促し，個人のメンタルヘルス不調のリスクを低減させるとともに，検査結果を集団的に分析し，職場環境の改善につなげる取組みが

始まった．そして，そのことによって個々人にストレスコーピングの力を育むことになった．具体的には以下である．

① 自分を客観的に知る

② 到達目標の変更

③ ストレス対応策を見つける

・積極的な解消法（運動，カラオケ etc）

・マイナスをプラスに変える発想

・信頼できる人に相談する（経験と誠意のある人）

　今後は，教育現場や，地域などでも心理支援のニーズも多様化し，精神保健福祉の対象の広がりとともに拡大していくことが予想される．そこには物質乱用から行動嗜癖に広がりつつあるアディクション，長期化・高年齢化するひきこもり，虐待や DV など司法判断や行政措置がかかわる事案など多岐にわたる課題がある．心理職者の悲願が実った国家資格「公認心理師」は2017年9月「公認心理師法」が施行された．これにより，名称独占資格として規定される（第44条第1項）とともに，資格創設（全面施行）以降は，公認心理師の有資格者以外は「心理師」という文字の使用禁止が規定された（第44条第2項）．公認心理師，そして臨床心理学はますます大きくなる社会の期待とニーズに応えていく責務がある[23]．

4．運動の実践（競技スポーツ編）

A．オリンピック

　19世紀末のパリのソルボンヌ大学における会議でフランスのピエール・ド・クーベルタンが古代ギリシャのオリンピアの祭典をもとにして世界的なスポーツ大会を開催する事を提唱し，決議された[24]．

　現在のオリンピックは夏季と冬季に大会があり，夏季オリンピック第1回は，1896年にアテネ（ギリシャ）で開催され，世界大戦による中断を挟みながら継続されている．冬季オリンピックの第1回は，1924年にシャモニー・モンブラン（フランス）で開催された．1994年以降は，西暦が4で割り切れる年に夏季オリンピックが，4で割って2が余る年に冬季オリンピックが開催される（FIFA ワールドカップが開催される年と同じ）．1994年のリレハンメル大会より，夏

季大会と冬季大会が2年おきに交互開催されるようになった．オリンピックの歴史は今では誰でもがアクセスでき，動画でも視聴できる．ここでは，年表として巻末にまとめている（巻末資料参照）．

B．スポーツ組織

近代スポーツの成立以来，スポーツ活動が持つ社会的影響力や経済力は増大し続けている．この様な近代スポーツの隆盛は，社会制度としてのスポーツ組織の発展に支えられている．

日本では2011年，創立100周年を迎えた日本体育協会（平成30年から，日本スポーツ協会と改名）では，日本オリンピック委員会とともに，新たな100年に向けて，「スポーツ宣言日本――21世紀におけるスポーツの使命――」を公表した．その中で，スポーツは，"自発的な運動の楽しみを基調とする人類共通の文化である"としている．

日本のスポーツ組織は1911年に誕生し，1924年のパリ第8回オリンピックで初めて選手団の旅費が国家予算に組まれた．日本のスポーツ組織はトップダウン式で形成され，情熱的なボランティアによる無償のマンパワーで発展してきたと言える．

近年はスポーツ界もビジネスマインドによる組織運営が求められ，スポーツも独立した仕事として報酬が得られるようになった．スポーツは自主・自律的に目標をもって行うという特性が十分に尊重されるとき，個人的にも社会的にもその豊かな意義と価値を望むことができる．とりわけ，現代社会におけるスポーツは，暮らしの中の楽しみとして，青少年の教育として，人々の交流を促し健康を維持増進するものとして，更には生きがいとして，多くの人々に親しまれている．

世界的にも，スポーツは幸福を追求し健康で文化的な生活を営む上で不可欠なものと謳われている．1978年に採択された，ユネスコの「体育およびスポーツに関する国際憲章」では体育・スポーツの実践はすべての人にとって基本的権利であるとした．

日本でもこれを受けて，2011（平成23）年に『スポーツ宣言日本～二十一世紀におけるスポーツの使命～』で，3つのグローバルな課題を挙げている[25]．

① スポーツは，運動の喜びを分かち合い，感動を共有し，人々のつなが

りを深める．人と人との絆を培うこのスポーツの力は，共に地域に生きる喜びを広げ，地域生活を豊かで味わい深いものにする．

21世紀のスポーツは，人種や思想，信条等の異なる多様な人々が集い暮らす地域において，遍く人々がこうしたスポーツを差別なく享受し得るよう努めることによって，公正で福祉豊かな地域生活の創造に寄与する．

② スポーツは，身体活動の喜びに根ざし，個々人の身体的諸能力を自在に活用する楽しみを広げ深める．この素朴な身体的経験は，人間に内在する共感の能力を育み，環境や他者を理解し，響き合う豊かな可能性を有している．

21世紀のスポーツは，高度に情報化する現代社会において，このような身体的諸能力の洗練を通じて，自然と文明の融和を導き，環境と共生の時代を生きるライフスタイルの創造に寄与する．

③ スポーツは，その基本的な価値を，自己の尊厳を相手の尊重に委ねるフェアプレーに負う．この相互尊敬を基調とするスポーツは，自己を他者に向けて偽りなく開き，他者を率直に受容する真の親善と友好の基盤を培う．

21世紀のスポーツは，多様な価値が存在する複雑な世界にあって，積極的な平和主義の立場から，スポーツにおけるフェアプレーの精神を広め深めることを通じて，平和と友好に満ちた世界を築くことに寄与するものである．

（公財）日本スポーツ協会の組織図を図 3 - 4 に示す．

C．障がい者スポーツ

障害者選手のためのスポーツは，障害の種類によって視覚障害者・聴覚障害者・身体障害者・知的障害者・精神障害者の 5 グループに大きく分けられる．それぞれに個別の歴史があり，組織・競技大会・取り組み方もまた異なる．

⑴ 障がい者スポーツの法的基盤整備

2011（平成23）年 8 月に施行された「スポーツ基本法」においては，「スポーツは，障害者が自主的かつ積極的にスポーツを行うことができるよう，障害の種類及び程度に応じ必要な配慮をしつつ推進されなければならない．」とされている．文部科学省では，スポーツ基本法に基づき，2012（平成24）年 3 月にスポーツ基本計画を策定し，「年齢や性別，障害等を問わず，広く人々が，関

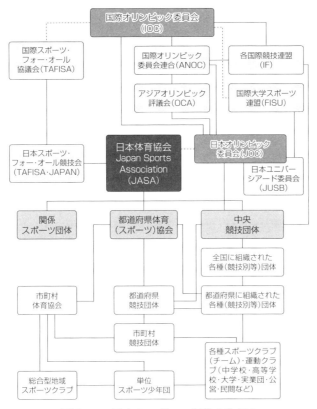

図3-4 日本のスポーツ組織の仕組み
(出所) 日本スポーツ協会 (http://www.japan-sports.or.jp/about/tabid142.html) (参照2018-12-2).

心,適性等に応じてスポーツに参画することができる環境を整備すること」を基本的な政策課題として,障害者スポーツの推進を図っている.また,2014 (平成26) 年度より,全国障害者スポーツ大会などのスポーツ振興の観点が強い障害者スポーツ事業が厚生労働省から文部科学省に移管され,スポーツ政策として一体的に推進されている.

(2) 第二次世界大戦と障がい者スポーツ

多くの障害者を生んだ第二次世界大戦後,米英両国で車椅子スポーツが生まれた.バスケットボール発祥(1891年)の地アメリカでは車椅子バスケットボールが障害者自らの手で情熱を傾ける対象として急速に普及発展し,1949年に

は全米車椅子バスケットボール協会が設立された．一方，英国ではストークマンデビル病院のグットマン博士により脊髄損傷者の治療法の1つとして車椅子ポロやネットボール（バスケットボールの元となったスポーツ）が導入された．[26]　この2つの流れは1950年代後半に1つとなり，車椅子バスケットボールは競技スポーツとして世界中で盛んになっていった．車椅子も当初は日常使用のものが用いられていたが，だんだんに競技用のものが工夫され，それにより現在はハイレベルな競技が行われている．

　日本での同競技の歴史は，1960年に厚生省の派遣でストークマンデビル病院国立脊髄損傷センターにおいてスポーツ・リハビリテーションを学んだ国立別府病院の中村裕博士によって，大分県の国立別府病院で紹介されたのが最初であった．1961年に同博士の尽力で開催された第1回大分県身体障害者体育大会で車椅子バスケットボールのデモンストレーションが行われた．1963年は第18回国民体育大会（山口県）後の身体障害者体育大会・山口大会でもデモンストレーション試合が行われた．全国への普及は，1964年に開催された第2回パラリンピック東京大会（the tokyo games for the physically handicapped: paralympic）が契機となり，同競技に参加した選手や関係者によって精力的になされた．シッティングバレーボールも1956年に，戦争によって体が不自由になってしまったオランダの人々が，リハビリ（＝体や心をよくするための運動）としてはじめたのがきっかけである．座りながらでもプレーできるバレーボールとして，少しずつプレーヤーが増え，1957年には大会が開催され，ルールやコートの広さ，ネットの高さが決まった．また，1980年にはパラリンピックの正式種目となり，世界中の人に知れ渡るスポーツとなった．日本では，1992年にシッティングバレーボールのチームが結成され，世界選手権やパラリンピックで入賞を果たしている．

　車いすテニスは国枝慎吾選手，上地結衣選手が活躍している．基本的に普通のテニスと大きく違うのは，「ツーバウンドで返球してもよい」という所である．基本的な部分では普通のテニスとほとんど変わらないが，車椅子テニスの場合は素早いターンなどが必要なため旋回性を軽くする等の意味合いからキャスターを1つにした3輪タイプが主流となっている．

　(3)　障害者のスポーツ組織

　日本障害者スポーツ協会（以下，日障協）は，日本の障害者スポーツの振興のため，指導者資格制度「日本障害者スポーツ協会公認障害者スポーツ指導者制

度」を設置し，全国で指導者を養成している．2014年1月現在，初級，中級，上級を合わせて2万1590人の指導者が登録されている．都道府県では，これらの有資格指導者の人材バンクとして障害者スポーツ指導者協議会が組織され，障害者スポーツの大会や障害者スポーツ施設における教室などで，登録指導者が活動している．

　このような障害者のスポーツには以下のような組織がある．

・日本障害者スポーツ協会
・日本知的障害者スポーツ連盟
・PWL スポーツ・文化振興協会
・日本盲人会連合スポーツ連盟協議会
・全日本ろうあ連盟

陸上系
・日本身体障害者陸上競技連盟
・日本知的障害者陸上競技連盟
・日本盲人マラソン協会

バスケットボール系
・日本車椅子バスケットボール連盟
・日本車椅子ツインバスケットボール連盟

テニス系
・日本車椅子テニス協会
・日本視覚ハンディキャップテニス協会

スキー・アイススレッジ系
・日本身体障害者スキー協会
・日本チェアスキー協会
・日本障害者クロスカントリースキー協会
・日本障害者アイススポーツ連盟
・長野スレッジスポーツ協会
・青森スレッジホッケー協会

水泳系
・日本身体障害者水泳連盟
・全国障害者シンクロナイズドスイミング連絡会

マリンスポーツ系
・ヨットエイド・ジャパン
・障害者カヌー協会
・日本視覚障害者セーリング協会
・日本バリアフリーダイビング協会
・日本アダプティブスキューバダイビング連盟

その他の競技
・日本障害者卓球連盟
・日本ウイルチェアーラグビー連盟
・日本障害者バドミントン協会
・日本視覚障害者柔道連盟
・日本身体障害者野球野球連盟
・日本身体障害者アーチェリー連盟
・日本ティーボール協会
・ハンディードライバーズクラブ
・日本障害者自転車協会
・日本障害者乗馬協会
・日本障害者ゴルフ連盟
・日本視覚障害者ゴルファーズ協会
・日本身体障害者ライフル射撃連盟
・電動車椅子サッカー連絡会事務局
・日本障害者サッカー協会
・日本車椅子フェンシング協会
・日本ボッチャ協会
・日本ディスエイブルパワーリフティング連盟
・日本シッティングバレーボール協会
・日本ゴールボール協会
・日本車いすダンス連盟

第3章　運動・レクリエーションの実践　*119*

⑷　障害者スポーツの競技会

・全国障害者スポーツ大会

　パラリンピック東京大会の翌年から身体障害者の社会参加推進を目的にはじ
められた全国身体障害者スポーツ大会（1965〜2000年，36回開催）と，スペシャル
オリンピックスの基本姿勢や東京ゆうあいピックの開催方式を踏襲した全国大
会として開催されてきた全国知的障害者スポーツ大会（1993〜2000年，9回開催）
が統合した，障害者の全国スポーツ大会．毎年，国民体育大会秋季大会の開催
地で実施している．

・ジャパンパラリンピック大会

　IPC（国際パラリンピック委員会163カ国加盟）の設立によってパラリンピックが
オリンピックと並ぶ世界最高峰のエリートスポーツ大会．陸上競技・水泳競
技・アーチェリー競技・スキー競技・アイススレッジホッケー競技などが行わ
れている．陸上競技では，IPCが公認する競技会で標準記録を突破することが
パラリンピック出場の条件となった．そこで，このような世界の動向に対応す
るため，日本身体障害者陸上競技連盟と共催し，1991年より毎年開催．これに
より，競技力の飛躍的な向上と競技記録の公認を図ることができるようになった．

・全日本視覚障害者柔道大会

　1986年に日本視覚障害者柔道連盟の設立とともにはじまった視覚障害者によ
る柔道．毎年1回，講道館で開催されている．

・全国車いす駅伝競走大会

　1988年に開催された第24回全国身体障害者スポーツ大会の公開競技として実
施．その後，1990年に名称を「全国車いす駅伝競走大会」として毎年開催され
るようになった．

・IBSA世界選手権大会

　国際視覚障害者スポーツ協会（IBSA）が主催する大会．視覚障害のある選手
を対象とし，陸上競技，自転車競技，ゴールボール，柔道，パワーリフティン
グ，水泳などの競技が実施されている．1998年に第1回世界選手権をスペイン
のマドリッドで開催した．

D．総合型地域スポーツクラブ

　生涯スポーツ社会とは，誰もが，いつまでも，自分の好むスタイルでスポー
ツに関わることができる社会を言う．その社会を創出するためには，より多く

の人がスポーツと関わりを持つことができるように，いつでも，どこでも，気軽にスポーツと接することができるような環境が必要である．

　個人で楽しむだけでなく，家族や仲間，あるいはクラブに入ってスポーツを楽しむなど，さまざまなライフスタイルが考えられ，身近な場所で日常的に関わるだけでなく，その季節にしか楽しめないシーズンスポーツに親しむのも生涯スポーツの楽しさである．

　「生涯スポーツ社会」のイメージは，さまざまなスポーツと関わるチャンスが広がり，より多くの人がスポーツを身近で活発な営みとしてライフスタイルに組み込めるような社会であり，1人ひとりが満足できるスポーツライフを構築し，社会全体が健康で豊かになることが期待される．

　総合型クラブはさまざまな形で設立され，その運営形態も千差万別で，クラブ設立のきっかけや経緯も地域によってさまざまである．たとえば，以下のようなケースがある．

> ① 地域住民の有志が総合型クラブの理念に惹かれ，自発的に組織化して設立するケース（中心的役割を果たす人材に負うところが大きい）．
> ② 地域の単一種目，単一世代のスポーツクラブが中心となって設立するケース（1つのクラブが拡大発展する場合と，いくつかのクラブが集まり協力して設立する場合がある）．
> ③ 地域に育ったスポーツクラブ連合が発展的に総合型クラブとして設立するケース（素地は整っているので移行しやすい）．
> ④ 地域の教室やイベントを開催してきた地区体育協会や体育会などが中心となって設立するケース（地域の実態に即した設立が可能）．
> ⑤ スポーツ少年団が主体となって設立するケース（活動のベースがあるため，比較的組織化しやすい）．
> ⑥ 学校開放事業やPTA活動などを母体として設立するケース（学校施設を中心とした活動に馴染みやすい）．
> ⑦ 地域の公民館活動などを基本とした設立するケース（地域づくりやスポーツ振興に対して実績があり，展開しやすい）．

　この他，行政などが中心となって地域で活動しているスポーツクラブなどに呼びかけて設立する場合も多い．行政のスポーツ振興施策に則って設立する場合は，活動場所の確保やさまざまな支援を受けるための条件は整いやすい．し

かし，スポーツの本質を考えると，地域住民主体による運営体制に早く切り替えることが望まれる[27]．

また，総合型クラブの理念に則った素晴らしいスポーツクラブを，大学やサッカーＪリーグなどの団体，企業，あるいは地域振興やスポーツ振興などを目的とした各種の団体や法人などが社会還元事業として設立し，運営する形態も見られる．これからは主体的な取り組みを地域住民が中心になって発展・強化することが望まれている[28)29)30]（図３-５，図３-６）．

このような総合型クラブの特徴は以下のようである．

① 複数の種目が用意されている．（例：サッカー，バドミントン，水泳等）
② 地域の誰もが年齢，興味・関心，技術・技能レベルなどに応じて，いつまでも活動できる．
（子どもから高齢者まで，初心者からトップレベルの競技者まで）
③ 定期的・継続的なスポーツ活動を行うことができる．
④ 個々のスポーツニーズに応じたスポーツ指導が行われる．
⑤ 地域住民が主体的に運営する．

E．プロフェッショナルスポーツ

紀元前４世紀頃から，古代オリンピックにおいて，優秀な競技者を金品でスカウトしたり，優勝者に賞金が贈られたりするようになった．これがプロスポーツの起源だと言われている．しかし，19世紀に，ピエール・ド・クーベルタンが近代オリンピックを提唱したとき，古代オリンピックで衰退の原因ともなった買収問題などを厳しく制限してアマチュア憲章を作成した．その後，プロスポーツは，アメリカ大衆文化の中から映画などの娯楽と同様に20世紀になって華やかなスターダムへと押し上げられた産業であるとの見方が一般的となった．現在，アメリカの四大スポーツとされるものにアメリカンフットボール・野球・バスケットボール・アイスホッケーがあり，多数の国にはプロサッカーリーグがある．また個人で行われるプロスポーツとしてはボクシングやテニス，ゴルフなどがある．これらは企業の広告戦略によって，スター選手及びその関連団体に巨額の利益をもたらす一大ビジネスに成長した．

日本の主なプロスポーツとしては，プロ野球，プロサッカー，プロバスケットボール，プロテニス，プロゴルフ，プロビーチバレー，プロボウリング，ビ

図3-5　総合型地域スポーツクラブの仕組み

(出所)　筆者作成.

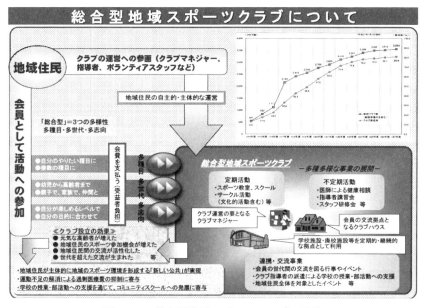

図3-6　総合型地域スポーツクラブの運営

(出所)　文部科学省,総合型地域スポーツクラブ (http://www.mext.go.jp/component/a_menu/sports/detail/__icsFiles/afieldfile/2016/05/25/1304061_2.pdf)（参照2018-12-2）.

リヤード，モータースポーツ，プロロードレース，大相撲，プロボクシング，プロレス，キックボクシング，総合格闘技などがある．

歴史的には，1974年にはオリンピックの出場資格からアマチュアの文字が消えた．この流れが日本にも浸透し，期間限定の契約・嘱託社員など働き方の幅が広がると，スポーツでもプロやアマ，中間のような選手が生まれ，同じチームに混在することがおきた．さらに，景気低迷や M & A（合併・買収）などをきっかけに，リストラの一環で企業が運営から手を引き始めた．2010年までの20年間に主要競技で347の企業チームが休廃部．後ろ盾を失ったスポーツの一部は思い切ってプロ化された．[31)32)]

5．運動・レクリエーションの実践（生涯スポーツ編）

厚生労働省では新たな科学的知見に基づきつつ，利用者の視点に立つことを重視して，その成果を「健康づくりのための身体活動基準2013」として取りまとめた．また，国民の健康づくりを推進する上で適切な内容の施設を認定し，その普及を図るため「健康増進施設認定規程」を策定し，[33)]2017年には運動型健康増進施設（340施設），温泉利用型健康増進施設（214施設），温泉利用プログラム型健康増進施設の3類型の施設について，大臣認定を行っている．

スポーツに参加する中高年齢層の人たちの増加は目覚しいものがあり，その意味からも中高年の人たちがスポーツ活動を行う際には，年齢の特性を踏まえて適切に取り組む必要がある．中高年期には，老化による身体機能の低下が目立ち，自覚的にも，柔軟性の低下，視力の低下，忍耐力の低下などが出現し，運動不足に加えて基礎代謝量の減少により体脂肪率が増えてくる．具体的には中高年期は① 予備力が低下するため，これまでに経験したことがない負荷にはなかなか対応できなくなる，② 反応が鈍化するために，歩行中に自転車や子どもが飛び出してきても避けられないということなどが起こり始める，③ 疲れがなかなかとれないといった回復力の衰え，④ ちょっとした傷でもなかなか治りにくいといった再生力の減退などがあげられる．

中高年期の運動の目的は，呼吸・循環系機能の保持，代謝機能の賦活化，精神機能の活性化など加齢により変化する諸機能の低下を抑えるのが目的である．中高年といっても運動習慣のある人とない人では体力や運動機能に大きな差がみられる．そこで，体力の高い中高年は運動不足を解消して，体力を保持し，

体脂肪を適正に保つためにジョギングや水泳などの有酸素運動を「ややきつい」と感じる程度に1日30分以上，週3日以上を行いながら，筋力の衰えを防ぐための筋力トレーニングも加えることが望ましい．

しかし，体力が低く，運動習慣のない人は，ウォーキングや体操など比較的負荷の軽いものを取り入れ，疲労が残らない程度で実践することが重要である．健康や体力を高めるためにストレッチや筋力トレーニングなどを加えることも必要である．やはり1日20-30分，できれば週3日以上の運動負荷が望ましい．インターバル速歩や1分間伝わり体操など，時間がなくとも，短時間で効果が得られる運動を習慣化すると良い．

効果的で安全に運動するには最大心拍数の50～60％となるように，目標心拍数を決定する．カルボーネン法では以下のように求められる．

目標心拍数の求め方（カルボーネン法）
　最大心拍数＝（220－年齢）
　目標心拍数＝（最大心拍数－安静時心拍数）×運動強度＋安静時心拍数

A．ウォーキング

ウォーキングは図3-7のような正しいやり方で行うことがポイントである．

図3-7　正しいウォーキングの注意点
（出所）Medic Art8作成．

B．さまざまなプログラム

(1) 1分間伝わり体操

時間のない人は1分間伝わり体操にチャレンジし，継続してみよう（図3-8）．

(2) マルチ音楽体操（吉中式オリジナル体操）

サルコペニアや循環器系疾患予防のために，中高齢者のための1時間のマルチ音楽体操プログラムでの運動介入で体力の維持・向上が確認されたが，心肺機能については確認できていなかった．

そこで，①誰もができる楽しい体操，②多種多様な生活動作を含むプログラムの工夫，③特に手・腕・背中や大臀筋を使う動作を意識したもの，④楽しさの演出，⑤音楽のテンポは快適で，元気になるメッセージ性のあるもの，⑥参加者同士関わりを促すなどの配慮をしたマルチ音楽体操プログラムの1時間の心拍応答を検証した（図3-9）．

さて，一定期間の運動介入によって心身機能の向上が期待できるという研究報告も数多くなってきたが，その多くは「運動の継続」を課題として挙げている．一般的に運動を継続することは容易なことではない．在宅で暮らす一般高齢者の多くは自立した生活を送る高齢者であるにもかかわらず，生活不活発と

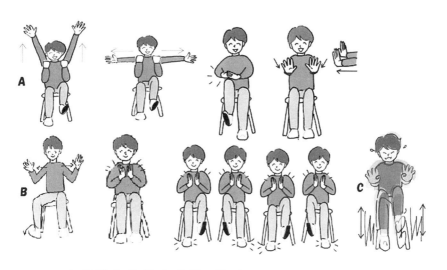

A 32コ間　B 32コ間　C 16コ間　×2セット

図3-8　1分間伝わり体操の実施方法

（注）1分間伝わり体操の動画は以下のURL参照．
https://www.youtube.com/channel/UCksTAhT2F9V9scTkJW-Q5fw

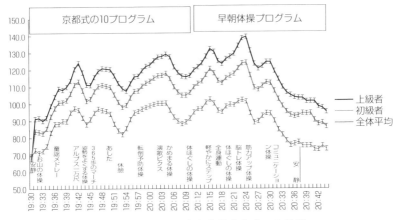

図3-9　マルチ音楽体操実施中の心拍数

なり，虚弱，また1人暮らしや閉じこもりリスクのある高齢者も少なくなく，心身の健康において身体的ニーズだけでなく，心理的・社会的ニーズなど，1人ひとり多様なニーズをもっている．

また，最近は世界的に社会の高齢化が大きな問題となっている．中高齢者は複数の病気を有している人も多く，疾病の予防，治療と共に生活機能障害（Disability）の有無に注目をする必要がある．生活不活発と社会的役割の低下は高齢者の自立度を低下させ，病気ではないが①体重減少，②主観的活力の低下，③握力の低下，④歩行速度の低下，⑤活動度の低下をもたらし，この5項目のうち3項目以上当てはまればフレイル（Frailty：虚弱）である．

このように，フレイルやサルコペニアを予防し，介護いらずの心身を育むために，体操は日常の常備薬となると考える．体操は自分のからだとの会話，日々変わる自分の体調や筋感覚を把握するために最適である．ハードではないが，よい汗が出て，体操の効果として肩こり，便秘，尿失禁をなくし，膝や腰の痛みも軽減させる．2014年に60分の体操プログラムで週1回運動し，3カ月間の前後の体力測定値を比較した結果，体力は，10項目中8項目の平均値に向上が見られ，統計的な差はチェアスタンド（脚筋力）と歩行速度に認められた．また，BMIや体脂肪率・脚筋肉量・筋肉率にも有意な差が認められた．

(3) コグニサイズ

コグニサイズとは，国立長寿医療研究センターが開発した運動と認知課題（計算，しりとりなど）を組み合わせた，認知症予防を目的とした取り組みの総称

を表した造語である．英語の cognition（認知）と exercise（運動）を組み合わせて cognicise（コグニサイズ）と言う．Cognition は脳に認知的な負荷がかかるような各種の認知課題が該当し，Exercise は各種の運動課題が該当する．運動の種類によってコグニステップ，コグニダンス，コグニウォーキング，コグニバイクなど，多様な類似語がある．コグニサイズは，これらを含んだ総称としている．たとえば，足ふみや歩きながら声を出して引き算をする．100から，3を引いていき，最後が1になれば正解である．2人で行う場合は交互に言う．次は動物の名前である．人が言った動物の名前に新しい動物の名前を足して言う．たとえば，クマ⇒クマ・シカ⇒シカ・ライオン…と続けていく．

コグニサイズは，基本的にはどのような運動や認知課題でもよい．ただし，以下の内容が考慮されることを前提とする．

① 運動は全身を使った中強度程度の負荷（軽く息がはずむ程度）のもので，脈拍数の上昇がある（身体負荷のかかる運動）
② 運動と同時に実施する認知課題によって，運動の方法や認知課題自体をたまに間違えてしまう程度の負荷がある（難易度の高い認知課題）

コグニサイズの目的は，運動で体の健康を促すと同時に，脳の活動を活発にする機会を増やし，認知症の発症を遅延させることである．コグニサイズの課題自体がうまくなることではない．課題がうまくできるということは，脳への負担が少ないことを意味している．課題に慣れ始めたら，創意工夫によって内容を変えることがポイントとなる．「課題を考えること」も大事な課題である．

C．レクリエーション

地域の活動では，参加者の心のウォーミングアップが必要である．心のウォーミングアップとして，レクリエーションのアクティビティに持って来いのプログラムを紹介する．心から楽しめる場の雰囲気づくりは常にリーダーの課題である．一度グループで試してみよう．

① リーダーと全員

○反応拍手

リーダーが手を合わせた時に拍手する．リーダーは体前で右手が上，左手が下になるよう構える．「私の手と手があったら，拍手をしてください，では，よく見てく

ださいね. 手が合うと拍手をお願いします」両手を上下にし, ゆっくりと手を合わせる. 参加者が拍手をしたら, 手を交差させて上下に構える.

「では, もう1回しましょう」と言って途中で手が合う前に寸止めする. (失敗して何人かは拍手するので, ここで笑いが起こる), 「ではもう1回しましょう」(3・3・7拍子のリズムで手を交叉する. 最後に寸止めをして失敗を誘う. または, ずーと合わせたままにして, 拍手をいっぱいしていただき, 「大きな拍手をいただき, ありがとうございます」と締めくくる.)

　〇模倣ゲーム (大根: 両手を合わせて, 両ひざの間に入れる. 玉ねぎ: 両手を頭に玉ねぎのポーズをする. キャベツ: 両手を胸の前にして, 円を作る.)
リーダーは3つのポーズを説明し練習させる. リーダーがコールし, すぐにポーズをつくる. 慣れてきたら, リーダーはコールした野菜と異なるポーズをする. ゲームのプロセスは以下である.

日本人の野菜摂取量ランキングをクイズにする. (参加者に1位から3位までを考えさせる.) 「1位はダイコン, 2位は玉ねぎ, 3位はキャベツです. 1と言ったら, ダイコンと言って大根のポーズをします. 2と言えば, 玉ねぎと言って玉ねぎのポーズをします, 3と言ったら, キャベツと言ってキャベツのポーズをします.」

ランダムに数字を言い, 参加者にゲームに参加してもらう.

② 　2人組でのゲーム
　〇心の握手
　2人組になった人は座ってくださいと声かけし, 2人組を作る. 「では右手で握手します. まず1回, 相手を思いやって優しく, ぎゅーと握手しましょう. 次は2回です, はい, ぎゅー, ぎゅー. 次は3回です, はい, ぎゅ, ぎゅー, ぎゅー.」「はい, できましたか, 1回ぎゅー, 2回ぎゅーぎゅー, 3回ぎゅー, ぎゅー, ぎゅー. 私が心の握手と言ったら, 皆さんは自分で1回か, 2回か, 3回か, 思った数だけ握手しましょう. 絶対に目で合図したり, 声を出してはいけません. 良いですか? では, 本番です, 心の握手, さん, はい」
(うまくいったグループは歓声が, うまくいかなかったグループは落胆の声が上がる)「うまくいかなかったグループは手を挙げてください. 残念ですね. うまく合ったグループは心が通じ合っていますね. ではもうあと2回チャレンジです. 心の握手, さん, はい」(うまくいったグループは歓声が, うまくいかなかったグループは落胆の声が上がる)「では, 最終回ですよ. お互いに見つめ合って, 相手のこころを感じましょう. 心の

握手，さん，はい」（うまくいったグループは歓声が，うまくいかなかったグループは落胆の声が上がる）

「ここで，１回はうまくいったグループ手を挙げて，２回はうまくいったグループ，３回ともうまくいったグループ，すごいですね，大きな拍手を！　やっぱり合わなかったというグループは，それは残念，では相手を変えて３回チャレンジです.」もう一度最初から行う.

③　全員で行うもの

〇愛の100万ボルト（ストップウォッチを用意する）

全員で円になり，手をつなぐ.「皆さん私に肩をたたかれた人は，時計回りに手をぎゅーと握り，愛の電流を流します.　手を握られた人は，お隣へ，お隣へ，手を握って電流を流してくださいね，肩をたたかれた人は電流が戻ってきたら"ビー"と言ってください.」円の外周を歩きリーダーは１人の人の左肩をポンとたたきストップウォッチで時間を計る.　２回目は逆回りにする.　最初のタイムより早く電流が回ったら，みんなで拍手して終わる.　または目標タイムを掲げて，みんなで協力し，クリアーさせるのも面白い.

④　シンギングゲーム

円になって，みんなで歌を練習する.『♪あんたがたどこさ』

☆あんたがたどこ さ（右手のひら上）　ひご さ（左手のひら上）

　ひごどこ さ（右手のひら上）　くまもと さ（左手のひら上）

　くまもとどこ さ（右手のひら上）　せんば さ（左手のひら上）

　せんばやまにはたぬきがおって さ（右手のひら上）

　それをりょうしがてっぽでうって さ（左手のひら上）

　にて さ（右手のひら上）　やいて さ（左手のひら上）

　それをこのはでちょいとかぶ せ（両手を肩の高さで合わせる）

　歌に合わせて，「さ」のところで隣の人と手を合わせる.　手のひらを交互に右が上，左が下，左が上，右がしたとチェンジさせる.

　３回拍手し，右手は手のひらを下に，左手は手のひらを上にし，隣の人と手を合わせる.　１回拍手し，左手は手のひらを下に，右手は手のひらを上にし，隣の人と手を合わせる.

D．京都式総合型介護予防プログラム

　介護予防とは，心身機能の改善や環境の調整を通じて，高齢者の生活機能の向上や地域社会活動への参加をはかることにより，1人ひとりの生涯にわたる，生きがいのある生活・自己実現（QOLの向上）を目指すものである．しかし，エビデンスに基づいた事業展開をしているところはまだ少なく，木村みさか教授を中心に亀岡市をモデルとして，高齢者のニーズ調査，活動量調査，体力測定など，「亀岡スタディ」という高齢者研究から，介護予防プログラムを完成させた．プログラムは運動を中心に，口腔と栄養プログラムと人材育成を一体化した総合プログラムである．運動は筋トレと毎日のウォーキング，さまざまな目的に合わせて創作した体操を音楽で楽しく行うもので，有酸素運動・認知力低下予防や転倒予防に効果がある[34]．

　亀岡市人口は2016年に9万694人．同年の高齢者人口は2万4125人（高齢化率：26.6%）である．高齢期になっても，元気なものが，いつまでも元気でいることが求められる．そのためには社会参加の機会を得て，役割を持ち，地域の宝となって，子育て支援や見守りなどをし，新たに導入される総合型介護予防事業にも貢献していくことが介護予防に繋がる．新しい公共の理念で，質の高いボランティア人材を育成することは地域にとって，大きなメリットをもたらすだけでなく，個人のQOL（生活の質）を高める効果もある．

　生活不活発，低栄養が存在すると，筋肉が減少し，サルコペニアにつながる．その結果，活力低下，筋力低下・身体機能低下を誘導し，活動度，消費エネルギー量の減少，食欲低下をもたらす．さらに，これが栄養不良状態を促進させて，フレイル・サイクルが構築され，虚弱の高齢者への道をすすむことになる（図3-10）．

　また，2011年，老化した神経幹細胞を活性化する環境因子が発見された．独立行政法人 産業技術総合研究所の浅島誠フェローと幹細胞工学研究センターの幹細胞制御研究チーム桑原知子研究員は，筑波大学人間総合科学研究科征矢英昭教授らと共同で，老化に伴って脳内の神経新生が減衰していく仕組みをマウスを用いて解明した．そして，中心となる因子であるWnt3（ウィント3）とその因子が担っている役割をつきとめた[35]（図3-11）．

　「学習」と「記憶」の能力を司る脳内の海馬という部分には神経幹細胞が存在し，大人になっても新しい神経細胞がたえず作られている．海馬で神経細胞の一番下の層を形成している細胞は，アストロサイト細胞とよばれ，Wnt3という因子を産生して，多様性のある神経細胞を産み出す機構（神経新生）をコ

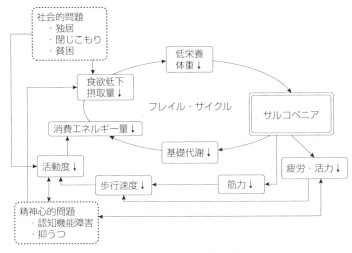

図 3-10 フレイルサイクル
(出所) Xue QL, et al. J Gerontol A BiolSci Med Sci 2008 ; 63 : 984-90.

ントロールする重要な役割がある．老化に伴って海馬の神経幹細胞の数は顕著に減少し，同時に多様な神経細胞群を産み出す能力も減衰していく．神経幹細胞を支えるアストロサイト細胞は，老化した脳内でも運動などの生体の外から与える刺激によって，Wnt3産生量を増加させ，その結果として神経新生機能が増すことが分かった．

(1) 基本的な考え方

高齢化は地域の深刻な問題であり，高齢者が自立した生活を送るには，各種のサービスのほかに家族，地域での支え合いが重要である．家族や高齢者自身による「自助」，地域社会で支え合う「共助」，公的制度の「公助」が，組み合わさり継続し機能することが重要だが，身近な地域に，生活不活発を予防し，地域の絆が深まるアクティブな活動のネットワークを育むことが望まれる．亀岡市での取組みは，健康増進サポーター養成となっており，地域活性化と高齢者のQOL向上の役割を併せ持つものである．

亀岡スタディの介入プログラム終了後も教室や体力測定を発展的に継続運営しながら，さらに健康づくり活動の幅を広げるために，2013年時点の任意団体メンバーを引き継ぐ形で特定非営利活動法人への移行を検討し，NPO法人元気アップAGEプロジェクトが2013年9月16日に設立された．

以下に京都式の運動プログラムを紹介し，高齢者向けの実施上の注意点をあ

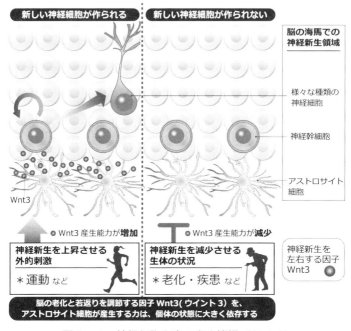

図3-11 神経細胞を産み出す機構（神経新生）
(出所) Medic Art8作成.

げる．

　肩が痛い，膝が痛い，腰が痛いなど，痛みのある場合や，手が十分に伸びない場合などは無理をせず，できる範囲の中で実施する．まずは，動かせる範囲で，動かせる部分を少しずつ増やしていく．特に75歳以上の虚弱の方がいる場合は，体操の前に体調や痛みの有無をアセスメントする（アセスメントとは1人ひとりの体調や既往症などを客観的に評価すること）．足・腰・膝に痛みがあったり，姿勢の維持が困難でふらつくことがあったりする人には，決して無理をさせず，「体操を楽しんでくださいね」とやさしく声掛けし，椅子に座った状態から行う．美しい姿勢や動きはトレーニングによって筋量や筋力が向上した結果である．最初から理想像に近づくように矯正すると，無理に動かしすぎて，自分の許容範囲を超えた負荷がかかり，かえって故障してしまうことにもなりかねない．最初は無理せず動ける範囲で動き，痛みがなければ，しばらくは様子を見ながら，徐々に理想の動きに近づけることが望ましい．

第3章 運動・レクリエーションの実践　　133

(2) 元気アップ体操の実際

① お口の体操 (健口体操)

〈参考曲〉「♪Grace and Gratitude」 3′23″

健口体操は呼吸筋，表情筋，食べるための筋肉（あご・頬・舌）をトレーニングする体操である．健口体操を3カ月継続した80歳代の女性の口内炎がすっかり治り，唾液の分泌が良くなり，食事が楽しめるようになった事例がある．歯磨きやうがいで口腔ケアも欠かさないようにし，健口体操で素敵な笑顔をつくろう．健口体操で機能が向上すると，コミュニケーションも楽しくなる．

動きの説明	ポイント図
A　腹式呼吸 (呼吸筋トレーニング) 両手をお腹に乗せる．ろうそくの火を消すようなイメージで，口をすぼめて息をゆっくり吐き，お腹を凹ませる．次いで，鼻から息を吸い，お腹を膨らませる．腹式呼吸を繰り返す．	
B　あごの運動と表情筋の運動 口をゆっくり大きく開け，目もパッチリあける．表情筋を使う．表情筋は顔の目や口，鼻などを動かす筋肉である．次は歯を噛みしめて，目もギュッと閉じる．これをゆっくり繰り返す．	
C　頬の運動 口を閉じ頬を膨らませる．息が漏れないようにする．次いで，口をすぼめ，頬もすぼめる．ゆっくり，これを繰り返す．	
D　くちびるの運動 唇を突き出し，ウーと声に出し，唇を尖らせる．唇を横一文字にし，口でイーと声を出す．ゆっくり，これを繰り返す．	
E　舌の運動 (①〜④の4種類) ①舌を真前に長く突き出す．次いで，喉の奥に引っ込め，できるだけ短くする． ②舌を右の口角に触れるように出す．舌を左の口角に触れるように出す． ③舌で頬を押し，頬も舌を押しあうようにする．右に，次いで，左に押す ④舌を歯茎と唇の間の奥に触れて，時計回りに1周させる．次いで，逆回りに1周させる．	

お口の体操指導ポイント：最初は音楽を使わずに，1つひとつ丁寧に説明しながら，練習する．次は，お口の体操の順番を覚えて，音楽に合わせてやってみる．

② 身体をほぐそう．のびのび動こう！（からだ全体をほぐすための体操）

〈参考曲〉「♪イエスタディワンスモア」 4′02″ ♪＝88

構成 4 ― A ― B ― C ― D ― E ― F ― G ― H
　　　　　 (32) (32) (32) (32) (8) (136) (48) (8)

動きの説明	動作図
A 両手でグーパー，ツィスト． ① 両手をグーパーしながら上にあげる（1〜8） ②両手を内，外とツィストさせながらおろす（1〜8） ③ ①②を繰り返す（1〜16）	
B ストレッチ ① 両手を曲げ，脇でバウンス（1〜2） ② 両手上でパー（3〜4） ③ ①②を4回繰り返す（5〜16） ④ 右手を上に伸ばし，体側を気持ちよく伸ばす． 　（1〜4），ついで左手をストレッチ（5〜8） ⑤ ④を繰り返す（1〜8）	
C 胸の開閉 ① 両手を体前で組み，前に引っ張りながら背中を丸める．視線はおへそ（1〜8）：背部のストレッチ． ② 両手を後ろで組み，肘を伸ばしながら下へ引っ張り肩甲骨を縮める．胸のストレッチ．（1〜8） ③ ①②を繰り返す（1〜16）	
D 身体をねじる． ① 両手の中指を胸の前で合わせ，肘を真横にする．右にねじり真ん中に戻す．（1〜4）左にねじり真ん中に戻す（5〜8） ② 両手下で振り子のように右に2回，左に2回身体をねじる（1〜8） ③ ①を繰り返す（1〜8） ④ 両手水平のまま肘を伸ばし，右に2回，左に2回身体をねじる（1〜8） 　慣れてきたら，ステップを踏みながら．	
E 肩回し ① 両肩を後方に1回前方に1回まわす（1〜8）	
F A・B・C・Dを繰り返す．	
G 指回しと腕回し ① 両手の両指を合わせ，親指同士から回していく．外回し（1〜4）内回し（5〜8） 　人差し指から小指も同じように繰り返す（1〜32） ② げんこつでぐるぐる回す．外回し（1〜4）内回し（5〜8）	
H 深呼吸	鼻から吸い，口からゆっくり吐きます（1〜8）

③　軽やかにステップ＆ステップ（運動神経の働きをよくする体操）

参考曲：「♪トップオブザワールド」　3′01″　♪＝96

構成　　前奏 ― A ― B ― C ― 間奏 ― D ― 8
　　　　(24)　(32)　(32)　(32)　(8)　(96)　(8)

動きの説明	動作図
前奏　①　つま先トントン（1～8） ②　かかとトントン（1～8） ③　つま先トントン（1～4） ④　かかとトントン（5～8）	
A　足踏みとかかと＆つま先ステップ ①　右足から足踏み（1～8） ②　右足・左足と交互にかかとステップ（1～8） ③　右足から足踏み（1～8） ④　右足・左足と交互につま先ステップ（1～8） 　　かかと，つま先を意識して，転倒予防である．	
B　足踏みとパンチ＆プッシュ ①　右足から足踏み（1～8） ②　右手・左手とグーで交互にパンチ（1～8） ③　右足から足踏み（1～8） ④　右手・左手とパーで交互にプッシュ（1～8）	
C　足踏みとミックスステップ ①　右足から足踏み（1～8） ②　踵ポイント＆グーを右・左と交互にする（1～8） ③　右足から足踏み（1～8） ④　つま先ポイント＆パーを右・左と交互に（1～8） 　　手と足の協調で小脳を鍛える．	
間奏　つま先トントン（1～4），踵トントン（5～8）	
D　A・B・Cを繰り返す．	
E　さらにミックス ①　右足から足踏み（1～8） ②　C②（1～4） ③　C④（5～8） ④　①②③を繰り返し（1～16）	
間奏を繰り返し（1～8）	

★虚弱な方は椅子に座り，元気な人は立位で，その場で軽やかに足踏みして行う．

④ みんなで"トン・トン・ハッ""ヨイショ"(歩く動作を円滑にするための体操)

参考曲:「♪ああ,わが人生に涙あり」 3′06″ ♪=68

構成　　A － B － C － D － E － F － G － H － I
　　　 (16)　(16)　(12)　(8)　(16)　(36)　(16)　(8)　(36)

動きの説明	動作図
A　杖のポーズ ① 左手,右足から杖をついて足を踏み込む(1.2).ついで反対も同じく(3.4) ② 右足から足踏み(5.6.7.8) ③ ①②を繰り返す(9～16)	
B　ももアップ＆もも上げ拍手 ① 右膝をできるだけ上げ,姿勢の良いまま膝にタッチ.ついで左膝も同じく.左右2セット(1～8) ② 右膝を上げ,太ももの下で手拍子を2回したら足を下ろし,両手を頭の横でパー.ついで左足も同じく.左右2セット(1～8)	
C　船漕ぎ ① 右に右足を出し,両手は船を2回こいで足を戻す.左も同じく2回(1～8) ② 右・左を1回ずつ船を漕ぐ(1～4)	
D　足首の運動 ① 右足から,足首を折る,伸ばす,折る,戻す.これを2回ずつ.左も同じく2回ずつ.(1～8)	
E　Aを倍の速さで行う.	
F　B・C・Dを繰り返す.	
G　足首回し ① 右足から足首を回す.内回し4回,外回し4回(1～8)ついで左足も同じく(1～8)	
H　Dを1回ずつ(1～8)	
I　E・B・C・Dを繰り返す.	

第3章 運動・レクリエーションの実践 137

⑤ うたって楽しく遊ぼう（脳トレ効果も期待できる体操）

参考曲：「♪あした」 2′58″ ♪＝88

構成 前奏 ― A ― B ― C ― D ― E ― F
(8) (16) (16) (16) (16) (16) (63)

動きの説明	動作図
前奏 ① 手拍子を裏カウントでたたく．（1～8） A かかとタッチと足踏み ① 右足からかかとを前にタッチ，左足も同じく （1～4） ② 右足から足踏み（5～8） ③ ①②を繰り返す．	
B 窓ふき ① 両手パーで，右回りでくるくる2回回して3回目に斜め上に伸ばす．足も出し体重をかける．ついで左も同じく（1～8） ② 右手を上から下ろす．体重も右へ．左も同じく． ③ 足を揃えて両手下から上に上げる．（1～8）	
C 風に鳥に花に星になれ ① 風のように両手上で揺れる（1～4） ② 鳥の翼のように両手を揺らす（5～8） ③ お花を両手で作り，下から上へ持ち上げる（1～4） ④ 両手上から星のキラキラで開いて下へ（5～8）	
D 胸開きと足踏み ① 足踏みしながら，胸の前から両手を開く（1～4） ② 足踏みそのまま手拍子（5～8） ③ ①②を繰り返す．（1～8）	
E 前奏の手拍子を2回繰り返す．（1～16）	
F A・B・C・D・Eを繰り返し，深呼吸．	

※京都式総合型介護予防プログラムマニュアルは京都地域包括ケア推進機構のHPからダウンロードできる．
　http://www.kyoto-houkatucare.org/kaigo-yobou-manual/
※介護予防プログラム「運動編」元気アップ体操の動画は以下のURL参照．
　https://www.youtube.com/playlist?list=PLXtYZF_i0CcStEMO37HV5HlKaFWdTVpXR

⑥ 体操クラブの仲間づくりとからだの調子を良くする体操

参考曲『素敵なジムナスティック』

　曲は有名なオーシャンゼリゼである．1971年に発売されたダニエル・ビダルのレコードが日本でヒットし，小中学校の音楽の時間に取り上げられ，たびたびCMにも使われた．

構成： 前奏16 A16 B16 C16 D16 A〜D64 間奏16 A〜D64 CD×2回64

みんなが大好き…足ふみと踵ポイント

リズムに乗って…背中の運動

①横に伸ばす　②腕を合わせる　③手のひらを外に上に伸ばす

④肘をゆっくり下げ，肩甲骨を意識する

1・2　　　3・4　　　5・6　　　7・8（7）　（8）

素敵な…脳トレ　サイドステップしながら，開く，胸，立てる，上横，上，立てる，胸

弾んで…サイドステップで下，下，上，上，下，下，上，上

仲間と楽しく…ワクワク，ワクワク　　開いて頭上で拍手
ラストは好きなポーズで決めましょう！

（歌詞）（作詞：吉中　康子）
1．みんなが大好き　誰でもできるさ　動けることって　幸せ
　　リズムに乗って　笑顔があふれる　体操クラブの　仲間
　　素敵な　ジムナスティック
　　素敵な　ジムナスティック
　　弾んで伸ばして　ステップ＆ホップで　仲間とたのしく　ジムナスティック
2．弾む心に　足取りも軽く　「こんにちわ　元気」声かけて
　　みんなで動けば　喜びあふれる　心と身体　歌いだす
　　素敵な　ジムナスティック
　　素敵な　ジムナスティック
　　弾んで　伸ばして　心も踊るよ　気分は最高　ジムナスティック
3．いつもの仲間と　いつもの動きで　続けられるの　幸せね
　　リズムに乗って　笑顔があふれる　世界のだれもが　友達
　　素敵な　ジムナスティック
　　素敵な　ジムナスティック
　　弾んで　伸ばして　ステップ＆ホップで　仲間とたのしく　ジムナスティック

素敵な　ジムナスティック
素敵な　ジムナスティック
弾んで　伸ばして　ステップ＆ホップで　気分は最高　ジムナスティック

素敵な　ジムナスティック
素敵な　ジムナスティック
弾んで　伸ばして　笑顔をつなごう　世界の仲間と　ジムナスティック

　※動きは youtube で紹介されている．
　　世界にひろげよう体操のワ　～すてきなジムナスティック～レベル１
　　https://www.youtube.com/watch?v=L4Vfj3k1vyQ　（参照2018-12-2）

⑶　よくわかる筋力トレーニング（筋トレ）の方法とストレッチ

　一般的には，筋肉量の増加や筋力増強を目的とした場合，比較的高負荷でトレーニングを行う必要があるとされる．しかし，最近10年あまりの研究から，トレーニングに用いる負荷は絶対的な条件ではなく，比較的低負荷でも他の要因に工夫を加味することで，十分なトレーニング効果を得られることがわかってきた．低負荷を用いながらも確実な筋肉量増加・筋力増強効果が期待できるトレーニング法の１つに筋発揮張力維持スロー法（以下，スロートレーニング）がある．この方法を応用することで，自分の体重（自過重）やトレーニング用のゴムバンドなどを利用した汎用性の高いプログラムでも，サルコペニアを予防・改善することが十分可能である．

１．筋トレの効果と注意点

　自過重やアンクルウエイト（TotalFitness）を利用する下半身の筋トレ４種目とゴムバンド（Thera-Band, Hygenic 社，米国）を用いた上半身の筋トレ４種目の計８種目を行う．筋トレ種目の多くはスロートレーニングを応用し，低速度（１回の動作につき７〜８秒をかける）で鍛える筋肉に力を入れたままの状態で行う．なお，自体重を用いた筋トレは動作範囲や回数で強度（きつさ）を調整できる．また，ゴムバンドは３つの強度があり，緑は一番高い強度で，赤，黄の順で強度が低くなる．体力レベルに合わせて，利用しよう．

　スロートレーニングは，筋肉量を増加させるという点では非常に効果がある一方，ダイナミックな動作における神経系の改善という点ではあまり効果的ではないことが指摘されている．立ち上がり速度や歩行速度のような日常生活動作における運動機能の改善は，スロートレーニングだけではあまり期待できない．そこで，高齢者の総合的な機能改善のために，スロートレーニングと神経系の機能向上を狙ったすばやい動きのエクササイズを組み合わせている．具体的には，可能な限りすばやく行う「クイックエクササイズ」と「高速足踏みエクササイズ」を加えた．楽しみながらプログラムを継続しよう．

　種目間・セット間の休息は厳密に設定していないが，概ね１〜２分程度，参加者の体力や年齢を考慮して無理なく，ケガなく行おう．

2．下半身の筋力トレーニング
1）高速足踏みエクササイズ
【方法】
椅子にやや浅く座り，両足首にアンクルウエイトを装着して行う（体力に自信がない場合は，アンクルウエイトを装着せず行う）．座面をしっかり手でつかんで身体を固定し，10秒間可能な限りすばやく足踏みを行う．トレーニング中，呼吸が止まらないように気をつける．

【回数】 3～5セット行う

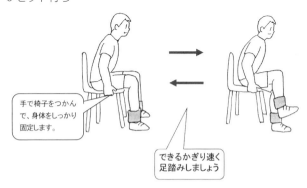

2）シングルレッグレイズ
この筋トレは，腸腰筋（大腰筋・腸骨筋）を鍛える．腸腰筋は，歩行時に脚を引き上げる筋肉である．また，姿勢を保ち，猫背を防ぐ役割もある．

【方法】
片足ずつ行う．椅子にやや浅く座り背もたれによりかかり，アンクルウエイトを装着し片足を伸ばし，踵を少し浮かせたスタートポジションから，膝を胸にひきつける動作を次のように繰り返す．
スタートポジション→3秒間で膝を引きつける→3秒間で足を伸ばす→1秒間伸ばした足を保持する．

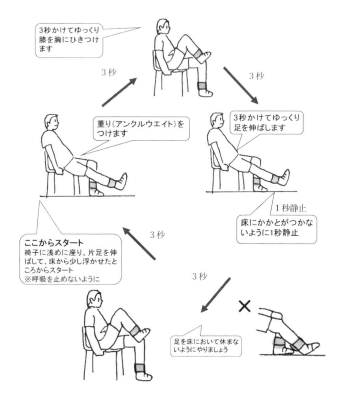

【回数】片足ずつ6〜10回を2セット行う．これに加えて，神経系の改善を図るため可能な限りすばやく行うパターンも10回を1セット行う．

【留意点】
スロートレーニング：動作の途中で力を抜かず，すべての動作を通して筋肉に力を入れたままの状態で行う．

3）スクワット
【方法】
この筋トレは大腿四頭筋，大臀筋などを鍛える．肩幅程度の足幅で，つま先をまっすぐ前に向けた状態から腰を落としたスタートポジションから立ち上がる・腰を落とす動作を繰り返す
スタートポジション→3秒間で立ち上がる→3秒間で腰を落とす→1秒間腰を落とした状態を保持する．

【回数】 6〜10回を2セット行う.
神経系の改善を図るため可能な限りすばやく行うパターンも10回を1セット行う.

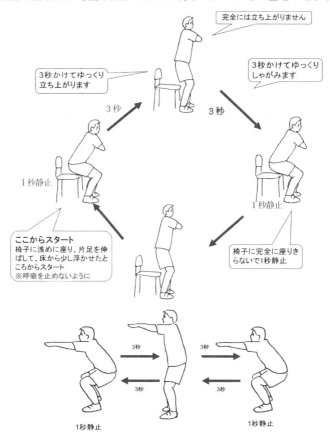

【留意点】
・腰を落としたポジションは参加者の体力レベルに合わせて任意で調節する.（可能であれば大腿部が床と平行になる程度まで下降する．見た目以上にきついので，無理はしないように注意する）
・安全に実施するために下降するときに膝がつま先よりも出ない，膝とつま先を常に同じ方向でまっすぐ前を向けるように行う（特に女性は膝が内側に入りやすいので注意する）．

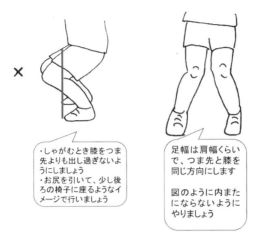

- スロートレーニング：動作の途中で力を抜かず，すべての動作を通して筋肉に力を入れたままの状態で行う．特に完全に立ち上がって脱力しないように注意すること．また，立ち上がった状態で止まらないように気をつける（力が抜けてしまうので，効果が小さくなる）．

4）カーフレイズ

この筋トレは下腿三頭筋（ふくらはぎの筋肉）を鍛える．これは，体を支えたり，歩行時に体を前にしっかりと送り出したりするために働く筋肉である．

【方法】
腰幅程度の足幅で，つま先をまっすぐ前にし，直立したスタートポジションから「背伸び」の動作を繰り返す運動である．
スタートポジション→2秒間で背伸び→2秒間で元に戻る動作を繰り返す．

【回数】10〜15回を2セット行う．
神経系の改善を図るため可能な限りすばやく行うパターンも10〜15回を2セット実施する．

第3章 運動・レクリエーションの実践　145

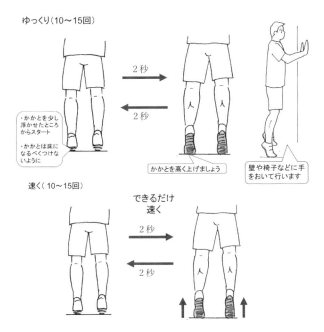

【留意点】
・スロートレーニング：動作の途中で力を抜かず，すべての動作を通して筋肉に力を入れたままの状態で行う．
・完全に踵を床に下ろさないように注意する．

3．上半身の筋力トレーニング

ゴムバンドを用いた上肢4種目は，ゴムバンドの色による強度の調節に加え，ゴムバンドを短く持つと強度が高まり，長く持つと強度が弱まることを説明し，個々の体力レベルに応じて行うようにする．

1）アームカール

この筋トレは，力こぶの筋肉（上腕二頭筋）を鍛える．

【方法】
椅子に背筋を伸ばして座り，ゴムバンドを足で踏み，逆手で肘を伸ばしたスタートポジションから肘の曲げ伸ばし（肘の屈伸）を繰り返す運動である．

スタートポジション→4秒間で肘を曲げる→4秒間で肘を伸ばす動作を繰り返す．

【回数】片手ずつ6～10回を1～2セット行う．

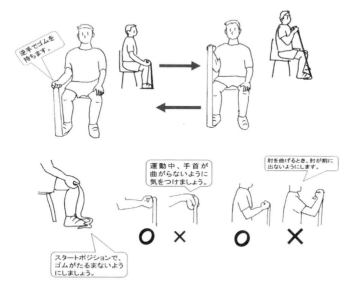

【留意点】
・スタートポジションでゴムバンドがたるまないように注意する．
・動作の途中で力を抜かず，すべての動作を通して筋肉に力を入れたままの状態で行う．
・肘の位置を動かさないこと，また身体を後ろへそらさないよう気をつける．
・手首が腕と一直線になり，曲がらないように注意する．

2）フロントレイズ

この筋トレは，腕を体の前に持ち上げるときに使う三角筋前部を鍛える．

【方法】

椅子に背筋を伸ばして座り，ゴムバンドを足で踏み，順手で肘を伸ばしたスタートポジションから肘を伸ばした状態で腕を挙上する動作を繰り返す運動である．

スタートポジション→4秒間で腕を前に持ち上げる→4秒間で元に戻す動作を繰り返す．

【回数】片手ずつ6～10回を1～2セット行う．

【留意点】
・スタートポジションでゴムバンドがたるまないようにする．
・動作の途中で力を抜かず，すべての動作を通して筋肉に力を入れたままの状態で行う．
・動作の注意点として，肘を曲げないこと，身体を後ろへそらさないこと，肩をすくめないように注意する．

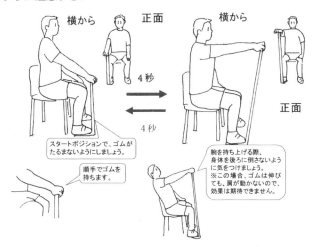

3）サイドレイズ
この筋トレは，腕を体の横に持ち上げるときに使う三角筋中部を鍛える．

【方法】
椅子に背を伸ばして座り，ゴムバンドを足で踏み，順手で肘を伸ばしたスタートポジションから，側面（横方向）に挙上する動作を繰り返す運動である．
スタートポジション→4秒間で腕を横に挙上→4秒間で元に戻す動作を繰り返す．

【回数】片手ずつ6～10回を1～2セット行う．

【留意点】
・スタートポジションでゴムバンドがたるまないように注意する．
・動作の途中で力を抜かず，すべての動作を通して筋肉に力を入れたままの状態で行う．
・動作の注意点として，肘を曲げないこと，身体を横へそらさないこと，肩をすく

めないにように注意する.

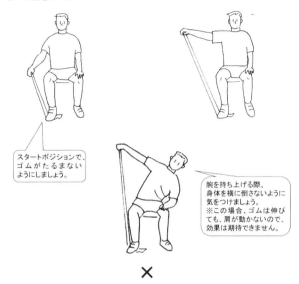

4）エクスターナルローテーション

この筋トレは，肩の関節の安定性に重要な棘下筋や小円筋を鍛える.

【方法】

椅子に背を伸ばして座り，肘を90°に曲げた状態で腹部に当て，ゴムバンドを逆手で両手に持ったスタートポジションから，手を外側に開く動作を繰り返す運動である．スタートポジション→4秒間で両手を外側に開く→4秒間で元に戻す動作を繰り返す．

【回数】片手ずつ6～10回を1～2セット行う．

【留意点】

・スタートポジションでゴムバンドがたるまないようにする．

・動作の途中で力を抜かず，すべての動作を通して筋肉に力を入れたままの状態で行う．

・動作の注意点として，肘が腹部から離れないこと，肘を90°に曲げた状態を保持して行う．

第3章 運動・レクリエーションの実践　149

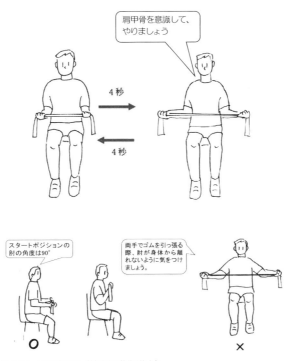

体操・筋トレイラスト：藤川温恵（健康運動指導士）

4. いつでも，どこでも体操を（元気アップストレッチ）

朝，起き上がる前に，お昼は積極的に，夜は寝床で，体が喜ぶストレッチを生活習慣にしよう．

注

1） 文部科学省，子どもの体力の現状と将来への影響，http://www.mext.go.jp/b_menu/shingi/chukyo/chukyo0/gijiroku/attach/1344530.htm，（参照2017-12-2）.

2） 北村安樹子，子どもの外遊び空間と地域の住環境，http://group.dai-ichi-life.co.jp/dlri/ldi/report/rp1001b.pdf，（参照2017-12-2）.

3） 安恒万記，都市における子どもの遊び環境について，筑紫女学園大学・筑紫女学園大学短期大学部紀要，4，2009，167-177.

4） 厚生労働省，第6回21世紀出生児縦断調査結果の概要，1-39，https://www.mhlw.go.jp/toukei/saikin/hw/syusseiji/06/dl/data.pdf，（参照2018-7-7）.

5） 福岡県，子どもの遊び実態調査 調査結果（要約版），2002，http://www.ambitious.pref.fukuoka.jp/pdf/material/research/asobijittai0203.pdf，（参照2018-12-2）.

6） ロバート・フルガム，池央耿（訳），人生に必要な知恵はすべて幼稚園の砂場で学んだ，河出書房新社，2016.

7） 佐伯聡夫，日本体育協会，スポーツ，最新スポーツ大辞典，大修館書店，1997，521-524.

8） 高橋建夫，体育，前掲書，1997，708-712.

9） 日本学術会議，健康・生活科学委員会，日本の展望―学術からの提言2010，健康・生活科学分野の展望，2010，http://www.scj.go.jp/ja/info/kohyo/pdf/kohyo-21-h-2-7.pdf，（参照2018-7-7）.

10） 熊谷啓子・新田晶子・山本肇一，子どもの体力運動能力と生活習慣等のかかわりについて――幼児期から児童期における子どもの健全な心と体を育てるために――，2010，http://www.nps.ed.jp/nara-c/gakushi/kiyou/h22/2youji.pdf，（参照2018-7-7）.

11） 日本学術会議，子どもを元気にする運動・スポーツの適正実施のための基本指針，健康・生活科学委員会 健康スポーツ科学分科会，2011，http://www.scj.go.jp/ja/info/kohyo/pdf/kohyo-21-t130-5-1.pdf，（参照2018-7-7）.

12） 文部科学省，スポーツ基本法案提案理由説明，2011，http://www.mext.go.jp/a_menu/sports/kihonhou/attach/1307837.htm，（参照2018-7-7）.

13） 文部科学省，スポーツ基本法，http://www.mext.go.jp/a_menu/sports/kihonhou/，（参照2018-7-7）.

14） （公財）日本オリンピック委員会，オリンピック競技大会，https://www.joc.or.jp/games/olympic/，（参照2018-7-7）.

15） 篠原菊紀，脳科学のスペシャリストに聞く脳とレクリエーションの関係，https://www.recreation.or.jp/business/survey/brain/specialist/#1，（参照2017-12-2）.

16） （公財）日本レクリエーション協会，平成29年度事業報告，情報公開，https://recreation.or.jp/association/information/，（参照2018-7-7）.

17） 厚生労働省，国際生活機能分類――国際障害分類改訂版――，https://www.mhlw.go.jp/houdou/2002/08/h0805-1.html，（参照2018-7-8）.

18） 厚生労働省，住民組織活動を通じたソーシャル・キャピタル醸成・活用にかかる手

引き，2015，https://www.mhlw.go.jp/file/06-Seisakujouhou-10900000-Kenkoukyoku/0000092157.pdf，（参照2018-7-7）.

19) 日本肥満学会，肥満症の診断基準と治療ガイドライン，検討の最前線，http://www.jasso.or.jp/data/office/pdf/guideline.pdf，（参照2017-12-2）.

20) 国立循環器病研究センター，動脈硬化，http://www.ncvc.go.jp/cvdinfo/pamphlet/blood/pamph21.html，（参照2017-12-2）.

21) 厚生労働省大臣官房統計情報部，ICD の ABC，2014，https://www.mhlw.go.jp/toukei/sippei/dl/icdabc_h26.pdf，（参照2018-7-7）.

22) 竹中晃二，運動と健康の心理学（朝倉実践心理学講座 9 ），朝倉書店，2012.

23) 厚生労働省，みんなのメンタルヘルス，https://www.mhlw.go.jp/kokoro/（参照2017-12-2）.
厚生労働省，公認心理師，http://www.mhlw.go.jp/stf/seisakunitsuite/bunya/0000116049.html，（参照2017-12-2）.

24) （公財）日本オリンピック委員会，オリンピズム，http://www.joc.or.jp/olympism/coubertin/，（参照2017-12-2）.

25) 日本オリンピック委員会，スポーツ宣言日本 ～二十一世紀におけるスポーツの使命～，https://www.joc.or.jp/about/sengen，（参照2017-12-2）.

26) 中川和彦，ストックマン・デビルムーブメント，日本体育協会，スポーツ，最新スポーツ大辞典，大修館書店，1997，512-513.

27) （公財）日本体育協会，http://www.japan-sports.or.jp/，（参照2017-12-2）.
総合型地域スポーツクラブ，http://www.mext.go.jp/component/a_menu/sports/detail/__icsFiles/afieldfile/2016/05/25/1304061_2.pdf，（参照2017-12-2）.

28) （公財）日本体育協会，「スポーツ立国の実現」に向けてスポーツ指導者育成事業推進プラン2013，http://www.japan-sports.or.jp/Portals/0/data/katsudousuishin/doc/plan01.pdf，（参照2017-12-2）.

29) 文部科学省，総合型地域スポーツクラブ育成マニュアル，http://www.mext.go.jp/a_menu/sports/club/004.htm，（参照2017-12-2）.

30) 文部科学省，総合型地域スポーツクラブ，http://www.mext.go.jp/component/a_menu/sports/detail/__icsFiles/afieldfile/2016/05/25/1304061_2.pdf，（参照2017-12-2）.

31) 高橋恵里，スポーツ選手のプロとアマどう違う？ 境目は曖昧，カギは「意識」，日本経済新聞プラスワン，2011/12/5，https://style.nikkei.com/article/DGXDZO36948100S1A201C1W14000，（参照2017-12-2）.

32) 文部科学省，スポーツ基本法，http://www.mext.go.jp/a_menu/sports/kihonhou/index.htm，（参照2017-12-2）.

33) 厚生労働省，健康づくりのための身体活動基準2013，http://www.mhlw.go.jp/stf/houdou/2r9852000002xple.html，（参照2017-12-2）.

34) 京都地域包括ケア推進機構，総合型介護予防プログラム，http://www.kyoto-houkatucare.org/kaigo-yobou-manual/，（参照2017-12-2）.

35) 国立研究開発法人産業技術総合研究所，脳の「老化」と「若返り」を調節する因子，http://www.aist.go.jp/aist_j/new_research/2011/nr20110808/nr-20110808.html，（参照2017-12-2）．

第4章　健康の定義とヘルスプロモーション

　ヘルスプロモーションの考え方の基盤は1978年に採択された『プライマリヘルスケア』であり，これは WHO とユニセフによるアルマ・アタ宣言によって保健施策上の理念として誕生した[1]．21世紀までに世界の全ての人々に健康をと謳った宣言が，以前の公衆衛生施策と異なる画期的な点は，健康の達成には，①政治経済の安定，②住民の自助努力，が不可欠としたことにある．実践面では「保健上の問題を克服する教育と予防をすること，病気にならないようコントロールする方法，食糧供給と適正な栄養の増進，安全な水と基本的な衛生の適切な供給，家族計画を含む母子保健，主要な感染症に対する免疫付与，局地的な流行病の予防とコントロール，通常の傷病への適切な治療，基本医薬品の支給」(宣言文より) が目標とされ，おびただしいマニュアルが公的，私的保健セクターから出版されている．プライマリヘルスケアの理念の目標は「21世紀までに世界の全ての人々に健康を」というものであったが，これでも十分に機能せず新たなモデルが必要となった．次のステップで登場したのが『ヘルスプロモーション』である[2][3]．

1．ヘルスプロモーションの動向

　1986年カナダの首都オタワで開催された第1回ヘルスプロモーション国際会議の『オタワ憲章』で「ヘルスプロモーションとは，人々が自らの健康をコントロールし改善できるようにするプロセスである．」と定義された．健康の定義はさまざまな立場で，異なるが，ここでは WHO とオタワ憲章の定義を比較しよう．

　この大きな違いはみて明確に理解できる．オタワ憲章では健康は目的ではなく，資源であるとし，その健康を獲得するために積極的に行動できることが健康であるとしている．今を生きる人々の心身の状態は健康から，病気や障害を有する，あるいは死に臨むまで，さまざまである．また，ヘルスプロモーショ

ンを担う人々も医療，看護，公衆衛生，栄養，教育，産業など，さまざまである．対象となる人，またそれぞれの立場の違いでヘルスプロモーションの実践の内容は大きく変化するが，ここでは「健康」を"心身ともに健やかな状態"，「ヘルスプロモーション」を"健康を増進すること"と簡略的に定義し，実践内容を具体的に考えていこう．

A．健康の定義

すべての人々の生活の質（QOL: Quality of life, 以下 QOL とする）向上について考えるにあたり，まず基本となる健康について考えよう．健康の定義は1948年に WHO（世界保健機関）が設立された際に掲げられた WHO 憲章の前文にある．「①健康とは，完全な肉体的，精神的，社会的に良好な状態であり，単に疾病または病弱の存在しないことではない．」さらに「到達し得る最高基準の健康を享有することは，人種，宗教，政治的信念又は経済的もしくは社会条件の差別無しに万人の有する基本的権利である」と謳っている．

WHO ではこの定義によって，医療に限定されず，幅広い分野で，人々の健全で安全安心な生活を確保するための取り組みが行われている．この憲章の健康定義について，1998年に新しい提案がなされたことがあった．

Health is a dynamic state of complete physical, mental, spiritual and social well-being and not merely the absence of disease or infirmity.

日本語では，宗教に希薄な国民性か mental も spiritual も同じく精神的と訳すであろうが，論争の上採択に至っていないこともあり，私たちが「健康とは何か」を考えるヒントがここにも存在する．

WHO の保健憲章前文には以下のように書かれている．

Governments have a responsibility for the health of their peoples which can be fulfilled only by the provision of adequate health and social measures.
各国政府には自国民の健康に対する責任があり，その責任を果たすためには，十分な健康対策と社会的施策を行わなければならない．

Accepting these principles, and for the purpose of co-operation among themselves and with others to promote and protect the health

of all peoples, the Contracting Parties agree to the present Constitu-
tion and hereby establish the World Health Organization as a special-
ized agency within the terms of Article 57 of the Charter of the
United Nations.

これらの原則を受け入れ，すべての人々の健康を増進し保護するため互い
に他の国々と協力する目的で，締約国はこの憲章に同意し，国際連合憲章
第57条の条項の範囲内の専門機関として，世界保健機関を設立したのであ
る．

B．世界保健機関 (WHO: World Health organization)

　近年はグローバライゼーションが進み，地球規模で物事を考える必要がある．
グローバライゼーションとは「人，物，金，情報，文化」などの移動が国境を
越えて盛んになり，政治的・経済的・文化的な境界線，障壁がボーダレス化す
るもとで国際社会の一体化と多様化が同時に進行するような「世界規模の動
き」のことをさす．グローバライゼーションという言葉は1970年代から使われ
始め，その動きが本格化したのは，1991年にソビエト連邦が崩壊し，社会主義
国が自由経済市場に参入するようになって以降のことである．

　世界市場は米国の強い影響力のもと，情報技術の急速な進歩に支えられ，ボ
ーダレス化しながら一挙に拡大した．今日では，世界中のさまざまな政治的，
経済的，社会的，文化的な活動は国家の枠を超えて融合し，拡大している．そ
れらの動向や特徴をまとめると以下の通りである．

　① 各国経済はさらに相互依存を強め，世界経済は融合しつつさらに拡大
　　する
　② 変化のスピードは加速化し，市場の競争は激化し，不安定性が増加す
　　る
　③ 異文化交流が進み，欧米文化による統合と，それに反発する反統合の
　　動きが続く
　④ 考え方・価値観・文化・人種・民族などの多様性が更に進展する
　⑤ 地球環境や生物多様性などの地球規模の問題への対応を求められるグ
　　ローバリゼーションが進み，1つの家族，国々が協働して人々の健康を
　　守る必要がある[4]．

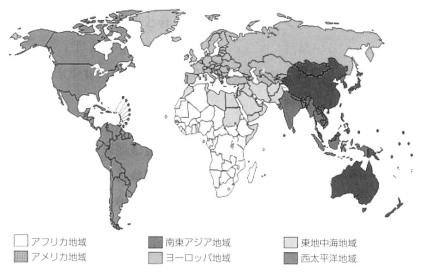

図4-1　WHO加盟国の6つの地域グループ
(出所) WHOのHPより (http://www.who.int/about/regions/en/) (参照2017-12-2).

　このような複雑化する社会の中で，健康課題の解決を目的とし，WHOは1948年4月7日にジュネーブで設立された．現在，194の加盟国（2017年）が政府や他のパートナーと協力して，最高の健康レベルを平等に確保するため，日々情報を収集し，発信し，協働している．

　地図のようにWHO加盟国は6つの地域グループ分けられ（図4-1），6地域（アフリカ・アメリカ・東南アジア・欧州・地中海東部・西太平洋）にそれぞれ事務所が置かれている．日本には事務所はないが，1965年に現在の公益社団法人日本WHO協会が京都で設立され，WHOの最新情報の翻訳権を持ち，専門家や一般の人々も有効利用できるように公開し，専門家集団がネットワークし活動している．

　21世紀を迎えた今，健康は1人ひとりの個人の努力のみでは解決できない要素を含んでいる．それゆえ，健康課題解決には世界中の国々が協働する必要がある．また，それぞれの国が政策として掲げ，多くの関連機関と協働して解決すべき課題も多い．社会情勢や自然災害の勃発で健康課題は日々変化し，個人の努力と関係機関の協働によって解決すべきことが多い．このような，健康教育やヘルスプロモーションについて具体的に学んでいこう．

2. 個人への働きかけ（健康教育）

　個人に対して何を目標に健康教育をしていくか，実践の主軸となるのがクオリティ・オブ・ライフ（Quality of life, QOL）の向上である．いかに快適な生活を送るかについて考え実践するためには情報を選ぶ必要がある．しかし，メディアから流れる多すぎる情報から健康的な選択を行うスキルは未だ十分には普及していない．そこで必要であるのが健康教育である．

　健康教育の担い手や対象は多岐にわたり，各々の機関が対象となるターゲットに対して実践的な教育をする必要がある（図4-2）．健康教育とは，専門家が1人ひとりの人に対し，自分自身や周りの人々の健康を管理し向上していけるように，その知識や価値観，スキルなどの資質や能力に対して，計画的に影響を及ぼす営みである．この営みの担い手は，先に示したように学校，地域，産業などのさまざまな場面で，また，教諭，養護教諭，栄養教諭，医師，歯科医師，薬剤師，保健師，助産師，看護師，管理栄養士，栄養士，歯科衛生士などのさまざまな職種の人がかかわり，食事，運動，喫煙，ストレス，病気やけがなどのさまざまなテーマに関して行われる（図4-3）．

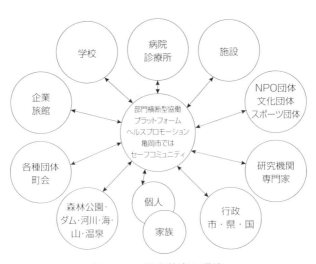

図4-2　健康教育と環境

（出所）　厚生労働省の健康教育より（http://www.mhlw.go.jp/bunya/shakaihosho/iryouseido01/pdf/info03k-05.pdf）（参照2019-3-8）．

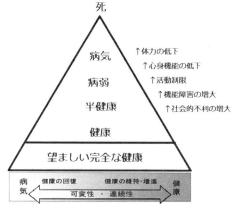

図 4-3　疾病と健康のピラミッド
(出所)　筆者作成.

　健康教育は，単に健康について教える教育ではない．なぜなら，健康は，学ぶことだけでなく，行動し，獲得することが最終目標だからである．健康を獲得することはすべての人の基本的な権利であるが，それぞれの人の生き方と強く結びついており，他人から与えられるものではない．自分自身で，あるいは自分たちで改善し，獲得することが基本となる．その意味で，健康教育には，医療処置や環境衛生などの教育以外の健康のための営みとは異なる大きな役割がある．

　特に，近年は健康教育も，政策立案や環境づくりにまで拡大して進めていく必要性が認識されるようになってきた．そういった，健康をキーワードにした政策や環境整備の上で，実践の項目としては，① QOL の向上，② エンパワメントの向上，③ アドヒアランスの向上，④ メンタルヘルスケア，⑤ 生活習慣の改善指導，⑥ 栄養指導，⑦ 保健指導，などが挙げられる[5]．

A．QOL（クオリティ・オブ・ライフ：生活の質）の向上とは

　QOL（Quality of life）とは，一般に，1 人ひとりの人生や社会的にみた生活の質のことを指す．つまり，人がどれだけ人間らしい生活や自分らしい生活を送り，人生に幸福を見出しているかを尺度としてとらえる概念である．QOLが求める「幸福」とは，心身の健康，良好な人間関係，やりがいのある仕事，快適な住環境，十分な教育，レクリエーション活動，レジャーなどさまざまな観点から計られる．

　また QOL には国家の発展，個人の人権・自由が保障されている度合い，居

住の快適さとの関連性も指摘される．しかし，病気の状態であれば QOL の内容も変わってくる．病状によって苦痛の軽減，合併症の予防，コミュニケーション，環境の整備など，多角的な視点から支援を行う必要がある．

あらゆる人がかけがいのない命を与えられ，子ども時代に十分な愛を受け，集団の中でリスペクトされて生きることが保障されねばならない．そのためには地域，国家を超えて，あらゆる人々が QOL を確立する権利があることを理解しよう[6]．まず個人から始まり，家庭，職場，地域へと広げる中で，専門家としてどのような教育と支援が重要かを学ばねばならない．

B．エンパワーメントの向上

エンパワーメントとは，個人が持つ力（生きる力や健康促進への力）を支援者（教師，医師，看護師，会社の上司，クラブのリーダー etc）が湧き出させるよう支援し，その能力を獲得することである．エンパワーメントを向上させるためには，問題の特定，感情の明確化，目標の設定，計画の立案，結果の評価という，プロセスを本人が実践できるよう補佐的に支援することが大切であり，それには人と人の信頼が非常に重要となる．

健康増進の視点でのエンパワーメントは個々人が目的をもって生きる力や健康促進への力を持つことである．支援者がいなくても健康状態を維持または向上することができ，生活習慣が身につけば，人生の選択肢が広がり，チャレンジできることが増える[7]．

C．アドヒアランスの向上

アドヒアランスとは，人が何かに対して愛着を感じ，それを継続するということを表す概念であり，運動アドヒアランスとは運動を継続するという強い意志を示す概念である．病気などの場合で薬を飲まなければならない状態の場合の，アドヒアランスとは，服薬や行動制限などにおいて医療従事者の指示を"自らの意思で実施する"強い意志のこととなる．

入院患者や通院中の人にとっては，円滑かつ効率的に，病気を治癒し，そして健康的な生活を送るためには服薬・行動制限が非常に重要であり，かつ継続的な治療のためには患者の強い意思と理解が不可欠となる．支援をされる人が，子どもや高齢者，移民や難民である場合などは，まず相手の理解から始めて，その人に応じた段階的支援によって，アドヒアランスの獲得が可能となる[8]．人

間の理解は，専門知識を学ぶ以前に基礎知識を持つ準備が必要であることを意味する．

　生きている限り，運動も学びも仕事も，継続することで QOL は上がる．アドヒアランスの向上のためには支援する側の対象者への理解が重要なポイントである．運動や学びの過程は，Easy（簡単）・Enjoy（楽しい）・Effective（効果的）・Safety（安全）・Smile（笑顔）・Satisfaction（満足）の要素があるプログラム開発が望まれる．継続することは難しいが効果が表れるようになると人は自分から継続できるようになるであろし，サポートが小さくても効果が出てくる．

D．メンタルヘルスケア

　ストレス社会といわれるようになって久しい現代，特に近年は教育現場，職場におけるメンタルヘルスケアが重視されてきている．厚生労働省は労働安全衛生法及び労働安全衛生規則に基づいて，職場環境を考慮し，メンタルヘルスの保持増進を目指した指針やマニュアルを出すなどして対策を講じているが，年々，何らかの形で心身に不調をきたす人が増えている．特にバブル崩壊，企業の倒産，銀行員の逮捕，証券会社の不祥事（損失補填など）などのニュースがあふれ，消費税が5％（1997年）となった頃，自殺者は3万人を超え，10年この状態が続いた．交通事故での死亡者数の4倍である[9]．

　将来への不安，環境の変化に伴うストレス，経済的不安，身体的苦痛によるストレスなど，現代人はさまざまな精神的負担を感じている．中には，これら精神的負担が増大することで，うつ病，統合失調症，自律神経失調症などの精神障害を併発する場合も少なくはない．

　精神的負担を軽減するには，自分自身を知り，信頼できる支援者を見つけコミュニケーションすることで，自分の悩みを具体化し，解決することが非常に有効である．人に悩みを傾聴してもらうだけでも不安やストレスを取り除くことができる．また，社会には，さまざまな組織が弱者を救済するノウハウを持っている．カウンセリングなども利用し，専門家に相談することは有効な手段である．

　ストレスはバイタルサインの疲労感として現れる．そこで簡単なストレスチェック表[10]を紹介するので，自分でもやってみよう（表4‑1）．

1．自己診断疲労度チェックリスト．
　　a．身体的疲労の合計点

表4-1 ストレスチェック表

以下の表のあてはまる欄に○をし，得点を小計欄に記入し，合計します．

身体的疲労	全くない	少しある	まあまあある	かなりある	非常に強い
	0点	1点	2点	3点	4点
1．微熱がある					
2．疲れた感じ，だるい感じがある					
3．一晩寝ても疲れがとれない					
4．ちょっとした運動や作業でもすごく疲れる					
5．筋肉痛がある					
6．このごろ体に力が入らない					
7．リンパ節が腫れている					
8．頭痛，頭重痛がある					
9．のどの痛みがある					
10．関節が痛む					
小　　計					
					合計(a)

精神的疲労	全くない	少しある	まあまあある	かなりある	非常に強い
	0点	1点	2点	3点	4点
11．よく眠れない					
12．ゆううつな気分になる					
13．自分の体調に不安がある					
14．働く意欲がおきない					
15．ちょっとしたことが思い出せない					
16．まぶしくて目がくらむことがある					
17．ぼーっとすることがある					
18．思考力が低下している					
19．集中力が低下している					
20．どうしても寝すぎてしまう					
小　　計					
					合計(b)
					総合的評価 (a+b)

b．精神的疲労の合計点

a＋bの総和を算出し，下記自己診断疲労度チェックリスト判定表（**表4‐2**）を利用し，メンタルヘルスケアの参考にしよう．

表4‐2　自己診断疲労度チェックリスト判定表

	安全ゾーン	要注意ゾーン	危険ゾーン
身体的評価 （aの得点）	男性　0〜7 女性　0〜8	男性　8〜11 女性　9〜13	男性　12以上 女性　14以上
精神的評価 （bの得点）	男性　0〜9 女性　0〜10	男性　10〜12 女性　11〜15	男性　13以上 女性　16以上
総合的評価 （a＋bの得点）	男性　0〜16 女性　0〜19	男性　17〜22 女性　20〜28	男性　23以上 女性　29以上

　自己診断疲労度チェックリスト判定表とコメント

　総合的評価：a＋b

（安全ゾーン）　全般的な疲れはあまりないようです．この状態を維持するように心がけましょう．

（要注意ゾーン）少し疲れがみられます．身体的評価，精神的評価をみてみましょう．

（危険ゾーン）　かなり疲れが溜まっているようです．身体的評価，精神的評価をみるとともに，長く続くようでしたら医師と相談しましょう．

　身体的評価：a

（安全ゾーン）　身体的な疲れはあまりないようです．この状態を維持するように心がけましょう．

（要注意ゾーン）少しからだがお疲れのようです．休息をとって回復に努めましょう．

（危険ゾーン）　この状態が1カ月以上続いているのなら要注意．半年以上続く場合は何らかの病気である可能性が高いと思われます．医師と相談しましょう．

　精神的評価：b

（安全ゾーン）　精神的な疲れはあまりないようです．この状態を維持するように心がけましょう．

（要注意ゾーン）　少し精神的な疲れがみられます．心のリフレッシュやリラックスを心がけましょう．

（危険ゾーン）　疲れに伴う精神症状が強く認められます．長く続くようでした
　　ら専門医と相談しましょう．

E．生活習慣の改善指導

　「糖尿病」「高脂血症」「高血圧症」「動脈硬化」「脳卒中」などは，偏った食
事，運動不足，喫煙，過度の飲酒，過度のストレスなど，好ましくない習慣や
環境が積み重なると発症のリスクが高くなる．これらは自覚症状がほとんどな
いため，子どもの時から，気づかないうちに進行し，脳や心臓，血管などにダ
メージを与えていく．その結果，ある日突然，狭心症や心筋梗塞，脳卒中など，
命に関わる恐ろしい疾患を引き起こす．生活習慣病が"サイレントキラー"と
呼ばれるのはこのような理由からである．
　生活習慣病の治療には生活習慣の改善が必要不可欠である．バランスの良い
食事，適度な運動，十分かつ良質な睡眠などにより，疾患の早期改善を促すば
かりか，再発や合併症の予防にも役立つ．これら生活習慣の改善をしっかり指
導し，自分の意思で積極的に実践できることでヘルスプロモーションは推進さ
れる．

F．栄養管理・指導

　バランスのとれた食事とは，「主食」を基本に「主菜」，「副菜」をうまく組
み合わせた食事のことである．栄養素を気にしすぎてストレスをためては逆効
果になるので，外食でもコンビニの食事でも，「主食」，「主菜」，「副菜」を組
み合わせることで，バランスよい食事を摂ることができる．また，肥満や脂質
異常症，糖尿病などには食物繊維の不足が関係していることがわかっているの
で，食物繊維もしっかり摂ることが大切である．
　食事は，身長・体重・年齢による必要カロリー，疾患による栄養素の制限，
アレルギーなどによる摂取不可能な成分など，個人々々によって"良い食事"
は異なる．もし，病気が発見されたときには，病人に合った栄養管理が必要で
あり，栄養過多または栄養過少にならないように栄養指導を行うことが大切で
ある．

G．保健指導

　保健指導にはさまざまな形があり，学校の「健康診断」，会社・行政が行う

「一般検診」などと，病院などの患者主体でみれば「定期検診の実施」や「疾患への理解」などが当てはまる．退院後の自宅療養において，健康管理を行うのは患者自身となる．また，疾患の症状が軽減しても必ずしもそれが"良好な状態"ではなく，自覚症状がなくても進行している場合が多々ある．それゆえ，疾患の進行度を把握するために，また他疾患・合併症の早期発見ができるよう定期検診を受けることが重要となる．O-157 の食中毒の例などからも理解できるように，急な疾患に対しても確かな理解を持つことで，専門病院を利用し，症状の悪化を防ぎ，そのほか感染防止（感染予防策の実施，感染地帯からの避難）など，これら保健指導をしっかり行うこともヘルスプロモーション推進の役割を担っている．

3．個人への働きかけ（情報提供）

　「健康」の考え方や，「健康」になるための方法は時代と共に変化し，現代は「健康は私たち自身が決め，健康になるために個々人が果たす役割」も大きくなっている．WHO が定義した疾病の有無だけでなく，QOL などの心理社会的な面にも注目した健康の概念が広がっているのである．今日では健康と病気を明確に分けず，身体は健康と病気の連続体であるととらえ，病気の原因であるリスクファクター（喫煙，飲酒，肥満，食事，運動，睡眠など）だけではなく，健康の決定要因が明らかになっている．大部分の人は健康で普通に生活しているが，一部重篤な病人や障がい者など，さまざまな個性を持つ人々，それぞれが目指すべき健康というものがある（図4-4）．特に若者や介護の経験がなければ，健康のありがたさは病気になって初めてわかり，健康であることは，空気のように当たり前で気づきにくい．病気になると心身に苦痛や不自由が生じて，病気のために家庭生活・社会生活が普通にできないなど，健康・半健康・病弱・病気・死というものが連続体として存在することに気付くのである．

A．厚生労働省の役割

　健康に関する情報提供は厚生労働省が担っている．厚生労働省は「国民生活の保障・向上」と「経済の発展」を目指すために社会福祉・社会保障・公衆衛生の向上，働く環境の整備，職業の安定，人材の育成などを総合的・一体的に推進している．また，少子高齢化・男女共同参画・経済構造の変化などに対応

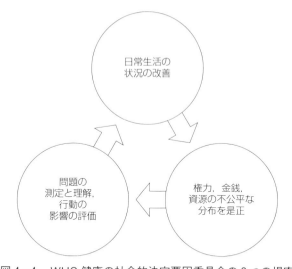

図4-4　WHO 健康の社会的決定要因委員会の3つの提案
（出所）ヘルスリテラシーより（http://www.healthliteracy.jp/senmon/post_25.html）（参照2019-3-8）．

し，社会保障政策と労働政策を一体的に推進している．

　図4-5のように主要死因別に見た死亡率の年次推移で，全般的な状況を確認すると，戦前は「肺炎」「結核」を死因とする死者がかなり多かった．この時代は乳児・新生児の死亡率も高く，現代に比べ公衆衛生の整備が立ち遅れていたこと，医療技術の未熟さ，健康管理に関する世間一般の非医学的な慣習などが原因であった．また，1918年には「スペイン風邪」，1923年には「関東大震災」など大きな出来事があり，死因に影響していた．

　他方戦後の1995年におけるイレギュラー的な動きは，死因判定などの仕組みの変化（人口動態統計の説明を読むと「死亡診断書の注意書きの記載」「ICD-10による原死因選択ルールの明確化」）が原因である．これは突然，医学・健康分野における変移が生じたわけではない．戦後の動向に限って見返すと，終戦直後は「結核」が戦前同様に1位にあったものの，医療技術の発展，予防策の浸透などで大幅に減少する．代わりに「悪性新生物（いわゆる「がん」）」「心疾患」「脳血管疾患」「肺炎」など，高齢化と連動して発生しやすい疾患が増加している．

　「悪性新生物」の上昇傾向に関しては，「がんが強力化している」「がん対応策が立ち遅れている」などの誤解を招くことがある．しかし，実際には「他の死因リスクが減った」「がんに発症，亡くなりやすい高齢者の総人口比が増加

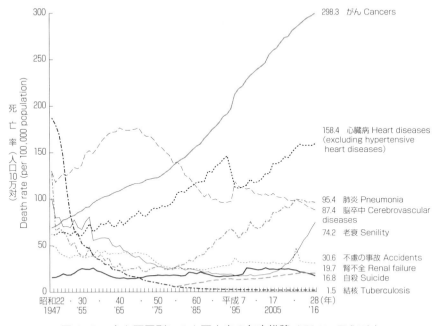

図 4-5　主な死因別にみた死亡率の年次推移（昭和22～平成28年）
（出所）　厚生労働省．平成30年我が国の人口動態（平成28年までの動向），p. 18より．

している」のが原因である．グラフでは特に，戦前と戦後の動向を見比べ，公衆衛生や医療技術の進歩でいくつもの疾患による死亡事例を減らせることができた事実，そして，特に戦後に入って増加を見せる死因（「がん」「肺炎」）が，高齢化によるものであることが理解できる．

　2010年，トロント（カナダ）で開催された第3回国際身体活動公衆衛生会議で「身体活動のトロント憲章」が採択された．それに伴って，WHOは，身体活動の不活発を死亡リスクの第4位にあげている．近年の死亡リスクの第1位は高血圧，2位が喫煙，3位が高血糖であり，4位が運動不活発，5位が過体重となっており，生活習慣病対策における身体活動の有効性は世界的にエビデンスの高いものとなっている．しかし，生活習慣病予防や運動不活発対策などの政治的取組は必ずしも十分ではない．このようなヘルスプロモーションの情報提供も十分にいきわたっているとは言えない．健康長寿の延伸についてのプログラムや対策などのエビデンスも今後は，論文化され，出版されるであろう．このような最新情報に基づいた実践活動の蓄積が求められている．

身体活動のトロント憲章における身体活動推進の9つの指針は以下である.

① 全人口および特定の集団（女性，高齢者，子ども，障がい者，勤労者など），
特に身体運動を行うことに大きな障壁を有する人々に対して，科学的根
拠に基づいた戦略を用いる.
② 社会的不平等，健康の不平等，身体活動機会の不均等を減少させるよ
うな平等の戦略を用いる.
③ 身体不活動の環境的，社会的，個人的な規定要因の改善に取り組む.
④ 効果を最大にするために，持続可能な対策を，国や地域の各レベルで
複数部門の連携を通じて実施する.
⑤ 研究，実践，政策，評価，調査のための能力を高め，トレーニングを
支援する.
⑥ 子ども，家族，成人，高齢者のニーズに対応した，生涯を通じたアプ
ローチを行う.
⑦ 身体活動に関する政治的取り組みを強化し，資源を増大するように，
政策決定者や社会一般に対して政策提言・支援活動（アドボカシー）を行
う.
⑧ 文化的差異に配慮し，多様な地域の現状，背景，資源に応じた戦略を
採用する.
⑨ 身体活動を行うという選択が容易にできるようにすることで，個人が
健康な選択をすることを促進する.

B．健康関連学会や研究組織，研究成果の報告

近年，健康についての正しい情報が学術団体や研究機関によって，情報発信
され，誰もがアクセスできるようになった．国立研究開発法人医薬基盤・健
康・栄養研究所は国民の健康の保持と増進に関する調査と研究，国民の栄養・
食生活に関する調査と研究等を行っている．これにより，公衆衛生の向上と増
進を図り，国民保健の向上に資する事業を展開している．また，同研究セン
ターはがん，その他の悪性新生物に係る医療に関する調査と研究，これらの技術
開発や業務に密接に関連する医療の提供，技術者の研修等を行い，国の医療政
策として，がん・その他の悪性新生物に関する高度かつ専門的な医療の向上を
図り，公衆衛生の向上及び増進に寄与する事業を展開している.

第4章　健康の定義とヘルスプロモーション　*169*

　健康関連の日本栄養士会は，全国の管理栄養士・栄養士免許取得者を構成員とする職能団体である．各都道府県栄養士会と連携・協働して，組織運営を行っている．日本の栄養士は，大正15（1926）年に日本で初めて栄養学校が設立され，養成された．栄養士制度が始まった当時は，戦後で食料事情がわるく，栄養不足が大きな問題であった．その後，経済成長に伴って「過剰栄養」へと栄養問題は変化し，成熟社会となった現代においては「偏り」と「過剰」，さらには「不足」が混在する多様な問題を抱えるようになった．全国の管理栄養士・栄養士免許取得者が中心となって，現在も健康を豊かに育む食生活の確立を目指し，「健康日本21（第二次）」や食育等の栄養・食生活関連施策の推進が行われている．

　このように専門職として，科学と専門的応用技術に基づき，人びとの健康を守り，向上させることを主な使命として活動する組織は医療・運動・学術など多岐にわたり，専門研究職が世界的な情報を収集している組織もある．このような組織は国の施策の展開にも影響を及ぼしている．

　また，厚生労働省が国民を対象に正しい健康情報をわかりやすく提供するために開設したサイト「e-ヘルスネット　情報提供」なども充実してきた．体育・スポーツ関連学会や健康支援の学術団体，健康関連企業や老年医科学などの分野もあり，多くの有益な情報が公開され，近年は誰でもが健康情報にアクセスできるようになっている．

4．個人の環境への働きかけ（公共政策）

　個人の生活習慣の変容を促す取り組みや環境の整備の取り組みをすすめるにあたって，地域・コミュニティという単位が重要な役割を果たす．コミュニティは地域と同じように思えるが，コミュニティには地理的な地域のみならず，価値観や目標を同じくする人たちの集まり（職場や患者会，インターネット上の集まりなど）も含まれる．

　コミュニティでの環境整備の取り組みにはワークライフバランスに配慮した制度などを作って働きやすい職場を作ることや，地域に住む人々の交流を深める地域づくりなどがある．このような環境が整備されると，運動・スポーツや社会参加などの機会・時間が得やすくなる．また，環境整備とともにソフトである人材育成が行われると，健康のための活動を助けるサポーターが増加し，

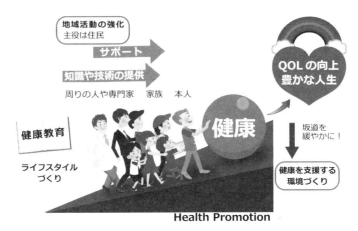

図4-6　ヘルスプロモーションのイメージ
（出所）Medic Art8作成.

生活習慣を変えるのに必要な援助や資源も得やすくなる．

その結果，個人の生活習慣を変える取組みを実行・維持しやすいといえる．さらに，個人の健康への意識が高まり，コミュニティに対してどのように環境を整備してほしいかという要望が出されることによって，さらなる環境整備が進むといったように，個人と地域・コミュニティは相互に影響しあっている（図4-6）．

地域やコミュニティ単位での活動は，地域の実情や文化などに合わせたきめ細やかなマネジメントが行われる．地域の抱える問題や高齢者や障がい者の要望をより自分にも関係あるものとみなして，すべての人が元気に健やかに暮らせる地域・コミュニティづくりに発展することが期待できる．

健康は時代の影響を受けやすく，戦後復興を遂げた日本も，国際経済の影響をかなり受けている．また，自然災害による被災も大きな問題である．一番に影響するのは貧困である．このような健康を維持増進するための取組みは，貧富の差なく，誰もが享受できることが重要である．WHOのヘルスプロモーション戦略や日本での健康増進施策である健康日本21でも重要な課題である（図4-7）．

政策は人の健康や寿命に影響する．たとえば米国は世界のリーダー的役割を担っているが，米国に住んでいて65歳まで生きられる可能性は，HDIランキング（国の開発レベルを示す指標）のずっと下の国であるキューバやチリに住ん

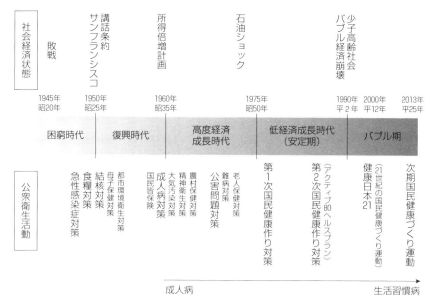

図 4-7 社会経済状態と公衆衛生活動の歩み
(出所) 平成26年版厚生労働白書より筆者作成.

いるより，低い．これは，健康格差を生み広げる社会システム・医療政策に原因がある．

日本も近年は，医療費削減にばかり目が向けられており，このままでは根底からの医療システムが崩れることが懸念される．人は，1人では生きられない動物である．孤独は，精神的な病を引き起こし，最終的に，身体的な病気や早世（早死）につながる．いまの日本で，人が不健康な行動をとり続けてしまう大きな理由は，お互いの存在を認め合わない，無関心な社会が原因ともいわれている．

社会を変える力は現代を生きる人にしか与えられていない．保健・医療・福祉の専門職は，高度な専門知識があるのだから，政策提案する一方で，相手に「この人からもっと，学びたい」「この人の勧める健康行動をとろう」と思わせるような，相手の心に響くコミュニケーションと対策をとり，健康格差の対策にも目を向ける必要がある．

A．健康づくりの概念と公共政策

WHOは，ヘルスプロモーションを進めていくうえで具体的に5つの戦術的活動を提示している．それは，健康的な公共政策づくり，健康を支援する環境づくり，地域活動の強化，個人技術の開発，ヘルスサービスの方向転換である．これらについて解説する．

(1) 健康的な公共政策づくり

人々が安心して運動できる道や諸施設，衛生上欠かせない上下水道の整備などは公共政策によって保証されるため，公共政策そのものを健康的なものにする必要がある．

(2) 健康を支援する環境づくり

ここでの環境とは，自然環境，家庭環境，職場環境，学校環境，地域環境など住民が生活するあらゆる場を想定する．また，環境としては施設などのハード的なものだけでなく，提供されるプログラムなどソフト的なものも含む．これらの環境を整備することで，住民1人ひとりの健康づくりを支援することができる．

(3) 地域活動の強化

地域に存在するいろいろな住民組織を活性化させ，主体的な活動を促すことが健康づくりの成功の鍵を握る．そのため，地域での住民活動を強化するような働きかけを行う必要がある．市民活動推進センターなども地域にでき，SNSなどでの情報配信で人や組織のネットワークが広がっている．このような状況の中で，経済的な健康格差もなくす必要がある．

(4) 個人技術の開発

住民1人ひとり，そして専門家が，健康づくりに取り組むために必要な技術を身につけられるような働きかけや取り組みを行うことがヘルスプロモーション達成の鍵となる．

技術・知識は，書籍，セミナー，研究会，論文とさまざまな形式があるが，積極的に活用しようと思わなければ，役には立たない．また専門家も熟練の技術と豊富な知識が必要であるということは言うまでもないが，近年の医療技術の進歩は著しく，毎日，世界中でさまざまな研究が行われており，セミナーや研究会など情報提供の場に積極的に参加し，情報を共有し，ヘルスプロモーションの推進を支援する必要がある．

(5) ヘルスサービスの方向転換

　これまで疾病対策として実施されてきた事業（ヘルスサービス）を，より積極的に健康づくりの場としてとらえ見直しを行う必要がある．

　オタワ憲章からすでに20年以上が経過し，ここで掲げられた5つの優先課題のうち「健康公共政策の確立」「健康に関する支援環境の創造」「健康のための地域活動の強化」については，日本でもその概念を礎に「健康日本21」や「健康増進法」の施行など国家的な政策から行政での施策などさまざまな展開が行われている．「個人技術（スキル）の向上」は，メディアなどの普及によって情報が溢れているが，その多すぎる情報から健康的な選択を行うスキルは国民に十分に普及しているとは言えない．

　医療機関だけでなく，全てのヘルスサービス従事者が予防活動を推進し，社会的弱者にも手をさしのべる活動をめざすことが必要である．

B. 都道府県の健康施策

　2000年から開始された「健康日本21」は，健康増進法（2003年）により，国及び都道府県での重要な政策課題として「国民健康・栄養調査」が積極的に行われるように調査研究を推進することが謳われている．これによって，健康増進計画の強化と推進に一層活用されることが不可欠であるからだ．しかし，実際には課題は大きい．全ての調査員が同じ方法で協力者に調査をし，データのコード化，データ入力できるよう調査員や関係者に対し訓練を行う必要があり，そのための教育，予算が必要となるからである．

　平成7（1995）年に「地方分権推進法」が成立するなど，地方分権が一層進められ，健康づくりの推進にあたっても，都道府県や市町村では地域特性に応じて，福祉活動，教育文化活動，道路や施設，街並みなどの整備活動など，他の事業を健康づくりの観点からとらえなおし，健康づくり運動と一体的に展開することが重要責務となった．

　健康づくりを効率的に推進するには，前例主義，経験や勘のみに頼った対策ではなく，疾病状況や医療費などの情報をもとに，健康課題を明確にしながら，科学的根拠に基づいた施策を講じていくことが必要と考えられるようになっている．食糧事情や衛生状態などの大幅な改善は，結核等感染症の減少をもたらす一方，過剰栄養や運動不足等による生活習慣病の増大という，日本の疾病構造の大幅な変化が生じている．生活習慣病対策の重要性は増し，生活習慣病関

連の医療費は7兆5000億円に達しており，医療費適正化のためにも生活習慣病対策が求められている．

また，都道府県計画との整合性をとりながら市町村が独自に計画を策定し，推進することができるように，都道府県計画の周知，各種保健統計資料等の情報提供，計画の策定・推進・評価に関する研修の開催等を通じた人材育成も行われている．都道府県の健康行政では健康と増進のための計画の策定・推進・評価に関する助言・指導などの市町村支援を行っている．

C．市町村の取り組み

市町村は都道府県の計画を参考にした，市町村独自の戦略的基本計画と執行的行動計画をプラン化し，地域の現状把握・評価と，住民参加による地域特性に応じた計画策定と市町村の健康課題の明確化を行っている．

市町村レベルでのヘルスプロモーション推進や各種団体と連携した計画の推進のためには，主体的な住民の参加を進めるための支援，健康関連グループ支援，地区リーダーの育成，市町村計画の評価及び見直しが重要課題となる．

D．ネットワークの構築と保健医療サービスの方向転換

これまで述べてきたように，健康を増進させるためには個人の努力も必要であるが，経済格差の問題をはじめとした多重的な要因が絡む場合が多い．特に未婚率・離婚率が高くなり，少子高齢化が進めば，身寄りのない高齢者も増加し，ますます公助を必要とする人も増加するであろう．

現在，日本では地域包括ケアシステムの5つの構成要素と「自助・互助・共助・公助」という考え方とこれを進める政策が進行している．2025年までは，高齢者の1人暮らしや高齢者のみ世帯がより一層増加し，「自助」「互助」の概念や求められる範囲，役割が新しい形になりつつある．都市部では，強い「互助」を期待することが難しい一方，民間サービス市場が大きく「自助」によるサービス購入が可能となり，これを含めて自助と考えられている．都市部以外の地域は，民間市場が限定的だが「互助」の役割が大きく，互いに支えあう仕組みが広がりつつある．

問題解決のためには社会が個人的なことととらえるのでなく，未来に起こるであろう人権の問題として解決を探る必要があると考える．そのためには多様な組織のネットワークと自助・互助・共助・公助の新たな仕組みづくりと支え

る人材の養成などの仕組みづくりが必要である.

　また，個人のスキルを向上させ健康に導いていくのは，国家や行政よりもっと個人に身近な病院や歯科医院，そして市町村レベルのコミュニティなど保健医療サービスに直接・間接的に携わる従事者の役割である．それ故，ヘルスプロモーションの優先課題の一番最後に「保健医療サービスの方向転換」が挙げられているのであろう.

5．個人の環境への働きかけ（環境づくり）

　ヘルスプロモーションでは健康的な生活を送るための技術や能力を高めることを個人だけに求めるのではなく，それを支援する環境を社会的，経済的，政治的に作り出すことが強調されている.

　前述したように，環境とは，自然環境，家庭環境，職場環境，学校環境，地域環境など住民が生活するあらゆる場を想定している．環境としては施設などのハード的なものだけでなく，提供されるプログラムなどソフト的なものも含む．このような考え方から，地域に存在するいろいろな住民組織を活性化させ，主体的な活動を促すことが健康づくりの成功の鍵を握る．そのため，地域での住民活動を強化するような働きかけを行わなければならない.

A．グローバリゼーションの進展と健康格差の問題

　「グローバル化」という言葉は，1990年代に入ってから使われ始めた言葉である．交通網等の発達により，病気も国を超えて流行する現代社会は情報量も過去と比べ物にならないほど変化し，グローバリゼーションが進み，地球は1つの家族，国々が協働して人々の健康を守る必要が生じてきた.

　なぜなら，グローバル化が進むことで，世界の市場では格差が広がってきた.

　特に，発展途上国では貧困が拡大している．貧困に陥った国では，政府がうまく機能せず，国民のニーズに答えられない．中流と呼ばれる家庭も少なく，所得分配の格差が進めば進むほど，貧困層が拡大してくる．このような状況下で健康格差も拡大する傾向にある.

　格差をなくすためにも途上国のために，教育の機会を増やしたり，インフラの整備をしたり，各国が協力して取組まなければならない．これは，国連ミレニアム目標にも定められている．グローバル市場は不完全なため，調整をはか

って，ルールを決めなければならず，それは環境（京都議定書など）を守ったり，世界的な経済危機に備えたり，不正な競争制限をなくしていくことでもある．

裕福な国の意見だけでなく，多国間での枠組みを作って，貧しい国でも表に出やすいようにするためにもっと創造的なしくみの構築が考えられなくてはならない．健康格差の是正は国を超えた問題といえる．

B．産業構造・就業構造の変化

日本の労働力需要は，生産活動の派生需要であり，基本的には生産活動が活発なときには必要とされる労働力需要が増え，生産活動が停滞すれば労働力需要は減少するという正の相関関係にある．

また，天然資源が乏しいことから，日本の最大の資源は人材であるといわれている．日本では，物質的な豊かさに加えて精神的な豊かさの充足が重視されていることを背景にサービスの経済化が進んでおり，長期的に名目GDPに占める経済活動別の構成比をみると，第1次産業が1970年の6.1％から2010年の1.2％へ，第2次産業が1970年の44.5％から2010年の25.0％へ低下する一方，第3次産業は1970年の49.3％から2010年の73.8％へと上昇した．

このようなサービスの経済化の進展により，卸売・小売業やサービス業の就業者比率が高まれば，現在の部門別の労働生産性を前提とすると産業全体の労働生産性の引下げ要因となる．また，2005年からの5年間で最も就業者数が増えたのは老人福祉・介護事業などの「社会保険・社会福祉・介護事業」であり，58万人増加している．他方，就業者数が大きく減少したのは，公共事業の見直し等の影響を受けたと考えられる「建設業」が86万人減，リーマンショック後大きく派遣労働者が減少したことを反映して「職業紹介・労働者派遣業」が79万人減，「農業」が51万人減となっている．

グローバル化の進展，不況の長期化等を背景とした，大企業の海外生産移転の進展，業績悪化等により，大企業側から見て強固な下請構造を維持していくメリットや体力が失われ，下請企業から見ても下請であるメリットは失われてきた．このように生産構造が変化する中で中小企業・小規模事業者は，イノベーションや販路開拓の必要性が強まっている．こうした市場のニーズや，競合他社との差別化を意識した上で，イノベーションに取り組んでいる中小企業・小規模事業者は，生産性や収益力を向上させることに成功している．このような変化で対応した教育・政策構築が求められる．

C．地域・社会への働きかけ

世界に目を向け，日本の現状を見ると，日本では，急速な高齢化による医療費の増加など，社会保障制度の持続可能性が危ぶまれている．海外においても，開発途上国の貧困や医療事情を起因とした保健衛生の悪化，先進国でも，生活習慣病患者の増加など健康という問題はあらゆる国と地域で解決すべき課題である．

健康づくりは，市民1人ひとりが自覚を持ち，実践することが基本である．市民の主体的な健康づくりには，個人の意思や家族の支えだけでなく，地域をはじめとする個人を取巻く社会環境が大きな影響を及ぼす．また，市民が地域活動に参加し，その活動を通じて地域との絆を深めることは，心身の健康の維持・増進や生活の質の向上につながる．このため，市民の主体的な健康づくりを支える地域づくりを推進することが最重要課題と考えられる．

行政，地域社会，家庭，市民1人ひとりが，それぞれの役割を担い，互いに連携し，社会全体で総合的な健康づくりに取り組むことが望まれている．

D．企業や職場への働きかけ

1986年のオタワ憲章では，ヘルスプロモーション実現のための「3つの基本戦略」と「5つの優先的な活動」が確認されている．3つの基本戦略とは，健康のための唱道（Advocacy for health），能力付与（Enabling），調停（Mediating）である．これらを用いて5つの優先的な活動を推進するのである．5つの優先的な活動とは，健康的な公共政策作り，健康を支援する環境づくり，地域活動の強化，個人スキルの開発，医療サービスの方向転換を言う．

さらに，2005年のバンコク憲章ではグローバル化する世界におけるヘルスプロモーション実現のために必要な戦略として，オタワ憲章で確認された基本戦略を発展させた以下の5つの基本戦略が確認された．

① 人権と連帯に基づいた健康のための唱道
② 健康の決定要因をコントロールするための持続可能な政策，行動，社会基盤への投資
③ 政策立案，リーダーシップ，知識の伝達，研究，ヘルスリテラシーのための能力形成
④ 有害事象からの保護と健康や幸福への機会の平等を確立する規制と法

制定

⑤ 持続可能な活動をするための公的，私的機関，非政府組織，国際組織
　と市民社会の連携及び同盟の形成

　これらを実現するためには，地域の多様な人や組織が共同する仕組みを構築
していかねばならない．これまでの組織は，どちらかというとセクト主義であ
り，自分のエリア以外のことには無関心であったり，連携せずに土俵の小さな
中で物事を考え，実践することが多かった．しかし，そのような小さな範囲で
物事を考えても，今の社会的課題解決には繋がらない．専門家集団だけでなく，
その中に市民や行政なども交えたネットワーク内での課題の共有が重要である．
各市町村の高齢福祉課，保健センターなどを中心に政策を決定し，実行してい
く動きがある．

　特に，環境教育については1977年に行われた「環境教育政府間会議」の「ト
ビリシ勧告」によって，「認識（Awareness），知識（Knowledge），態度（Atti-
tudes），技能（Skills），参加（Participation）」と整理された．これらの中で，環境
教育の目的は，環境問題に関心をもち，環境に対する人間の責任と役割を理解
し，環境保全に参加する態度と環境問題解決のための能力を育成することであ
ると明確に示されている．特に環境問題は大量生産，大量消費，大量廃棄型の
社会経済活動やライフスタイルの定着化，人口や社会経済活動の都市への集中
等を背景とした都市・生活型公害問題の発生，地球温暖化，オゾン層の破壊，
酸性雨などの地球規模の環境問題等を背景として，新しい環境保全の法制が必
要となっている．

　このような時代の要請があり，1993年，第128回国会において全会一致で
「環境基本法」が可決された．その後も① 大気に関する環境，② 水や土壌に関
する環境，③ 自然環境，④ 化学物質に関する環境，⑤ 物質循環に関する環境
など，新たな環境問題も浮上した．これまでの「使い捨て」の物質文明の生活
スタイルを転換して，地球の有限で貴重な資源を上手に使う「循環型社会」を
構築しようという願いも強くなり，2000年に「循環型社会形成推進基本法」が
制定されている．

　また，人間活動の拡大に伴って排出された温室効果ガスに起因して，地球が
過度に温暖化するおそれがあり，生態系，農業や健康など人類の生活環境や生
物の生息環境に，広範で深刻な影響が生じることも懸念されている．地球温暖

化の原因とされる温室効果ガスには，二酸化炭素（CO_2），メタン（CH_4），一酸化二窒素（N_2O），ハイドロフルオロカーボン類（HFC_S）などのフロン類などがある．それだけでなく，酸性雨の問題も深刻である．一般的には酸性雨とはpH 5.6以下の雨を指し，その多くは産業活動や自動車利用などによる化石燃料などの燃焼で生じる硫黄酸化物（SOx）や窒素酸化物（NOx）などが大気中で硫酸や硝酸となり，それらが雨などに取り込まれることにより生じている．酸性雨が早くから問題となっている欧米では，湖沼の酸性化，森林の衰退などが報告され，生態系への深刻な影響について，国境を越えた広域的な問題となっている．

　近年，海外では森林の農地などへの転用，不適切な商業伐採（違法伐採を含む），森林火災，プランテーション造成，過放牧，過度の薪炭材採取などによって，熱帯林が急速に減少している．熱帯林の減少は，自然環境を破壊し，生物の生息環境を悪化させるだけでなく，二酸化炭素（CO_2）の増大を招き，地球温暖化を加速させることも懸念される．熱帯の多雨地帯は，森林が繁茂し，水辺はマングローブが覆い，多様な生物が生存している．このような特徴から，熱帯林は，遺伝子資源の宝庫として注目を集めている．

　また，成層圏に存在するオゾン層は，地球誕生後長い年数をかけて生成されてきたものである．オゾン層は，地球に降り注ぐ太陽光の有害な紫外線を吸収し，地球上の生物を保護してきた．そのオゾン層は，フロン等の化学物質による破壊が続いている．オゾン層が破壊されることにより，地上に到達する有害な紫外線が増加し，皮膚癌や白内障などの健康被害を発生させるおそれがある．また，植物やプランクトンなどの生育の阻害等を引き起こすことも懸念されるなど，地球上の生物に対する深刻な影響が危ぶまれている．

　スポーツと環境問題も重要な視点である．スポーツ活動によって生じる無駄なゴミやエネルギー消費を総合的に対処するJOCは，オリンピック・ムーブメントを通じ，世界平和運動とスポーツ振興に寄与する目的に基づき，JOC事務所の環境への取り組みを実践し，環境マネジメントシステムの継続的改善を行うことにより地球環境の保全に貢献しようとしている．このようなさまざまな活動に対しても，市民目線で監視し，企業や職場にも働きかけをする必要がある．

注

1） WHO, Declaration of Alma-Ata, International Conference on Primary Health Care, Alma-Ata, USSR, 1978, 6-12. http://www.who.int/publications/almaata_declaration_en.pdf?ua=1,（参照2017-12-2）.

2） 湯浅資之，国際保健戦略における政治性から経済性重視への政策転換に関する考察，日本公衆衛生雑誌，50(11)，2003，1041-1049.

3） 鈴木孝明，各論：3 社会の軸――地域でのプライマリ・ヘルスケアの実践，日本プライマリ・ケア連合学会誌，37(1)，2014，58-60.

4） 福渡靖，ヘルスプロモーションと健康教育，順天堂医学，45(2)，1999，143-150.

5） 日本健康教育学会，健康教育とは　ヘルスプロモーションとは，http://nkkg.eiyo.ac.jp/hehp.html,（参照2017-12-2）.

6） （公財）日本 WHO 協会，http://www.japan-who.or.jp/about/index.html,（参照2017-12-2）.

7） 和田雅史・齊藤理砂子，ヘルスプロモーション――健康科学＝Health promotion――，聖学院大学出版会，2016.

8） 警察庁，年齢階級別自殺者数の推移，2018，https://www.npa.go.jp/safetylife/seianki/jisatsu/H29/H29_jisatsunojoukyou_01.pdf,（参照2018-7-15）.

9） 警察庁，交通事故発生状況の推移，平成29年中の交通事故死者数について，広報資料1-6，2018.

10） 自己診断疲労度チェックリスト，疲労科学研究所，http://www.fatigue.co.jp/index.htm,（参照2017-12-2）.

第5章　ヘルスプロモーションの推進

　ヘルスプロモーション（健康増進「学」）は，新しい健康観に基づく21世紀の健康戦略で「人々が自らの健康をコントロールし，改善することができるようにするプロセス」と定義されている．健康を獲得するための活動は，政策づくりのような国家レベルで取り組むものから，空いた時間に運動をすることのような個人レベルで取り組めるものまで含めると，その幅はかなり広いものがある．ヘルスプロモーションは，単に個人的スキルや能力の強化だけでなく，人々が健康の決定因子をコントロールすることができ，それによって健康を改善・増進できるようにするプロセスとされている．子どもの健やかな発育，成長・発達と生涯を通じての健康づくりの基礎となる健康管理・健康教育等の推進が必要であり，育児，保育，体育，食育，あそび等とともに，これらはライフサイクルに添った母子保健，小児保健，学校保健の基本的課題でもある[1]．

　また，現代の社会的状況・歪みが子どもの健康や安全に直接的に影響しているため，諸問題への対処も必要である．特に近年は，虐待や性的にも子どもが被害者になるケースが多く見られる．このような問題解決のためには，子ども自身にも力をつけるとともに，家庭，学校，地域社会における全生活レベルでの安全や健康の擁護と推進，親世代の教育が必要である．中でも，問題に至る前に予防できる体制づくりとして，家庭，学校，地域社会，住民，行政，専門家等が連携し，見守り機能を高め，コミュニティの能力，健康のための地域活動の強化が望まれる．住民や関係機関が協働しつつ，適切な役割分担のもとに，社会全体で子どもたちを育み，心身の健康づくりを推進することが必要であろう．

　次に，子どもを取り巻く環境に目を向けると，神経毒性をもつ化学物質として，メチル水銀（水俣病），鉛（脳症），ヒ素（森永ヒ素ミルク事件），ダイオキシン類（カネミ油症）などが挙げられ，解毒・排泄力の低い子どもは少量でも知能や目標達成能力の低下が報告されている．胎児や乳幼児の神経系障害は生涯にわたって後遺症を残すおそれがある．

これらの物質は生活環境下において，食物，地下水，粉塵などに含まれると，妊娠中の胎盤や母乳を介して体内に入る危険性もある．また，乳幼児の指舐め仕草で粉塵中の有害化学物質が吸収される場合もある．農薬は，妊娠中の母親が撒布作業に従事したり，その噴霧に乳幼児が曝露したりする場合に同様の健康障害を引き起こす．また小児期にタバコの煙に長時間曝露していると，成人後の肺癌リスクが高くなることが報告されている．この他，乳幼児がアスベスト工場近くに住んでいたり，アスベスト使用建造物の建替えに遭遇したりすれば，将来中皮腫や肺癌を発症する可能性がある．

　近年，地球温暖化及び冷房装置使用による外気温の相乗的上昇も熱中症の原因として問題視されている．特に，自律神経機能が未発達な子どもは，外気温上昇のため体温調節機能の異常を起こしやすくなり，熱中症になって死亡することも稀ではない．また，目に見えない放射能も脅威である．広島と長崎に原子爆弾が投下され，その熱線と爆風及び放射線は，数カ月以内に多くの人々を死亡に至らしめた．死亡を免れた人にも，その際の放射線が長期にわたり健康に影響を与え続け，種々の臓器にがん（ガン，癌）や機能異常をもたらしている．胎内被曝した子どもでは精神遅滞や小頭症が起こり，チェルノブイリ原子力発電所事故による放射性物質の曝露で甲状腺癌の発生率が高くなったと報告されている[2]．

　その他の有害因子として，共働き夫婦が増加する中で，子どもの生活時間が攪乱され，特に就学前児童の血圧や心臓性自律神経機能の変調を来すことが報告されている．この原因の多くは子どもの睡眠時間の短縮である．子どものヘルスプロモーションに目を向けることで，将来の医療費が下がるため，国全体のメリットが高まるのみならず，国民1人ひとりの将来と未来の国民全体の健康増進に向けた予防医学という側面を持つ．実際，子どもの生活習慣や生育環境が成人期の健康や精神活動に影響を及ぼすことは漠然と認識されているが，胎児期，乳幼児期の環境が顕著に疾病リスクを高める「胎児プログラミング」についての認識度はまだ低く，そのことは日本学術会議からの提言でも一部取り上げられている[3]．

　虐待や犯罪の親から子への負の連鎖という社会課題もプログラミングと関係しているという報告もある．しかし，子どもの脳の海馬に記録された虐待など親の育児行動の影響は，生育環境の改善によって消去されることから，プログラミングの分子機構解明は，乳児期の生育環境に起因する負の連鎖を断ち切る

ことが重要といわれる．生活習慣病など慢性疾患の発症基盤が，乳児期までの発達期，特に胎児期の環境にあるとする説では，多数の疫学的研究からその事実を明らかにしているが，親の養育が将来の子の健康を既定するのである．

エピジェネティックスとは遺伝子がどう働くか，どう病気を発症させるかを説明する新しい学問で，親から子どもへと伝達される DNA 上の遺伝情報とは別に，後天的な作用により遺伝情報の伝達（発現）が変更される現象のことをいう．我々のからだにはまだ，解明できない謎があり，健康的な生活習慣を維持することなど個人レベルで達成できれば良いが，生活習慣の形成や維持には個人レベルの要因だけでなく，個人ではコントロールすることが難しい環境要因も大いに影響する．誰しもが身の回りの環境を思うように変えられるわけではないため，さまざまな制約の中で健康を意識していかなければならないのが私たちの現状である．

良い環境を求めて移動したり，環境が変わるように地域や自分の属する社会に働きかけたりすることも可能である．しかし，このような，健康に関することを自分で決めたり，健康のために必要な行動ができるようになったりするには，教育と専門家の働きかけが必要であり，一般市民が健康のためのプロセスを実行できることをエンパワーメントという．

1．ヘルスプロモーションの理念

ヘルスプロモーションとは，人々が自らの健康をコントロールし改善できるようにするプロセスである．身体的，精神的，社会的に健全な状態に到達するには個人や集団が望みを明確にし，それを実現してニーズを満たし，環境を変え，それらにうまく対処していくことができなければならない．従って健康とは毎日の生活のための資源と見なされるものであって，人生の目的とはならない．健康とは身体的能力だけでなく，社会的，個人的な面での資源という点を重視した前向きな考え方である．そのためヘルスプロモーションとは，ただ保健医療機関に求められる責務というよりは，健康的なライフスタイルをさらに超えて幸福（well-being）にまで及ぶものである．

A．21世紀に向けたヘルスプロモーション

ヘルスプロモーションの概念の中では『健康』は，理想的な目標というより

表5-1　ヘルスプロモーションのための3つの戦略と5つ
　　　の優先課題

```
1986年オタワ憲章
◆ヘルスプロモーションのための3つの戦略
 ADOVOCATE：　　唱道・支援する
 ENABLE：　　　　能力を与え，可能にする
 MEDIATE：　　　 調整・調停する
◆ヘルスプロモーションのための5つの優先課題
 ・健康公共政策の確立
 ・健康のための地域活動の強化
 ・保健医療サービスの向上
 ・健康に関する支援的環境の創造
 ・個人技術（スキル）の向上
```

QOL（Quality Of Life：生活の質）を維持，向上するための資源であると考える．
そして，このオタワ憲章では，ヘルスプロモーションのための3つの戦略とその意図するものとして5つの優先的行動分野を示している．それらは21世紀を迎えてもなお，ヘルスプロモーション施策の礎となっている（表5-1）.

　WHO設立以降のヘルスプロモーション関連の歴史は以下の表に示したとおりである．その実現のために「すべての人びとがあらゆる生活舞台──労働・学習・余暇そして愛の場──で健康を享受することのできる公正な社会の創造」を健康づくり戦略の目標としている．オタワ憲章でヘルスプロモーションが提唱された後も定期的にヘルスプロモーション会議を開き，ヘルスプロモーションはその時代に合わせた変遷を遂げている．

　たとえば，1988年に行われた第2回ヘルスプロモーション会議では，時代の進歩とともに汚染されてきた環境も人々の健康に害を及ぼすとして，環境改善もそれぞれの国や地方の課題とし，1991年に行われた第3回ヘルスプロモーション会議では環境問題が，公平に与えられるべき健康をどれだけ阻害しているかと言う認識を国際的に共有した．日本ではヘルスプロモーションの取り組みを受け，「健康日本21」という戦略がスタートした．根本は「個々人が自発的に健康を意識しながら生活することができる」という力を引き出すための環境づくりと教育力である．21世紀に向けたヘルスプロモーションの歴史的変遷は病気予防文化の創造という新たな局面で展開されていくこととなった（表5-2）.

第5章　ヘルスプロモーションの推進　*185*

表5‐2　戦後の公衆衛生発展の歴史

年	WHO	欧米	日本
1946	WHO憲章		
1972			保険増進モデルセンター　労働安全衛生法
1974		ラロンド報告 （Lalond report，カナダ）	
1978	アルマ・アタ宣言 （Healtu for all） プライマリヘルスケアを定義		第一次国民健康づくり対策
1979		Healthy people（米国）	シルバー・ヘルス・プラン
1982			老人保健法
1984	Health Promotion Program		
1986	第1回ヘルスプロモーション国際会議 （カナダ：オタワ憲章）	Healthy Cities Project （欧州） 健康の社会的決定要因が都市計画および都市ガバナンスにおいて考慮される．	
1988	第2回ヘルスプロモーション国際会議 （オーストラリア，アデレード） 「健康な政策づくり」		第二次国民健康づくり対策 （アクティブ80ヘルスプラン）
1990		Healthy people 2000 （米国）	トータルヘルスプロモーション Toatal Health Promotion Plan（THP）
1991	第3回ヘルスプロモーション国際会議 （スエーデン，サンズバル） 「健康のための環境づくり」		
1992			事業者が講ずべき快適な職場環境の形成のための措置
1997	第4回ヘルスプロモーション国際会議 （インドネシア，ジャカルタ宣言） 「健康都市のパートナーシップに関する宣言」		
2000	第5回ヘルスプロモーション国際会議	Healthy people 2010 （米国）	第三次国民健康づくり運動 （健康日本21）

2002			健康増進法
2005	第6回ヘルスプロモーション国際会議（タイ，バンコク）「ヘルスプロモーションを全世界の開発課題の中心に置く」健康は世界共通の課題	健康は基本的人権であるミレニアム開発目標（開発の中心は健康）	
2007			『新健康フロンティア戦略』
2008	国際的NCDs活動計画（2008-2013）		
2009	第7回ヘルスプロモーション国際会議（アフリカ，ナイロビ）健康の開発健康と健康増進を通じた開発の実装のギャップを埋める		
2010		Our Healthier Nation（英国）Healthy people 2020（米国）	
2013	第8回ヘルスプロモーション国際会議（フィンランド，ヘルシンキ）「政府全体が健康対策に関わる」重要性「NCDsの予防と管理に関する健康のグローバル戦略の2013年〜2020年行動計画」		21世紀における第四次国民健康づくり運動（健康日本21「第二次」）
2015			「平和と健康のための基本方針」の中でユニバーサル・ヘルス・カバレッジ（UHC）の達成を政策目標や基本方針に掲げる.
2017	第9回ヘルスプロモーション国際会議（中国，上海）「国連持続可能な開発目標2030」とリンクする健康の決定要因とガバナンス，社会動員のヘルスリテラシー	Healthy people 2030 フレイムワーク見直し（米国）	
2018	身体活動の地球規模の行動計画2018-2030作成		

（出所）　WHO 及び厚生労働省，APHA の HP より筆者作成.

第5章　ヘルスプロモーションの推進　*187*

表5-3　ヘルスプロモーションのための5つの優先課題

1997年ジャカルタ宣言
◆21世紀に向けたヘルスプロモーションのための
　　　　　　　　　　　5つの優先課題
　・健康に対する社会的責任の促進
　・健康改善に向けた投資を増やす
　・健康のためのパートナーシップの強化・拡大
　・コミュニティの能力を高め，個人の能力を引き出す
　・ヘルスプロモーションのための基盤を確保する

(1)　1997年ジャカルタ宣言

　オタワ憲章から始まったヘルスプロモーションの動きは，さらに発展し，5つの優先課題（**表5-3**）のうち「健康公共政策の確立」「健康に関する支援環境の創造」「健康のための地域活動の強化」については，日本でもその概念を礎に「健康日本21」や「健康増進法」の施行など国家的な政策から行政での施策などさまざまな展開が行われている．「個人技術（スキル）の向上」は，メディアなどの普及によって情報は溢れているが，はたしてその多すぎる情報から健康的な選択を行うスキルは国民に普及したのであろうか．

　個人のスキルを向上させ健康に導いていくのは，国家や行政よりもっと個人に身近な病院や歯科医院，そして市町村レベルのコミュニティなど保健医療サービスに直接携わる従事者の役割である．そのため，優先課題の一番最後に「保健医療サービスの方向転換」が挙げられている．この考え方はMIコンセプトにも共通するものである．

　その後，1997年に行われたWHOヘルスプロモーション会議では21世紀に向けた先導的ヘルスプロモーションに関する「ジャカルタ宣言」として21世紀以降の健康増進上の課題と方向性を明らかにした[4]．

　そこでは健康開発には包括的なアプローチが最も効果的であり，活動の場（歯科医院等医療機関や地域，職場など）での持続には，人々の参加が不可欠であり，人々がヘルスプロモーションの行動や意思決定プロセスの中心にいるべきことが非常に効果的であること，そして健康学習・ヘルスリテラシー（健康認識面でのスキル，意欲，能力等）がその参加や人々やコミュニティのエンパワーメント（選択する権利）を得るのに不可欠であることには，すでに明確なエビデンスが

あるとしている[5].

(2) 21世紀における WHO オーラルヘルスプログラム

2003年，WHO が国際オーラルヘルスプログラムの政策基盤を提言したことを受け，同年，WHO，FDI，IADR の共同作業で新たに「Global goals for oral health 2020」（2020年までの口腔保健の国際目標）が提示された．今回提示された目標は，国，行政といったコミュニティレベルの保健政策立案者にその枠組みを提供することを目的としている．そのため具体的な数値などはあえて示さず，2020年までの目標はあくまで総論的となっている．咀嚼機能が QOL の向上へ関与しているというデータもあり，「よくかめること」は，日常活動，全身的な健康，心の健康に重要なため，歯単体の話ではなく，咀嚼する「機能」を維持することが重要視されはじめている[6]．口腔の健康は全身の健康に結合され，また全身の健康にとって重要なものであるとされている．

- ・口腔の健康は QOL の決定要因である．
- ・口腔の健康と全身の健康の関連性は明らかである．
- ・適切な口腔ケアが早期死亡のリスクを減少させる．
- ・口腔疾患と全身疾患に共通するリスクファクターがある．
- ・う蝕だけを強調するのではなく，歯周組織の健康，口腔粘膜病変，口腔前癌病変，口腔癌，顎顔面部の外傷，疼痛，口腔保健に関連した QOL など，他の重要な口腔疾患にも焦点を当てた新しい口腔目標が必要である[7]．

B．個人の環境への働きかけ（地域活動）

体調や健康度に応じて調整可能な体操やウォーキングのような運動の継続が，筋力や BMI を正常に保ち，サルコペニア（sarcopenia）を予防し，他のライフスタイル（食事摂取等）にも影響を及ぼす可能性が示唆されている．今後は，日々の活動目安になる高齢者向け身体活動基準値を設定する必要がある．地域に存在するいろいろな住民組織を活性化させ，主体的に身体活動の継続を促すことが健康寿命延伸成功の鍵を握る．そのため，地域での住民活動を強化するような働きかけが必要である．

2010年にトロントで開催された第3回身体活動と公衆衛生国際会議において「身体活動のトロント憲章（2010）世界規模での行動の呼びかけ」が採択された．

これは，9つの指針と4つの行動領域で成り立っており，人々への「行動の呼びかけ」である．その趣旨は「身体活動が慢性疾患対策に有効なことには十分なエビデンスがある．しかし，不活動な生活習慣は全世界の人口の3分の2以上に及んでいる．多くの国で不足しているのは行政のコミットメントと身体活動の問題に取り組むために必要な長期的投資である．問題は先進国のみならず，発展途上国においても重要である．このようなエビデンスと政策のギャップを埋める支援ツールを提供する必要がある.」というものである．そして，9項目の指針が提示された．①全人口および特定の集団に対して科学的根拠に基づいた戦略を用いる．②社会的不平等，健康の不平等などを減少させる公平性の戦略を用いる．③身体不活動の環境的，社会的，個人的な規定要因の改善に取り組む．④最大の効果を得るために，持続可能な対策を国や地域の各レベルで多部門の連携を通じて実施する．⑤研究，実践，政策，評価，調査のための能力を高め，教育を支援する．⑥各世代のニーズに応じた生涯を通じたアプローチを行う．⑦身体活動に関する政治的取り組みを強化し，政策決定者や社会一般に対して唱道する．⑧文化的差異に配慮し，多様な地域の現状，背景，資源に応じた戦略を採用する．⑨身体活動を行うことが容易にできるようにすることで，個人が健康な選択をすることを促進する．更に4つの行動領域については，①国家政策，行動計画の策定と実行，②身体活動を支援する施策の導入，③身体活動に重点を置いたサービスと財源の新たな方向づけ，④対策のたのパートナーシップの構築，が挙げられた[8]．

2012年に策定された「第二次健康日本21」では，メタボリックシンドロームのみでなく，ロコモティブシンドロームや認知機能の低下予防など身体活動が効果を有する多くの目標項目が設定されたが，これらの目標を達成するために，個人の生活習慣の改善のみでなく，社会環境の整備に関する目標の設定が行われた．ヘルスプロモーションの理念がようやく取り入れられたのである．

今後は如何に地域活動を住民主体で根付かせるか，その中心になるリーダーを専門家集団が養成し，専門家や行政と一体となった活動の実践と評価が蓄積されねばならない．

C．個人の環境への働きかけ（保健サービス）

保健サービスとは，健康教育，健康相談などの予防医学活動を中心にし，これに環境管理，治療医学，リハビリテーション，ポジティブ・ヘルス・ケア

〈積極的健康管理〉などの諸活動を包括したものであり，狭義の健康管理とよばれてきたものである．しかし，近年の社会（および非社会）集団の拡大と健康管理の活動内容の整備，充実に伴い，健康管理の内容も拡大し，保健サービス health service という言葉が使われるようになった．これらの活動の目的は，グローバルなレベルで人々の〈健康〉を守り育てることにある．健康を維持・増進するためには環境に対する働きかけが必要である．その場合に環境とは，自然環境，家庭環境，職場環境，学校環境，地域環境など住民が生活するあらゆる場を想定する．環境としては施設などのハード的なものだけでなく，提供されるプログラムなどソフト的なものも含む．

そして，具体的には地域に存在するいろいろな住民組織を活性化させ，主体的な活動を促すことが健康づくりの成功の鍵を握る．そのため，地域での住民活動を強化するような働きかけを行うことが重要である．

2．生活習慣病とヘルスプロモーション

生活習慣病とは偏食や食生活の乱れ，運動不足，喫煙や飲酒，ストレスなど生活習慣の乱れが原因で，高血圧・脂質異常症・糖尿病・肥満（メタボリック症候群）が代表的なものである．これらは「死の四重奏」と呼ばれ，もちろん単独でも恐ろしい病気であるが，重複すると命にかかわる危険が増す．

高血圧・脂質異常症・糖尿病はサイレントキラーと呼ばれ，自覚症状がほとんどないまま，体の中で動脈硬化が静かに進行し，治療をせずに放っておくと，ある日突然，心筋梗塞や脳梗塞などが起こる．ふだん何も症状がなくても，心筋梗塞や脳卒中を起こす原因となる高血圧の放置は絶対に禁物である．また，血液中のコレステロール値が高いだけで，脂質異常症にはほとんど自覚症状がない．これを放っておくと，コレステロールが血管の内側にどんどん溜まっていき，動脈硬化が進行する．血液中の糖分が異常に高くなる糖尿病はすい臓から分泌されるインスリンの働きが悪くなったり，量が少なかったりすることが原因で，これも自覚症状はほとんどないため，目に見えないうちに病気が進む．その結果，血管がもろくなり，動脈硬化が進行する．さらに，目や腎臓・神経など全身のさまざまな臓器に障害が起こる危険がある．予防には運動・栄養・休養・ストレスコーピングなど生活習慣の改善が重要である．デスクワークに，車の普及など，現代人は運動不足になりがちな条件が多く，こまめに体を動か

す心がけが必要である．最近では日常生活での活動（生活活動）とスポーツなどの運動を合わせて身体活動とし，アクティブに活動する時間を増やすことが推奨されている．

A．悪性新生物（癌：がん）

　日本人の死因の第1位は悪性新生物（以下がんとする）である．がんは遺伝子変異によって自律的で制御されない増殖を行うようになった細胞集団のなかで周囲の組織に浸潤し，または転移を起こす．がんの原因として，考えられるものは，図に示す9つがある（図5-1）．最近になって運動の重要性が世界的にクローズアップされており，どのような運動プログラムが健康に良いのかはさまざま研究者がエビデンスを出すべく研究している．

　2016年にがんで亡くなった人は37万2986人で，死亡総数の28.5%を占めている．1981年以降，35年間連続で死因のトップになっている．がんは人口10万人に対する死亡率でも2位の心疾患の2倍（図5-2）である．特にがんは働き盛りで多く，年齢調整をしても死因の1位である．主な部位別がん死亡数を見ると，死因のトップは男性が肺がん，女性が大腸がんで，男女ともに膵臓がんが増加している一方で男性の肺がん，胃がんが減少傾向にある．女性では乳がんが年々増加しているが，米国がん研究協会は「授乳が乳癌の予防的な役割を持つことは確実」とし，2007年の世界がん研究基金（WCRF）と米国がん研究協会（AICR）の報告書で行われたメタ分析（4件のコホート研究と37件の症例対照研究

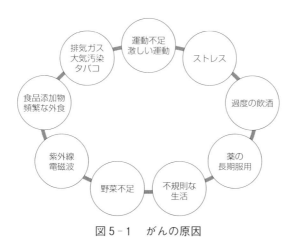

図5-1　がんの原因

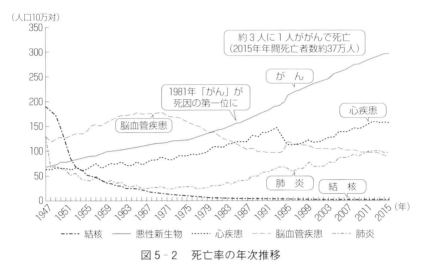

図5-2 死亡率の年次推移
(出所) 厚生労働省，平成27年度人口動態統計．

にもとづく）では，授乳期間5カ月ごとに2％の乳がんリスク低下が示され，乳がんに対して授乳が予防効果を持つことは「ほぼ確実」と結論している．

今や国民の2人に1人が一生に一度はがんに罹る．最近では，年間100万人以上が新たにがんを発症すると推定されている．社会の高齢化に伴い，がん罹患者数は今後も増え続け，国立がん研究センターが，1962年に日本のがん医療・がん研究の拠点となる国立の機関として創設された．国立がん研究センターでは個々のがん患者に対してゲノム等の情報に基づいた最良で最適な治療を提供し，がんの発症予防という観点からも，がんの高リスク群を同定し適切な予防法を開発・実践することを使命としている．これから求められるのは個々人に対する"最適化医療" (Precision Medicine) であるとしている．ゲノムだけではない．生体分子の情報は，そのすべてにおいて有限であると考えられ，それらを網羅的に収集・解析するアプローチがオミックスであり，この分野の研究は日進月歩で進んでいる．[9)10)]

B．高血圧

まず，血圧とは，血管の中を血液が流れる際に，血管の壁にかかる圧力のことである．健康な人の血圧は，収縮期血圧（心臓が縮んで血液を送り出したときの血圧．最大血圧のこと）が140 mmHg 未満，拡張期血圧（心臓が拡張したときの血圧

最小血圧）が90mmHg未満である．このいずれかが上回っている状態が高血圧である．高血圧とはどのような病気かを学ぼう．

血圧が上がる原因は血管が細くなったり，心臓から送り出される血液量が増えることである．高血圧の薬は，その反対に血管を広げる，または血液量を減らすことで血圧を下げる．しかし，血圧は季節によって変動があり，日ごろ血圧が高い人も，夏は普段より低めの値が出ることがある．そのため，降圧剤を服用している人は，冬場と同じ薬を夏に飲むと，血圧が下がり過ぎることがあり，ふらつきや立ちくらみが起きることがあるので注意が必要である．

高血圧は患者数が多く，放置していると心臓病や脳卒中，腎臓病などを発症する危険性が一気に高まる．高血圧，糖尿病，脂質異常症，肥満などは，1つでも心臓病や脳卒中の危険因子となるが，それらがいくつか重なった状態では，動脈硬化が急速に進み，心臓病や脳卒中を起こす確率が一気に高まる．特に，腎臓の働きが悪くなると余分な塩分と水分の排泄ができなくなり血液量は増加し血圧が上がる．さらに，血圧が上がると腎臓への負担が増え，ますます腎臓の機能が低下するといった悪循環に陥る．したがって，腎臓の働きを守るためにも早期に血圧をコントロールすることが大切だ（図5-3）．

最近の研究から，脳卒中は男女を問わず高血圧の影響が大きいことが明確になっている．高血圧によって最もリスクが高くなるのが，脳卒中である．収縮期血圧（最高血圧）が10mmHg上昇すると，脳卒中のリスクが男性で約20％，女性で約15％高くなることがわかってきた．脳卒中は命が助かっても，運動障害や言語障害が残りやすく，長期のリハビリが必要となることも少なくない．

人体の中で大切な働きを担っている腎臓の機能と高血圧には深い関係がある．高血圧患者の約30％が腎障害を合併していることが報告されている．腎臓は，

図5-3　高血圧と合併症

背中側の腰骨の上のあたりに左右に1つずつ，計2つある握りこぶし大の臓器である．尿をつくり，体外に排泄する役割を果たしている．腎臓は主に，血液を濾過して尿の元（原尿）をつくる糸球体と，原尿の中から必要な物質や水を再吸収する尿細管からできている．糸球体は毛細血管が毛玉のように集まった構造をしている組織で，大きさは0.1～0.2mmと非常に小さいが，1つの腎臓に約100万個程度存在し，腎臓に流れ込んだ大量の血液は糸球体で濾過されて原尿になり，長さ4～7cmの尿細管の細い管の中を通り，尿細管で原尿の中からまだ使える必要な物質や水を再吸収して体に戻す．不要な老廃物は尿の中に捨てられるが，原尿のうちの約99％は体内に再吸収され，尿として体外に排出されるのは1％ほどである．腎臓病になるとこの糸球体や尿細管が機能しなくなり，尿が健常につくられなくなってしまう[11]．

　このように，腎臓が尿をつくって老廃物を排出することにより，体内の環境は最適な状態に整えられる．その働きは大きく次の4つに分類することができる．

　　① 塩分量（ナトリウムやカリウム）の調節
　　② 血液 pH（酸性，アルカリ性）の調節
　　③ タンパク代謝物（老廃物）の排泄
　　④ ホルモンの産生

　塩分量の調節ができなくなると現れるのが「むくみ」である．私たちの体は体重の60％が水であり，その水にはナトリウムやカリウムが溶け込んでいる．そして主としてナトリウム（食塩）の量によって体内の水分量が決まる．

　腎臓の働きが正常であれば，塩分をある程度多く摂っても尿として排出されるので体の水分は一定に保たれるが，腎臓の悪い人が塩分をたくさん摂ると体の中に水分が溜まって，足やまぶたにむくみ（浮腫）が出る[12][13]．

　また，酸性食品を食べてもアルカリ性食品を食べても，血液の pH はいつも7.4程度に保たれている．これは腎臓と呼吸の働きによるもので，血液 pH が一定でないと細胞は活動できない．腎臓が悪くなると酸性物質が血液や細胞内に留まって，細胞がうまく働くことができなくなり，吐き気や食欲の低下が起こり，集中力が低下したり疲れやすくなったりする．

　タンパク質の排泄がうまくいっていないときにも同じようなことが起こる．炭水化物や脂質は体のエネルギーとして使用されたあと，二酸化炭素や水にな

第5章　ヘルスプロモーションの推進　　*195*

って排泄される．しかし，タンパク質には窒素が入っているために，エネルギーとして使われたあと，腎臓が正常に働かないと老廃物として排泄することができない．そのため血液は酸性に傾き，吐き気や嘔吐，疲れやすさが発生する．

　加えて，腎臓からは多くの種類のホルモンが分泌されている．代表的なものがエリスロポエチンとレニンである．エリスロポエチンは骨髄に働いて赤血球を増加させ，腎臓が悪くなるとエリスロポエチンの分泌が低下して赤血球が少なくなり，貧血が起こる．一方，血圧を上昇させる作用があるレニンは腎臓が悪くなると分泌がむしろ増加し，高血圧を引き起こすという悪循環が起こる．

　高血圧になりやすいかをチェックするには，以下の項目を参照し，チェックの数が多いほど，高血圧になりやすいので，注意が必要である．

　　　　□濃い味つけのものが好き
　　　　□野菜や果物はあまり食べない
　　　　□運動をあまりしない
　　　　□家族に高血圧の人がいる
　　　　□ストレスがたまりやすい
　　　　□お酒をたくさん飲む
　　　　□たばこを吸う
　　　　□血糖値が高いといわれたことがある
　　　　□炒めものや揚げもの，肉の脂身など，あぶらっぽい食べものが好き

3．ヘルスプロモーションの個人と集団へのアプローチ

　生活習慣病は自己破壊的な疾患であり，食べ過ぎ・飲みすぎを含む悪い食習慣，喫煙，ストレス，運動不足などの悪い生活習慣が原因となる．そこで，定期的な健康診断と繰り返しの健康教育が重要である．

A．生活習慣病の由来

　悪い食習慣を続けるとさまざまな病気として，高血圧・脳卒中・高脂血症（血中の脂肪分が多い）・虚血性心疾患（心筋梗塞，狭心症）・肥満・糖尿病（血中の糖分が多い）・痛風（血中の尿酸が多い，足指の関節に炎症）・肝硬変（肝臓の働きが不良になる）・消化性潰瘍などを発病する．以前は成人病と言っていたが，日野原重

明医師がこれらの疾病は予防可能なことから，20年の長きをかけて，生活習慣病と名称の変更を提案した．[14)15) この概念の導入には2つの理由がある．

① 成人病は年をとったらなってしまう現象ではなく，生活習慣の改善によって発症，進行を予防できるという認識で，改善活動に結びつける必要がある．

② 生活習慣に着目した病気との概念を導入することで，「疾病の発症予防＝一次予防」が強力に推進されることが期待できる．また，小児期から生涯を通じての健康教育が推進できるという2つのメリットがある．[16)17)

B．遺伝子レベルで考える現代人の健康問題

最近の研究では，縄文人が従来の説より高い文明を持っていたのではないかと考えられている．しかし，人骨などから推定すると，当時の平均寿命は15歳くらいであったようだ．縄文人の現実は非常に厳しく，常に飢えの危機と感染症に相対して，生きることだけで大変であった．これは縄文時代だけでなく，人間の歴史は長年厳しい環境の中で生きることを余儀なくされていたといえる．江戸時代の一般人の平均寿命も30歳代だという説もある．10万あるいは20万年前に現生人が誕生し，農業をはじめたのが早い所で1万年前，日本では2000年前である．

農業や牧畜がはじまって，ごく一部の人たちの生活はかなり安定したが，大部分の人たちは，長年にわたり非常に厳しい状態で生きねばならなかった．農業も初期は原始的で，常に気候の影響を受け，当然飢饉もしばしば起こった．現在のように少なくとも食糧について心配することがなくなったのは，ごく最近で，人類史を一日24時間に短縮する（午前0時を10万年前の人類が誕生した時期とし，現在を24時とする）と日本で農業をはじめたのが23時43分，工業が始まったのが23時59分である．つまり長い日本人の歴史の中で，お腹いっぱい食べられるようになったのは，人類史のほんの数十秒にすぎないといえる．人間の遺伝子レベルで考えると，新しい環境に適応するように変化するには，10万年くらいはかかると考えられている．

この飢餓から飽食の時代への急激な変化に，遺伝子が対応できないため，現代人はいろいろな病気にかかっているともいわれる．また，アメリカのニールという学者は，人間の遺伝子の中には，「倹約遺伝型」というべき遺伝子型が

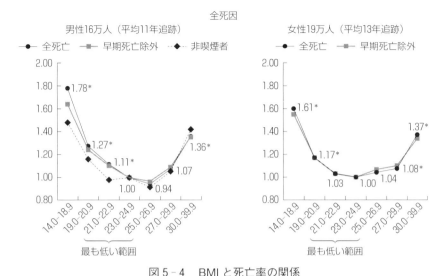

図5-4　BMIと死亡率の関係

(出所)　国立がん研究センター予防研究グループ．http://epi.ncc.go.jp/can_prev/evaluation/2830.html（参照2018-12-2）．

あり，日本人も例外でなく，20年前，あるいは10年前と比較すると，成人男性の全ての年齢層でBMIが肥満の方向に大きく変化しているというデータがある．30歳代では3人に1人が「肥満かやや肥満」と分類され，40から50歳代では4割弱が「肥満かやや肥満」である．女性では40歳代以降に肥満の傾向がみられる．

少しの食べ物で太る人は「倹約遺伝子」をもっている人で，飽食の時代になって適応できなくなったと考えられる．いくら食べても太れない人は逆に浪費遺伝子を持っており，逆に基礎代謝が200kcal増加するため，太れない．このような太れない体質の人は運動をして筋肉をつけることで体重増加が期待できる．

BMIと死亡率の関係はこれまで，BMIが22の時に死亡率が一番低いとなっていたが，中高年では23〜24が良い．太りすぎも，やせすぎもよくないことが理解できる．すなわち，適正体重を維持することで，毎日の生活を健康に過ごすことが健康長寿につながるようである[18]（図5-4）．

C．プライマリヘルスケアからの展開

さて，1978年のWHOによるプライマリヘルスケアでは，健康が基本的人

権の1つであることが明示され，住民の主体的参加，地域資源の有効利用，適正技術の導入，保健活動における協調と統合の4原則が示された．その後，オタワ憲章（1986年）が発表され，ヘルスプロモーションの戦略が，健康的な公共政策づくり，健康を支援する環境づくり，地域活動の強化，個人技術の開発，ヘルスサービスの方向転換の5つにまとめられた．健康の保持・増進のためには，個人の技術の開発とそれを支援する公共政策や環境づくりが重要であることが明示された．

これらの中核に位置する理念が，住民参加による健康づくりである．日本の医療費の動向を示す「医療給付費」と国民皆保険（公的医療保険）制度は，2025年に大きな転換点を迎える．この年には，日本の人口動態中の最大集団である団塊の世代（1947～49年生まれ）の全員が75歳以上，つまり「後期高齢者」となる．後期高齢者の1人当たり年間医療費は約92万円で，国民平均（約30万円）の約3倍である．2012年推計では2025年には150兆円になるといわれている．この金額は国民総生産（2000年度520兆円）の約10％に相当し，国民にとって大きな負担となる．政府としてもこの事態を厳しくとらえ，2025年目標を56兆円から45兆円に縮小すべく診療報酬の切下げ，高所得者の負担増，入院日数の短縮，患者負担増，生活習慣病対策など，さまざまな角度からの削減方針を発表している（2006年1月）．なかでも生活習慣病予防に手を打つことで，6兆円の削減効果があるとしている[19]．

高齢化は地域の深刻な問題であり，高齢者が自立した生活を送るには，各種のサービスのほかに家族，地域での支え合いが重要である．家族や高齢者自身による「自助」，地域社会で支え合う「互助」と「共助」，公的制度の「公助」が，組み合わさり継続し機能することが重要だが，身近な地域に，生活不活発を予防し，地域の絆が深まるアクティブな活動のネットワークを育むことが望まれ，健康増進サポーター養成は今後ますます期待される事業である．

2013年，亀岡スタディの介入プログラム終了後も教室や体力測定を発展的に継続運営しながら，さらに健康づくり活動の幅を広げるために，2013年時点の任意団体メンバーを引き継ぐ形で特定非営利活動法人への移行を検討してきたところ，2013年9月16日の設立総会において設立を決定し，現在亀岡市では約160名のサポーターが登録されている[20]．

カナダでは，ヘルスプロモーションの先駆けといわれるラロンデ報告（1974年）とヘルスプロモーションのカナダ版実施戦略であるエップ報告（1986年），

オタワ憲章が発表された．ラロンデ報告では，健康の決定要因として，従来の医療制度や医学の進歩以上に，個人のライフスタイルや社会環境による影響を強調することによって，健康づくりに対する住民参加と行政の関与の重要性を指摘した．エップ報告やオタワ憲章でも，健康な環境づくりや住民参加が強調された．

　しかし，長引く経済不況の中で，ヘルスケアの方向は，ヘルスプロモーションからポピュレーションヘルス（集団的健康）に移行した．集団的健康戦略の報告書（1994年）によれば，その定義は，健康状態の指標によって測られるもので，社会的・経済的・物理的環境，個人の健康実践，個人の能力とコーピングスキル，人類生態学，幼児期の発達，ヘルスサービスに影響されるものとしての集団の健康である．ポピュレーションとは，ある共通する要因を持っている社会集団のことで，たとえば，リウマチを持っている社会集団である．その活動は，介入するグループを限定する考え方で，そのグループに対して集中して活動をする．ヘルスプロモーションからポピュレーションヘルス（集団的健康）への転換は，大きな意味がある[21]．

　すなわち，ヘルスプロモーションは元来，市場原理（費用対効率，費用対便益）や医療費の削減を目的にしていない．公正，社会正義のもとで「個人の健康」だけでなく，「地域（コミュニティ）・社会の健康」をも追求している．官（行政主導，専門家主導）でも民（市場主導）でもない，市民とともに，社会的弱者への健康支援を目指していた．しかし，1990年代になって，市場原理の考え方，短期的効果・効率の追求，Tax Payer（中産階級）への配慮等によって，「地域（コミュニティ）・社会の健康」より「個人の健康」を重視するポピュレーションヘルス（集団的健康）が台頭してきた．集団的健康では，健康指標を定めて，この社会的集団はこの指標が達成されればよいという形になり，理想的なヘルスプロモーションの考え方が打ち消される状況に置かれている．これらの考え（利害）をどう調整していくかが，マクロで見た地域の健康課題である．

4．健康づくりのための人材育成と健康教育

　ヘルスプロモーションとは，世界保健機関によって「人々が自らの健康とその決定要因をコントロールし改善できるようにするプロセス」と定義されている．このプロセスを進めていくためには，健康教育によって「知識，価値観，

スキルなどの資質や能力」を身につけることが重要であるが，それだけでは不十分である．

　健康教育とは，1人ひとりの人間が，自分自身や周りの人々の健康を管理し向上していけるように，その知識や価値観，スキルなどの資質や能力に対して，計画的に影響を及ぼす営みといえる．この営みは，学校，地域，産業などのさまざまな場面で，また，教諭，養護教諭，栄養教諭，医師，歯科医師，薬剤師，保健師，助産師，看護師，管理栄養士，栄養士，歯科衛生士などのさまざまな職種の人がかかわり，食事，運動，喫煙，ストレス，病気やけがなどのさまざまなテーマに関して行われる[22)23)24)]．

A．介護予防・健康増進の人材育成（地域資源の活用）

　健康教育は，単に健康について教える教育ではない．なぜなら，健康は，学ぶことにも意義があるが，獲得すること，社会を改善していくことにより大きな意義がある．健康を獲得することはすべての人の基本的な権利といえるが，健康自体，それぞれの人の生き方と強く結びついている．そのため，他人から与えられるのではなく，自分自身で，あるいは自分たちで求め獲得することが基本である．その意味で，健康教育には，医療処置や環境衛生などの教育以外の健康のための営みとは異なる大きな役割がある．

　現代において，健康教育は，その営みを政策立案や環境づくりにまで拡大したヘルスプロモーションと切り離しては語れなくなっている．すなわち，健康教育とは1人ひとりの人間が，自分自身や周りの人々の健康を管理し向上していけるように，その知識や価値観，スキルなどの資質や能力に対して，計画的に影響を及ぼす営みと言える．プロフェッショナルとは専門家集団だけに所属するのではなく，もっと大きな取り組みにも時間をさけるかどうかという意欲と能力，人や組織とのかかわりという営みが重要である．このような営みは学校，地域，産業などのさまざまな場面で，また，教諭，養護教諭，栄養教諭，医師，歯科医師，薬剤師，保健師，助産師，看護師，管理栄養士，栄養士，歯科衛生士などのさまざまな職種の人がかかわり，食事，運動，喫煙，ストレス，病気やけがなどのさまざまなテーマに関して行われる．

　健康を獲得することはすべての人の基本的な権利といえるが，健康自体，それぞれの人の生き方と強く結びついている．したがって，他人から与えられるのではなく，自分自身で，あるいは自分たちで求め獲得することが基本である．

これまでに延べてきたことを実現するためには，教室スタイルで講義をするだけでなく，社会的な活動参加を通して，ネットワークを構築する必要がある．数人で始める勉強会や研究会，新たな学会の発足など，人が健康やQOLを高めることを実現するための仕組みを作る必要がある．

一方では，今まで運動していない人に対して，やろうという意欲や意識をどのように引き出すかも重要ポイントとなる．1人で運動するのでなく，グループダイナミクスを応用するためには地域介護力を高めること，だれでもできるホームエクササイズなども普及する必要がある．地域の伝統的な取組み，少人数でも継続されているような取組みを引き出したり，仲間作りを推進したりすることも必要である．地域のソーシャルキャピタルの再構築を図る必要がある．このような近未来への課題に対して，重要なのが協力者を増やすことである．人間関係はすぐに構築できるものではない，数年をかけて，じっくり育むことが大事である．

健康増進も介護予防も，運動機能や栄養状態といった個々の要素の改善だけを目指すものではなく，心身機能の改善や環境調整などを通じて，個々の人々の活動レベルまた役割レベルの向上をもたらす必要がある．それによって1人ひとりの生きがいや自己実現のための取組みを支援して生活の質QOLの向上を目指す事が究極の目的である．

健康教育はすべての中心にあるが，スポーツ・文化・芸術・体操・レクリエーションなど多様な活動の普及のきっかけづくりをしながらそれを定期的で継続的な活動に結びつけ，組織を有機的に結び付けて，交流を図ることで，地域にネットワークができる．そのためのきっかけを提供する．すなわち誘いの場，その誘いの場からクラブを結成する導入の場，今までやった活動を発表する展開の場と，このような市民サービス型事業が，ボランティアアクションとして，市民生活の中から生まれてくる必要がある．

WHOは身体活動は健康を改善することができる．身体活動をしている人は，より長く生きる傾向があり，心臓病，脳卒中，2型糖尿病，うつ病，およびいくつかの癌のリスクが低い傾向があるというエビデンスを公開している．身体活動は体重管理にも役立ち，学生の学業成績を向上させる可能性があると若者に対しても推奨している．逆に，非活動的な成人は，早期死亡，心臓病，脳卒中，2型糖尿病，うつ病，およびいくつかの癌のリスクが高くなるということである．[25]

B．スポーツ指導者と審判員

　1977年に文部省（現在は文部科学省）は「社会体育指導者の資格付与制度に関する調査協力者会議」を設置し，1983年には保健体育審議会に「資格付与に関する小委員会」が設けられ，資格基準の形態などが検討されてきた．

　1980年代に訪れた「健康ブーム」の影響から急増したスポーツやフィットネスに関連する施設において，十分な知識と技術を有した指導者の配置が急務となり，1988年頃から国の施策として，スポーツやフィットネスに携わる指導者の養成と確保に関する指針を示し，資格認定や資格付与の制度設置が行われた．1975年より，国際的にもスポーツ指導者は，専門的な知識を得るために資格を習得しなければならないと謳われているが，実際にはスポーツ指導者資格を取得しているものは10万人程度と少ない．指導者の問題として，特に知識よりも実践力に欠けるとの指摘もある．

　現在，国公私立大学，専門学校などでもスポーツの指導の資格取得ができるコースがある．このコースでは（公財）日本スポーツ協会で実施しているスポーツ指導者養成講習会と同じカリキュラムを履修することができ，講習・試験の一部またはすべてが免除されるシステムである（公益財団法人日本体育協会は平成30年4月1日付で名称を「公益財団法人日本スポーツ協会」に変更）．

　また，野球やサッカー，バレーボール，テニス，柔道など競技によって，それぞれ，各種スポーツの協会が審判員などの認定講習会を実施している．ただし，スポーツ審判員を主な収入源として仕事にできるのは，プロ野球，相撲，一部の格闘技，競馬・競輪の判定程度であり，ほとんどは本業を別に持ち，ボランティアとして協力するのが一般的である．しかし，この審判の養成は競技には欠かすことができない．審判員によって，競技が安全で公正に進行し，選手のやる気もゲームの面白さも向上する．スポーツの発展に欠かせないのが審判の存在である．

　このようなスポーツの資格は（公財）日本スポーツ協会及び各種スポーツの加盟団体等が，公認スポーツ指導者制度に基づき資格認定している．スポーツ指導の基礎資格である「スポーツリーダー」と競技別指導者資格である「指導員」「上級指導員」「コーチ」「上級コーチ」「教師」「上級教師」がある．指導員は地域スポーツクラブで，コーチは競技者の育成，教師は民間スポーツ施設で競技別の専門指導者として質の高い指導を行う．

　資格取得のためには既定のカリキュラムを学び，実践力もつけなくてはなら

ない．そして，スポーツ医・科学の知識を活かし，「スポーツを安全に，正しく，楽しく」指導し，「スポーツの本質的な楽しさ，素晴らしさ」を伝えることができるよう，日々練磨することが重要である．

競技のスキル向上だけでなく，近年は身体づくり・動きづくりなどを担うフィットネス指導者「ジュニアスポーツ指導員」「スポーツプログラマー」「フィットネストレーナー」．競技レベルを上げる基礎体力の向上とスポーツ障害の予防・栄養指導を担うメディカルコンディショニング資格「スポーツドクター(医師)」「アスレティックトレーナー」「スポーツ栄養士」．クラブの運営だけでなくクラブ員の充実したクラブライフを支援する企画，指導者が指導に専念できる環境整備を担うマネジメント資格「アシスタントマネージャー」「クラブマネージャー」などがある．指導者は安全かつ，効率的に指導する力を養い，それだけでなく自らの人間性を高めていく努力が必要である．もちろん，スポーツをする人自身も自立して，目標を持ち，お互いに切磋琢磨していくことがメダル獲得につながる[26]．

C．健康運動指導と介護予防指導

厚生省 (現在の厚生労働省) は，1988年に「健康づくりのための運動指導者の知識及び技能の審査・証明事業の認定に関する規定」(厚生省告示第31号) を示し，財団法人・健康・体力づくり事業財団を実施主体として，「健康運動指導士」(財団法人・日本健康スポーツ連盟に委託) と「健康運動実践指導者」(社団法人・日本エアロビックフィトネス協会に委託) の認定事業を実施している．

健康運動指導士は6つの役割を果たす人材として資格認定されている．

① 医学的な基礎知識，運動生理学の知識に基づいて，個々人に対して安全で適切な運動指導を行う．

② 特定の競技種目の普及や競技能力の向上ではなく，日常生活に健康づくりになる運動を普及，指導する．

③ 生活習慣病予防，健康増進のための運動普及を行う．

④ 個人の健康度，運動能力に応じてプログラムを作成し，指導する．

⑤ 半健康人，リスクファクターを有する人への運動プログラムを作成し，指導する．

⑥ 医師，栄養士，保健婦などとチームワークを組み，総合的に健康指導

を行う.

　健康運動指導士とは，保健医療関係者と連携しつつ安全で効果的な運動を実施するための運動プログラム作成及び実践指導計画の調整等を行う役割を担う者をいう．この健康運動指導士の養成事業は，1988年から厚生大臣の認定事業として，生涯を通じた国民の健康づくりに寄与する目的で創設され，生活習慣病を予防し，健康水準を保持・増進する観点から大きく貢献してきた．2006年度からは，公益財団法人健康・体力づくり事業財団独自の事業として継続して実施している.[27]

　現在，生活習慣病予防が生涯を通じた個人の健康づくりだけでなく，中長期的な医療費適正化対策の柱の1つとして位置づけられており，今後展開される本格的な生活習慣病対策においては，一次予防に留まらず二次予防も含めた健康づくりのための運動を指導する専門家の必要性が増しており，特に2008年度から実施の特定健診・特定保健指導において運動・身体活動支援を担うことについて，健康運動指導士への期待がますます高まっている．そこで2007年にはカリキュラムが大幅改定され，ハイリスク者も対象にした安全で効果的な運動指導を行うことのできる専門家を目指し，全国で1万7993人が登録されている.

　健康運動実践指導者は，健康づくりのための運動指導者に与えられる称号の1つで，第2次国民健康づくり運動（アクティブ80ヘルスプラン）の一環として，1988年に養成が開始された．自ら見本を示せる実技能力と，特に集団に対する運動指導技術に長けた者となるよう養成が行われている．日本の健康問題は成人だけに限らず，小・中・高等学校等の学校教育における学習活動を通じて，生涯にわたって自らの健康を適切に管理し改善していく資質や能力を育成していくことが求められ，健康の概念や日本が直面している健康課題，さらに生活習慣の乱れやストレスが健康に及ぼす影響など，健康運動実践指導者養成講習会で学んだ知識及び指導スキルは，健康づくりのさらなる国民運動化（ポピュレーションアプローチ）だけでなく，子どもたちの発達段階をふまえた健康教育にも十分に生かせるものである．全国で2万421人が登録されている．これら2つの資格も，大学や専門学校でコースが置かれて取得できる.

　この資格以外にも，介護予防関連の資格は，国家資格・公的資格ではなく，各財団や協会，NPO（非営利団体）が認定する民間資格などもある.

5．健康づくりのための身体活動基準

　クルマがガソリンを燃料にして動くように，わたしたちの体は血液中のブドウ糖を燃料にして動いている．ブドウ糖は，ごはんやパンなどの炭水化物，イモ類やお菓子などの糖分に含まれている．ふだんの食事からとったブドウ糖が血液中に溶け込んで全身に運ばれることでエネルギーとして働き，私たちの脳や筋肉，内臓が動いて生命が維持される仕組みになっている．この血液中のブドウ糖は，「血糖」と呼ばれている．血糖の量は食事をすると増え，1～2時間をピークに減っていく．

　血糖の量は，食事のほか，さまざまな原因によって変動するが，健康な人の体内では変動する血糖が上手にコントロールされ，いつも一定の幅の中で保たれている．その秘密はインスリンというホルモンにある．インスリンは，すい臓のランゲルハンス島という組織にあるβ細胞でつくられている．食事によって血糖値が上がる（血糖の量が増える）と，すい臓のβ細胞がこの動きをすばやくキャッチして，すぐにインスリンを分泌する．血糖が全身の臓器にとどくと，インスリンの働きによって臓器は血糖をとり込んでエネルギーとして利用したり，貯えたり，さらにタンパク質の合成や細胞の増殖を促したりするのである．こうして，食後に増加した血糖はインスリンによって速やかに処理され一定量に保たれる．現在，日本を含むアジアで糖尿病の患者が急速に増え，大きな問題となっている．

　その原因は，食生活の欧米化にあるといわれている．欧米食は高カロリー食が多く，内臓脂肪が蓄積しやすいということになる．内臓脂肪型肥満のうえに運動不足だと，必要なインスリンは通常の数倍にもなる．しかし，アジア人はもともとの体の仕組みとして，欧米人よりインスリンを分泌する量が少ない．つまり，アジア人は軽度の肥満でも糖尿病になりやすい民族なのである．そのほか，ストレスや，運動不足も糖尿病と大きくかかわっていると考えられている．糖尿病の要因としては，以下が挙げられる．

　　・多量飲酒
　　・喫煙
　　・寒冷な環境

・精神的なストレス（緊張，心配など）
・肥満（カロリーのとり過ぎ）
・運動不足，睡眠不足，過労
・塩分のとり過ぎ
・降圧剤を勝手に飲むこと

　厚生労働省が行った「平成28年国民健康・栄養調査」によると，成人（20歳以上）のうち糖尿病が強く疑われる人は約1000万人，糖尿病の可能性が否定できない人は約1000万人と推定されている[28]．なお，糖尿病が強く疑われる人の割合を性・年齢階級別でみると，男性においては40歳以上，女性においては50歳以上の人，つまり中年層以上からその割合が高まっているようである．糖尿病は，遺伝的な体質に，環境的な要因が加わって発症するといわれている．環境的要因として大きくかかわっているのが，食べ過ぎや運動不足，肥満，ストレスなどの生活習慣である．

　国際糖尿病連合（IDF）は，11月14日の世界糖尿病デーに，世界の糖尿病に関する最新の調査をまとめた「糖尿病アトラス 第8版 2017」（Diabetes Atlas 2017）を発表した．世界の糖尿病人口は爆発的に増え続けており，2017年現在で糖尿病有病者数は4億2500万人に上ることが判明した．そして，2045年には世界の糖尿病患者の数は7億人に届くほど増加すると予測されている[29]．

　糖尿病患者は，インスリン分泌が低下していたり，インスリンの働きが悪くなっているために，血糖値を下げることができず，血糖値が高い状態になっている．体調や健康度に応じて調整可能な体操やウォーキングのような運動の継

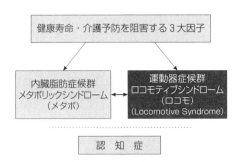

図5-5　健康寿命・介護予防を阻害する3大因子
（出所）日本臨床整形外科学会．http://www.jcoa.gr.jp/locomo/teigi.html（参照2017-12-2）．

続が，筋力や BMI を正常に保ち，サルコペニア（sarcopenia）を予防し，他の
ライフスタイル（食事摂取等）にも影響を及ぼす可能性が示唆されている．今後
は，日々の活動目安になる高齢者向け身体活動基準値も設定されることが望ま
しく，高齢者が活動的なライフスタイルを過ごし，社会貢献することで，高齢
化も大きな問題でなくなることを期待したい．健康寿命・介護予防を阻害する
３つの要因への対処も重要である（図5-5）．

A．健康づくりのための運動基準2006

　健康づくりのための運動所要量を見直し，身体活動量と運動量の基準値を設
定し，身体活動を主体として健康づくりをする人であれば，毎日8000～１万歩
の歩行が目安であり，運動を主体とする人ではジョギングやテニスを毎週約35
分間，速歩では１時間の実施が目安とした．

　1989年の健康づくりのための運動所要量と大きく異なる点は，生活習慣病を
予防する観点を重視して，① 内外の文献を精査し（システマティック・レビュー），
身体活動量・運動量・体力（最大酸素摂取量）の基準値をそれぞれ示したこと，
② 生活習慣病予防と筋力を含むその他の体力との関係についても検討したこ
となどである．平成５年には，運動を普及させ，親しみやすいものにすること
によって，明るく，楽しく，健康な生活を創造することを目的として，「健康
づくりのための運動指針」が策定された後，1997年には，「生涯を通じた健康
づくりのための身体活動のあり方検討会」の報告書が策定された．近年，糖尿
病，高血圧症，高脂血症等の生活習慣病が問題となっている．さらにそういっ
た病気の基礎病態であるメタボリックシンドロームという概念と診断基準が，
2005年４月に関係８学会により示された．国民の３分の２が運動習慣を身につ
けていない状態となっている．「１に運動，２に食事，しっかり禁煙，最後に
クスリ」の標語の下，身体活動・運動施策についても，より一層の推進が望ま
れることとなった．[30)]

B．健康づくりのための身体活動基準2013

　身体活動・運動分野における国民の健康づくりのための取組については，
2006年に「健康づくりのための運動基準2006」及び「健康づくりのための運動
指針2006〈エクササイズガイド2006〉」を策定し，健康日本21に係る取組の一
環として，これらの基準等を活用して身体活動・運動に関する普及啓発等に取

り組んできた．これらの基準等の策定から6年以上が経過し，身体活動に関する科学的知見が蓄積されていること，また，平成25年度から健康日本21（第二次）が開始することから，新たな科学的知見に基づき改定を行い，「健康づくりのための身体活動基準2013」及び「健康づくりのための身体活動指針（アクティブガイド）」として取りまとめたものである．

　その概要は，以下のようなものである．

- ・身体活動（生活活動及び運動）全体に着目することの重要性から，「運動基準」から「身体活動基準」に名称を改めた．
- ・身体活動の増加でリスクを低減できるものとして，従来の糖尿病・循環器疾患等に加え，がんやロコモティブシンドローム・認知症が含まれることを明確化（システマティックレビューの対象疾患に追加）した．
- ・こどもから高齢者までの基準を検討し，科学的根拠のあるものについて基準を設定した．

図5-6　年齢別の基準と世代共通の方向性

血糖・血圧・脂質に関する状況		身体活動（生活活動・運動）※1	今より少しでも増やす（例えば10分多く歩く）※4	運動	運動習慣をもつようにする（30分以上・週2日以上）※4	体力（うち全身持久力）
健診結果が基準範囲内	65歳以上	強度を問わず，身体活動を毎日40分（＝10メッツ・時/週）	今より少しでも増やす（例えば10分多く歩く）※4	—	運動習慣をもつようにする（30分以上・週2日以上）※4	—
健診結果が基準範囲内	18〜64歳	3メッツ以上の強度の身体活動※2を毎日60分（＝23メッツ・時/週）		3メッツ以上の強度の運動※3を毎週60分（＝4メッツ・時/週）		性・年代別に示した強度での運動を約3分間継続可能
健診結果が基準範囲内	18歳未満	—		—		—
血糖・血圧・脂質のいずれかが保健指導レベルの者		医療機関にかかっておらず，「身体活動のリスクに関するスクリーニングシート」でリスクがないことを確認できれば，対象者が運動開始前・実施中に自ら体調確認ができるよう支援した上で，保健指導の一環としての運動指導を積極的に行う．				
リスク重複者又はすぐ受診を要する者		生活習慣病患者が積極的に運動をする際には，安全面での配慮がより特に重要になるので，まずかかりつけの医師に相談する．				

（注）　※1　「身体活動」は，「生活活動」と「運動」に分けられる．このうち，生活活動とは，日常生活における労働，家事，通勤・通学などの身体活動を指す．また，運動とは，スポーツ等の，特に体力の維持・向上を目的として計画的・意図的に実施し，継続性のある身体活動を指す．
　　　　※2　「3メッツ以上の強度の身体活動」とは，歩行又はそれと同等以上の身体活動．
　　　　※3　「3メッツ以上の強度の運動」とは，息が弾み汗をかく程度の運動．
　　　　※4　年齢別の基準とは別に，世代共通の方向性として示したもの．
（出所）　厚生労働省，健康づくりのための身体活動基準2013.

図 5-7　健康づくりのための身体活動基準2013
（出所）厚生労働省，健康づくりのための身体活動基準2013．

　　・保健指導で運動指導を安全に推進するために具体的な判断・対応の手順を示した．
　　・身体活動を推進するための社会環境整備を重視し，まちづくりや職場づくりにおける保健事業の活用例を紹介した．（図5-6）（図5-7）

C．WHOのファクトシート

　定期的な身体活動は，心臓病，脳卒中，糖尿病，乳癌および大腸癌などの非伝染病（NCDs）の予防および治療に役立つことが証明されている．また，高血圧症，過体重および肥満を予防し，精神的健康，生活の質および幸福を改善するのに役立つ．しかし，世界の多くは未だ，運動の価値に気づき，政策として運動を支援する状況は広がっていない．
　そこでWHOは，各国が身体活動を促進するための政策措置を拡大することを支援する新たなグローバルな行動計画を策定した．それは，世界の各国が最新の知識を得て，政策として国民に運動を推奨し，子どもから高齢者まで，あらゆるレベルで身体活動を増やすための効果的かつ実現可能な政策措置の枠

組みを提示する.

　この計画では，4つの目標を設定し，すべての国に適用可能な20の政策措置を勧告し，非活動の文化的，環境的および個別の決定要因に取り組む．この新しい計画の重要な特徴は，「システムベースの」アプローチが求められていることである．効果的な導入には，システム全体の調整，調整を達成するために，あらゆるレベルでの政府間および多部門のパートナーシップと大胆なリーダーシップが必要である．WHOは，あらゆる年齢や能力を持つ人々の身体活動の水準を高めるための全地域的アプローチを実施するよう各国を支援する．技術的支援，技術革新，指導のニーズに対応するため，グローバルな地域，国の調整と能力が強化される．ウォーキング，サイクリング，スポーツ，活発なレクリエーションと遊びを促進するための政策への投資は，2030年の持続可能な発展目標（SDGs）の多くを達成するために直接的に貢献することができる．身体活動に関する政策行動は，多様な健康，社会的，経済的利益をもたらし，持続可能な開発目標であるSDG3（良好な健康と福祉），SDG2（あらゆる形態の栄養失調を終える）を含む他の目標の達成に直接貢献する．SDG4（質の高い教育），SDG5（ジェンダー平等），SDG8（適切な仕事と経済成長），SDG9（産業，イノベーションとインフラ），SDG10（不等式の削減），SDG11（持続可能な都市とコミュニティ），SDG12（責任生産と消費），SDG13（気候行動），SDG15（生命の土地），SDG16（平和，正義と強力な機関）とSDG17（パートナーシップ）などに貢献できるとしている.[31)32)33)]

注
1）　蝦名玲子，ヘルスプロモーション～概要版～，http://www.globalhealthcommunications.com/h-promotion/outline.htm，（参照2017-12-2）.
2）　久保田健夫，内科医からみた先制医療　胎児プログラミングからみた先制医療，第112回日本内科学会講演会，日本内科学会雑誌，104(9)，2015，1825-1830.
3）　The Bangkok Charter for Health Promotion in a Globalized World，World Health Organization，2005，http://www.who.int/healthpromotion/conferences/6gchp/bangkok_charter/en/，（参照2017-12-2）.
4）　佐甲隆，ジャカルタ宣言～ヘルスプロモーションの21世紀への導入，1997，http://sakotaka.web.fc2.com/jakarta.htm，（参照2017-12-2）.
5）　中村桂子，第4回ヘルスプロモーション国際会議に参加して，週刊医学界新聞，第2279号，1998，http://www.igaku-shoin.co.jp/nwsppr/n1998dir/n2279dir/n2279_04.htm，（参照2017-12-2）.
6）　Mi21net，歯の健康から口腔の健康へ，http://www.mi21.net/qol/forpeople/

第 5 章　ヘルスプロモーションの推進　*211*

mouth_orifice.html，（参照2017-12-2）．

7 ）　8020推進財団，世界口腔保健報告書2003年：21世紀における口腔保健のさらなる改
善（翻訳）——WHO 国際口腔保健プログラムのアプローチ——，https://www.
8020zaidan.or.jp/databank/report.html，（参照2017-12-2）．

8 ）　日本運動疫学会，身体活動のトロント憲章 世界規模での行動の呼びかけ，2011，
http://jaee.umin.jp/doc/torontocharter-japanese-20may2010.pdf，（参照2017-12-2）．

9 ）　国立研究開発法人国立がん研究センター，科学的根拠に基づいた「日本人のための
がん予防法」，https://epi.ncc.go.jp/can_prev/evaluation/8146.html，（参照2017-12-
2）．

10）　国立がん研究センターについて，科学的根拠に基づくがん予防，https://ganjoho.
jp/public/pre_scr/cause_prevention/evidence_based.html，（参照2017-12-2）．

11）　宮入知喜，高血圧が招く最大の問題は動脈硬化，メディカルネットブック，ファン
デリー，https://m-netbook.jp/hypertension，（参照2017-12-2）．

12）　佐々木成，身体の水と塩の調節機構と健康，http://www.saltscience.or.jp/
symposium/2014_2-sasaki.pdf，（参照2017-12-2）．

13）　飯野靖彦，ナトリウム・カリウムの調節，http://www.saltscience.or.jp/
symposium/2006_1.iino.pdf，（参照2017-12-2）．

14）　日野原重明，成人病に代わる「習慣病」という言葉の提唱と対策，教育医療，Vol.
5，No3，財団法人ライフプランニングセンター，東京，1978，1 - 3 ．

15）　厚生労働省，生活習慣に着目した疾病対策の基本的方向性について（意見具申），
1996，https://www.mhlw.go.jp/www1/shingi/1217-1.html，（参照2017-12-2）．

16）　Jcast ニュース，日野原重明さん死去　100歳越えて現役医師，2017/7/18，https://
www.j-cast.com/2017/07/18303417.html?p=all，（参照2017-12-2）．

17）　生活習慣改善のために，スマート・ライフ・プロジェクト，http://www.smartlife.
go.jp/about/lifestyle/，（参照2017-12-2）．

18）　清田昌英，肥満と健康（倹約遺伝子の話），2005，http://tougewo-koete.jp/roudou.
html，（参照2017-12-2）．

19）　松木淳一，「医療費2025年問題」への警鐘と対策，ニッポンドットコム，2014/10/6，
https://www.nippon.com/ja/column/g00214/，（参照2017-12-2）．

20）　横山慶一，NPO・行政・大学三位一体で支えるこれからの介護予防，産学官連携ジ
ャーナル，13- 1 ，2017，26-28．

21）　中山貴美子，カナダにおけるヘルスプロモーションの現状から学ぶこと，公衆衛生，
68（10），2004，806-810．

22）　厚生労働省，Ⅳ　健康教育，https://www.mhlw.go.jp/bunya/shakaihosho/iryou
seido01/pdf/info03k-05.pdf，（参照2018-7-13）．

23）　日本健康教育学会，健康教育とは，http://nkkg.eiyo.ac.jp/hehp.html，（参照2018-
7-13）．

24）　島内憲夫，ヘルスプロモーションの近未来——健康創造の鍵は？——，日健教誌，

23(4), 2015, 307-317.

25) （公財）日本 WHO 協会，WHO ファクト シート，身体活動 Physical activity, 2018, http://www.japan-who.or.jp/act/factsheet/385.pdf, （参照2018-7-13）.

26) 日本スポーツ協会公認スポーツ指導者資格概要, http://www.japan-sports.or.jp/coach/tabid58.html, （参照2018-7-13）.

27) （公財）健康・体力づくり事業財団，健康運動指導士 健康運動実践指導者, http://www.health-net.or.jp/shikaku/index.html, （参照2018-7-13）.

28) 厚生労働省，平成28年国民健康・栄養調査, https://www.mhlw.go.jp/file/04-Houdouhappyou-10904750-Kenkoukyoku-Gantaisakukenkouzoushinka/kekkagaiyou_7.pdf, （参照2018-7-13）.

29) 糖尿病ネットワーク，世界糖尿病デー 糖尿病人口は 4 億人を突破 30年後には 7 億人に, 2017/11/14, http://www.dm-net.co.jp/calendar/2017/027510.php, （参照2018-7-13）.

30) 厚生労働省，健康づくりのための身体活動基準2013 （概要）, https://www.mhlw.go.jp/stf/houdou/2r9852000002xple-att/2r9852000002xppb.pdf, （参照2018-7-13）.

31) WHO, Global action plan for the prevention and control of NCDs 2013-2020, http://www.who.int/nmh/publications/ncd-action-plan/en/, （参照2018-7-13）.

32) Physical activity ファクトシー原文, http://www.who.int/en/news-room/fact-sheets/detail/physical-activity, （参照2018-7-13）.

33) WHO, The global action plan on physical activity 2018-2030, 2018, http://apps.who.int/iris/bitstream/handle/10665/272722/9789241514187-eng.pdf, （参照 2018-7-13）.

第6章　日常生活の中のヘルスプロモーション

　日本は世界にさきがけて高齢社会を迎え，平均寿命は男女とも80歳を超えた.
これに伴い運動器の障害も増加している．運動器とは身体活動を担う筋・骨
格・神経系の総称である．筋肉，腱，靭帯，骨，関節，神経（運動・感覚），脈
管系などの身体運動に関わるいろいろな組織・器官によって構成されており，
その機能的連合が運動器である[1]．入院して治療が必要となる運動器障害は50歳
以降に多発する．寿命が長くなると，長期間運動器を使い続けることになり，
従来の運動器機能障害対策の単なる延長線上では解決できない時代を迎えてい
る.

1. ロコモティックシンドローム

　80年以上も筋肉と骨格を使う時代という新たな時代には，新たな言葉が必要
であり，日本整形外科学会では，運動器の障害による移動機能の低下した状態
を表す新しい言葉として「ロコモティブシンドローム（locomotive syndrome）
（以下「ロコモ」）」を提唱し，和文は「運動器症候群」とした．Locomotive（ロ
コモティブ）は「運動の」の意味で，機関車という意味もあり，能動的な意味
合いを持つ言葉である．運動器は広く人の健康の根幹であるという考えを背景
として，年をとることに否定的なニュアンスを持ち込まないことが大事である
と考え，「ロコモ」の言葉を選んだようである．また，自分でロコモと気付く
ためのツールとして「ロコチェック（ロコモーションチェック）」と，ロコモ対策
としての運動「ロコトレ（ロコモーショントレーニング）」のパンフレットも作成
されている[2].

　日本整形外科学会が，2007年に提唱した「ロコモ」は，「人間は運動器に支
えられて生きている．運動器の健康には，医学的評価と対策が重要であるとい
うことを日々意識してほしい」というメッセージが込められている．加齢によ
り，身体機能は衰え，筋力低下，持久力低下，反応時間や運動速度の低下，巧

緻性低下，深部感覚低下，バランス能力低下などが出現する．これに「閉じこもり」などで，運動不足の状態になると，これらの「筋力」や「バランス能力の低下」だけでなく「運動機能低下」により，容易に転倒しやすくなる．高齢者は，これらの「加齢」や「運動不足」に伴う，「身体機能の低下」や，「運動器疾患」による痛みや，易骨折性（軽微な外傷による骨折）など，多様な要因があいまって，いわば「負の連鎖」となる．ついには立って歩く，衣服の着脱，トイレでの排泄など，最低限の日常生活動作（ADL）さえも，自立して行えなくなり，「健康寿命の短縮」，閉じこもり，廃用症候群や，寝たきりなどの「要介護状態」になっていく．

　日常生活を送るのに「最低限必要な，日常的な動作」のことを「ADL（Activity of daily life）」という．たとえば，寝起きや移動，トイレや入浴，食事，着替えなど「日常生活のいろいろな動作」である．日常生活動作（ADL）には，以下の2つがある．

　　(1)基本的日常生活動作（basic ADL=BADL）
　　(2)手段的日常生活動作（instrumental ADL=IADL）

IADL とは，BADL の身の回り動作（食事，更衣，整容，トイレ，入浴等）・移動動作の次の段階である．具体的には，買い物，調整，洗濯，電話，薬の管理，財産管理，乗り物等の日常生活上の複雑な動作をいう．

　基本的日常生活動作は「入浴，更衣，排泄，食事」などであり，IADL としては，次のような質問項目がある．

　　① バスや電車を使って1人で外出できますか
　　② 日用品の買い物ができますか
　　③ 自分で食事の用意ができますか
　　④ 請求書の支払いができますか
　　⑤ 銀行預金・郵便貯金の出し入れが自分でできますか
　　⑥ ゲートボール，踊りなど趣味を楽しんでいますか

これらの質問を用いて，手段的日常動作を評価している．

　IADL は，ADL よりも前段階の日常生活の障害を示しており，IADL の低下が起こってから，次に ADL の障害が起こる．ADL は高齢者や障害者の身体能力や，障害の程度をはかる，重要な指標といえる．介護保険制度では，こ

れらの動作1つひとつを,「できる,できない」で調査し,その結果で,その人に必要な介護レベルを決める.[3]

第1章で取り上げた,メタボリックシンドローム（以下「メタボ」）は,心臓や脳血管などの「内臓の病気」で「健康寿命」が短くなり「要介護状態」になる.

ロコモは,「運動器の障害」が原因でおこる.しかし,「ロコモ」と「メタボ」や「認知症」を,合併する高齢者も多く報告されるが,年を取って,寝たきりや,認知症になって,要介護となることは避けられるのである.「健康寿命の延伸」,「生活機能低下の防止」には,予防,早期発見・早期治療が重要である.

2．日本人の食生活の変遷と課題

近年の日本人の食生活を概観すると,いつでも,どこでも,何でも食べられるという,かつて経験したことのない飽食時代を迎え,自然の恵み,食べることの意味,食べられることへの感謝の気持ちすら忘れているようにも見受けられる.さらに食生活の乱れが毎日の生活リズムや心身のバランスを崩しかねない状況である.

A．日本の伝統的食文化とは

食文化研究家・渡辺善次郎が『魏志倭人伝』に書かれていることを以下のように紹介している.「その倭人たちは海に潜って魚や貝を獲っている.稲や粟を作ってそれを食べる.冬でも夏でも（生の野菜を）食べる.酒が好きだ.そして非常に長生きで,80歳,90歳がざらにいる.百歳まで生きる人もいる.」

約2000年前の日本の姿である.この邪馬台国の時代から80歳,90歳が多かったという内容から,日本人は昔から長生きだったのではないかと結論付けている.[4]

フランシスコ・ザビエルという宣教師が祖国に宛てた手紙に,「日本人は肉をほとんど食べない,魚は食べる.だいたい米と麦だけで食事をしている.しかも食事は少食だが,野菜はたくさん食べる.それでいて不思議なほど元気で長生きだ.」と書いていたようである.この内容から,戦国時代においても外国人は,日本人が元気で長生きな国民にみえたのであろう.これらのことから推察すると,昔から日本という国には長生きにふさわしい風土と食の習慣があ

ったのだと思われる.

　また，新選組が活躍した時代に，将軍家の医師の松本良順が近藤勇がいた京都に出向いて，新撰組の「屯所」を訪ねていた．その松本医師は，新撰組は豪傑揃いだと思っていたところ，病人だらけだったので驚いたそうである．栄養失調で肺病を患っている人が多く，そのとき松本医師は，豚に残飯を食べさせて育て，その肉を隊員に食べさせろと指導し，隊員を元気に回復させている[5].柳田国男も，日本の食文化を「世界無類の多様な食」と書いており，その種類は1400種類と言われている[6].

　南極で越冬する南極探検隊は，日本を出港する際に一年分の食糧を持って行く．外国の隊は約300種類くらいの食材しか持っていないが，日本隊は750種類も持って行くそうである．いろいろな物を食べるということは，味覚を育てる源泉になるだけでなく，心身を健康にする源でもある.

B．食生活の変遷

　私たちの食生活は昔と比べて大きく変化している．昔は，主食の米を中心に水産物，畜産物，野菜などの多様な副食品が加わった健康的な"日本式食生活"であった．それが，戦後の復興と共に生活環境も豊かになり，必要な栄養を十分に摂れるようになった．その反面，ファーストフード・コンビニ弁当・スナック菓子などが普及し，油をたくさん使った料理や肉類を摂るようになった.

　その結果，栄養のバランスがくずれ，肥満や糖尿病などの生活習慣病も増加しており，低年齢の子どもにまで高血圧や肥満などの症状も見られるようになった．第2次世界大戦後70年以上が経過したが，終戦直後からしばらくの間は漫画の「サザエさん」のように日本の食生活は，家長である父親を中心とした一家揃っての食事を摂ることが一般的であった．家族団らんでの食事は，会話というコミュニケーションを常に持てることで，親は子どもの行動を知ることができ，子どもも親を見ながらマナーを覚え，さらには社会のマナーやルール，協調性なども自然に学べる状況であった.

　ところが，国の発展と共に核家族化が進み，家族1人ひとりの過ごし方や価値観の変化などにより，現在では「個食」や「孤食」が当たり前のようになっている．そのために一家団らんも減り，子ども達が社会のマナーやルールを学べる機会も少なくなってしまっている[7].

C．現代人の食生活

子どもの食生活実態調査では，夜食，目覚めの状況，家庭での食事，朝食の欠食状況と不定愁訴など，多くの問題が明らかとなり，食生活の改善は心身の発達段階にある子どもにとって極めて重要な課題である．**図6－1**のように，朝食を欠食する子どもの50％以上が身体の調子が悪いと答えている．[8]

このような中，2015年度から2019年度の5年間の日本人の食事摂取基準（2015年版）が策定された．これは健康増進法（2002年法律第103号）第30条の2に基づき，国民の健康の保持・増進を図る上で摂取することが望ましいエネルギー及び栄養素の量の基準を厚生労働大臣が定めるもので，5年毎に改定を行っている．

今回の改訂ポイントは，エネルギー・栄養素と生活習慣病（高血圧，脂質異常症，糖尿病，慢性腎臓病）の発症予防・重症化予防の関連についてレビューを行い，加えたこと，エネルギーの摂取量及び消費量のバランス（エネルギー収支バランス）の維持を示す指標として，体格（BMI: body mass index）を採用したこと，ナトリウム（食塩相当量）について，高血圧予防の観点から，男女とも以下のように，値を低めに変更した．[9]

　　・18歳以上男性：2010年版　9.0 g／日未満→2015年版　8.0 g／日未満．
　　・18歳以上女性：2010年版　7.5 g／日未満→2015年版　7.0 g／日未満．

3．ヘルスプロモーションと食事摂取基準について

子どもの食生活の実態には家庭生活での食事，すなわち保護者の意識が大きく影響する．全ての保護者は学校での食に関する教育を受けているはずであるが，学校教育での学習が成人後の基礎知識となり生活実践に活かされてはいない可能性がある．問題点の1つには学校教育と社会教育との食教育の統一性がない事実がある．たとえば，食生活の在り方に関する指針として，2000年に策定された「食生活指針」は農林水産省，厚生労働省，文部科学省の3省の提案であり，教育の場でも保健指導の場でも食糧行政の場でも使われてきた．しかし，2005年の「食事バランスガイド」には文部科学省は加わっておらず，現在，教科書で使用されている「食品群別摂取量のめやす」とは一致していない．このような一貫性のない教育・情報提供の方法では，実生活で活かすことのでき

A. 食生活の課題と食事バランスガイド

　小学生から，中学生，高校生と睡眠時間が減少する傾向にあり，朝食を食べない子どもの割合も高学年ほど増加していく（図6-1）（図6-2）．

　特に若者の野菜摂取量が低く，将来の心配事となっている．心筋梗塞や脳卒中にならないための食事の仕方として，「高脂血症改善のための食行動10箇条」があり，以下の項目がある．

① 1日三食，同じ量を規則正しく食べる
② 腹八分目

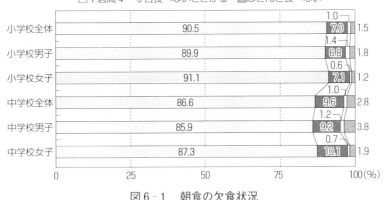

図6-1　朝食の欠食状況

（出所）平成22年度 児童生徒の食生活実態調査【食生活実態調査編】（日本スポーツ振興センター）．

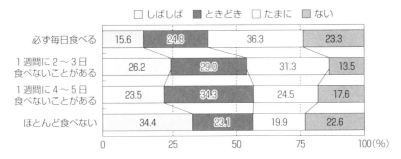

図6-2　朝食の摂取と身体のだるさや疲れやすさのクロス集計

（出所）平成22年度 児童生徒の食生活実態調査【食生活実態調査編】（日本スポーツ振興センター）．

③「早食い，ながら食い，まとめ食い」禁止

④ 食物繊維を先にたくさん食べる

⑤ よく噛み，ゆっくり食べる

⑥ まわりに食べ物をおかない

⑦ 好きなものでも1人前しかたべない

⑧ 寝る前の2時間は重いものを食べない

⑨ 食器を小振りにする

⑩ 外食のときはドンブリものより定食をたべる

　成長期にある子どもにとって，食生活の善し悪しは，大人よりもはるかに肉体的・精神的に大きな影響を与える．しかし，今や食べ物は巷にあふれ，家庭では一家団欒の食事を摂ることが難しい社会状況にある．慌ただしい現代社会では，ファストフードやコンビニエンスストアを活用して手軽に食事を済ませる家庭も多い．しかし，成長過程にある子どもたちにとっては，規則正しく食事や睡眠をとったり，1日に1回でも週に数回でも家族そろって会話を楽しみながら食事をしたりすることは，非常に重要であるといえる．

　正しい栄養知識を身に着け，「食事バランスガイド」などを利用し，健康な食生活を習慣化することが望まれる．「食事バランスガイド」とは，1日に「何を」「どれだけ」食べたら良いかをコマをイメージしたイラストで示したものである．健康で豊かな食生活の実現を目的に策定された「食生活指針」を具体的に行動に結びつけるものとして，2005年6月に農林水産省と厚生労働省により決定された．[10]

B．女子栄養大学の4群点数法

　第1章でも紹介した香川綾は14歳の時に母を肺炎で亡くし，これにより医師を志した．現在の和歌山大学を卒業後は小学校の教師を務めていたが，教師を辞めて，現東京女子医科大学に進学し，現東京大学の医学部に勤務した．

　その後，国民の食による健康の維持増進を図ることを推進し，1961年に女子栄養大学を創設し，管理栄養士資格の創設に貢献するとともに，一般の人でもわかりやすい栄養指導法として4群点数法を確立した．このコンセプトは，健康のためには単に栄養を摂取するだけでは不十分で，バランス良く栄養を摂取することが重要であるというものである．

その基本になる考え方は，食品に含まれるの栄養成分には似通ったものがあり，それを分類すると4つのグループになる．第1ステップでは「四群」の栄養学的特徴を理解し，食品の分類を覚えることから始める．

第1群（♤）：乳・乳製品，卵〈日本人が不足しがちな栄養素を含む食品群〉
　良質たんぱく質，脂質，カルシウム，鉄，ビタミンA・B1・B2などを多く含む．

第2群（♡）：魚介類，肉類，大豆・大豆製品〈筋肉や血液を作るのに必要な食品群〉
　良質たんぱく質，脂質，カルシウム，ビタミンA・B1・B2などを多く含む．

第3群（♣）：野菜，芋類，果物〈体の働きをスムーズにする食品群〉
　カロテン（カロチン），ビタミンB1・B2・C，ミネラル，食物繊維などを多く含む．

第4群（◇）：穀物，砂糖，油脂〈力や体温の基になる食品群〉
　糖質，脂質が主成分．穀物はたんぱく質やビタミンB1・B2，ミネラルなどの供給源でもある．

第2ステップは80kcal＝1点という「点数法」によって，食べる量をカウントする．具体的には，卵1個，魚1切れ，じゃが芋1個など，1回の使用量が約80kcalである．また，食材毎に80kcal＝1点の「点数」が公表されている．

第3ステップは一日の食事で摂取した食材の点数の合計が20点（1600kcal）になるように食事を整える（※性別や職業，スポーツ選手はトレーニング量などによって点数を増減させること）．

基本的には第1群，第2群，第3群からそれぞれ3点以上を採るようにし，残りを第4群の点数で摂取するようにする[11]（図6-3）．

C．食事摂取基準

日本人の食事摂取基準（2015年版：2015-2019）は，健康増進法（平成14年法律第103号）第30条の2に基づき厚生労働大臣が定めるものとされ，国民の健康の保持・増進を図る上で摂取することが望ましいエネルギー及び栄養素の量の基準

第6章 日常生活の中のヘルスプロモーション　221

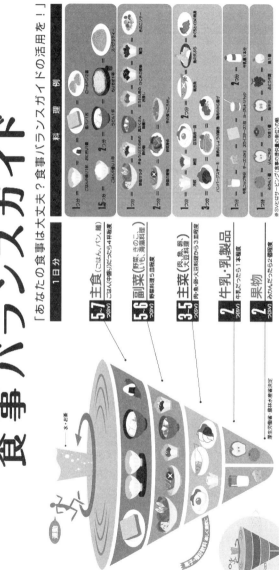

図6−3　食事バランスガイド

(出所)　農林水産省HP、食事バランスガイド (http://www.maff.go.jp/j/balance_guide/kakudaizu.html) (参照2017-12-2)．

を示すものである.

　このような背景には，食の外部化があげられる．レストランやファストフードの店では，注文をすればスピーディーに提供を受けることができ，さらに安価である．しかし，その手軽さゆえに頻繁に利用することで栄養面に支障きたし，栄養バランスに偏りが生じる人が増加し，これが問題となってきた.

　また，コンビニエンスストアは24時間営業しているところがほとんどで，夜遅くに食事を取ることも可能になり，生活リズムが崩れ，食への関心が低くなっている．そして，栄養バランスの偏ったまま生活している現代人も多い．その影響が蓄積されることで，生活習慣病となり，通院する人が増加傾向にある．このような食環境の変化によって，望ましい食生活が送れていない現状が浮き彫りになってきた.

　食生活指針は，2000年3月に，当時の文部省，厚生省，及び農林水産省の連携で策定され，2005年に食育基本法の制定，2013年度から10年間の計画である「健康日本21（第二次）」の開始，食育基本法に基づく第3次食育推進基本計画などが作成された．そして，2016年6月に食生活指針が改定された.

　また，2019年3月に厚生労働省は「日本人の食事摂取基準（2020版）」を策定するにあたり，『社会生活を営むために必要な機能の維持および向上』を策定方針とし，これまでの生活習慣病（高血圧，脂質異常症，糖尿病，慢性腎臓病）の重症化予防に加え，高齢者の低栄養・フレイル防止を視野に入れて検討している．主な改定点は，

　　・高齢者を65〜74歳，75歳以上の2つに区分
　　・生活習慣病における発症予防の観点からナトリウムの目標量引き下げ
　　・重症化予防を目的としてナトリウム量やコレステロール量を新たに記載
　　・フレイル予防の観点から高齢者のタンパク質の目標量の見直し

などが挙げられる.

　食とは人間にとって基礎的な行為であり，文化的行為でもある．栄養摂取のみならず食を通したコミュニケーション等は人間を大きく成長させる．食と栄養はすべての健康の基盤である．厚生労働省と農林水産省が食育を，生きる上での基本として，知育・徳育・体育の基礎となるものであり，さまざまな経験を通じて「食」に関する知識と「食」を選択する力を習得し，健全な食生活を実現することができる人間を育てることを狙って，1日に，「何を」，「どれだ

け」食べたらよいかを考える際の参考となるよう，食事の望ましい組み合わせとおおよその量をイラストでわかりやすく示した「食事バランスガイド」を利用できるようにしている．「食事バランスガイド」を使って，食事のバランスをチェックしてみよう（図6‐3）．

4．こころの健康と日常生活

A．睡眠と健康

　現代の24時間型生活スタイルや多忙に伴う睡眠サイクルの乱れは睡眠の質を低下させ，日本のみならず諸外国でも生活の質（Quality of life）を著しく低下させる原因となっている．睡眠不足は仕事能率の低下，うつ病や認知症，循環器系疾患のリスクを高めることが知られているが，睡眠不足の健康への影響は未だ不明な点が多い[12]．

　日本は第2次世界大戦以後，著しい経済発展を達成し，先進国となっている．特に産業分野では，24時間稼働する工場でのシフト作業を採用することで，生産時間の短縮を図り，生産性の向上に寄与する生産体制を整えている．今日，このシフトワークは産業界のみならず，24時間のエンターテインメント施設やコンビニエンスストアなど，日本社会全体が睡眠不足につながる環境が広がっている．

　自宅でも，睡眠習慣に悪影響を及ぼす環境がある．私たちは，子ども時代からタブレット，コンピューター，スマートフォンなどを使いこなしている．今日の日本では，デバイスの使用によって引き起こされる障害が，睡眠を遅らせるようなリスクも認識されるようになった．睡眠障害や貧困などの結果が交通や労働災害につながる可能性があるため，睡眠不足の習慣を改善することが急務である．

　近年の科学研究により，睡眠は単に身体を休ませるだけでなく，積極的に「脳を創り，育て，よりよく活動させる」機能があることが判ってきた．すなわち脳の情報処理は夜の睡眠中に行われ，翌日に快適な活動をすることができる．さらに睡眠不足がうつ病や生活習慣病を引き起こすことなど心身への影響が大きいことが明らかにされ，健康面で注目されるようになってきた[13)14)]．夜間不眠や睡眠不足の影響として，昼間の眠気，倦怠感，頭重感，不安，焦燥感などの精神的・身体的症状がみられる．このような状態を長く続けていると，注

意力・集中力の低下，生産・作業・学習能率低下につながり，さらにはミスの増加，医療事故や交通事故などの発生を引き起こすこともある．これらの負の連鎖は，社会経済問題をも引き起こし，国益の損失につながる．したがって，睡眠の問題は単に医学，医療だけの問題だけでなく，社会的かつ経済的な問題としても認識されるべきである．

B．思春期の心の発達と問題行動

自殺，いじめ，ひきこもりなど，子どもの心の健康問題は深刻で，改定された学校保健安全法（2008年）でも心の健康が明記された．学校では，子どもの生きる力やライフスキルを育てることと，子どもを取り巻く環境に対するアプローチが必須である．中央教育審議会答申（2008年）でも子どもが心と体の悩み等で来室する保健室の状況から「養護教諭の行う健康相談活動はますます重要」と指摘された．

小・中・高等学校の児童生徒の2017年度の自殺者は357人（小学校11人，中学校108人，高等学校238人）であった[15]．その背景の1つとして文部科学省全国調査では，2016年度に全国の小中高校で認知した「いじめ」は32万3808件である[16]．また，2002年の文部科学省「児童生徒の心の健康と生活習慣に関する調査報告」では，「私なんかいない方が良いと思う」に「よくあてはまる」と答えた者が，小学生（2，4，6年）では5～11%，中学2年生，高校2年生で5～6%である[17]．

また，過去1年間に保健室登校の子どもがいた学校の割合は小学校28.5%，中学校41.6%，高等学校37.3%で，子ども1000人当たりの実人数は小学校1.6人，中学校4.1人，高等学校1.6人である（2010年度全国3398校を対象とした日本学校保健会の調査結果）[18]．これは1996年度調査に比べ，中学校での増加が顕著である．千葉市ではスクールカウンセラーの配置率が50%となった2001年度以降，不登校が減少し，保健室登校が増加している．保健室での健康相談の内容としては，小中学校とも「身体症状」「友達との友人関係」がもっとも高く，次いで「漠然とした悩み」「家族との人間関係」が続く．中学校においては，数は多くないが，自傷行為に関する相談もある[19]．前述の2002年の文科省調査では，保健室来室の背景に心理的な要因があると考えられたのは，小学生33.4%，中学生42.6%，高校生33.5%であった．なお，保健室登校とは，学校に来ても教室には入らずに常時保健室または別室にいるか，特定の授業には出席できても学校

にいる間は，主に保健室または別室にいる状態（6割以上が別室）をいう[20]．このような背景から近年，心身の健康への関心が高まっている．幼少期・青年期にある児童生徒にとって，心身の健康は非常に重要であり，養護教諭やスクールカウンセラーの対応が効果を上げ，学校保健への認知を広める活動が一層望まれている[21]．

C．ライフスタイルと心

　健康寿命とは健康で日常的に「介護を必要としない」で，「自立した生活ができる」生存期間のことで，平均寿命より短い．健康寿命としてさまざまな指標が提案されているが，2001年では「あなたは現在の健康状態はいかがですか」という質問に，「良い／まあよい／ふつう／あまりよくない／よくない」の回答で判断していた（サリバン法）[22]．2016年の日本人の「健康寿命」は，男性で72.14歳，女性で74.79歳である．

　さて，日本では日本国憲法と児童憲章において，世界的には世界保健憲章や児童の権利に関する条約において，小児の健康は擁護されるべきものであることが規定されている．子どもはこのような社会的約束と家族的な養護の中で，健やかに発育・発達し，健康の保持・増進が図られるようになっている[23]．しかし，これは，このように法的に守る施策を設けなければならぬほど，子どもの権利が侵されているとも捉えられる．

　子どもの健やかな成長・発達を守るには，生涯を通じての健康づくりの基礎となる教育的アプローチや保健医療福祉活動が展開される必要がある．また，子どもの健康や安全を脅かす諸問題に対応した政策的整備や活動がなされねばならない．子どもの時に十分に愛されないと，その後，大きな障害や弊害を生むことになる．心の健康を論ずる前に，社会の現状や問題点を考えていかねばならない．

　子どものライフスタイルや健康は，子どもを取り巻く環境と，家庭，地域，学校，職場，国などの在り方に強く規定されており，自然的，社会的，心理的環境の改善と良好な状態の維持は，子どもの健全な発育・発達にとって不可欠である．急速な都市化，産業構造の変化，少子高齢化，核家族化，働き方の多様化などにより，地域社会の環境変化を招いている．そして，共同体としての絆や相互扶助機能，子育て支援・養育機能の低下，各家庭の孤立，匿名化が進み，共同社会の組織的なつながりが大きく損なわれる傾向にある．

遊び場の激減や室内遊びの傾向が強まり，体力・運動能力の低下傾向もみられる．少子化の進行により，幅広い人間関係の中での社会性，コミュニケーション能力，安定した情緒性などの獲得が困難になっている．また，急速な情報化も子どものライフスタイルと健康に重大な影響を与えつつあるといわれている．さらに，近年の日本における貧困層の増大を伴った経済格差，教育格差の拡大が，子ども個人のレベルでも地域全体のレベルでも健康格差の拡大につながる可能性がある．

これらの現代的な健康課題の解決を図るには，ヘルスプロモーションの理念（オタワ憲章，1986年）の下，社会の責任による子どもの健康に関する支援的環境の創造や健康的公共政策の確立等と，家庭，学校，地域社会における全生活レベルでの子どもの健康の擁護と推進が必要である．これらが連携して社会全体で子どもの健康づくりをしなければならない．そのためには，特に子どもを取り巻く環境改善と良好な状態の維持，および地域の実情に即した取組みが望まれる．家庭と学校と地域社会の人々や関係機関等が連携し，適切な役割分担を担いながら，子どもの心身の健康づくりを推進する必要がある．

5．健康・運動・スポーツ推進のための国の施策・地域での活動

日本における「健康づくり施策」の歴史を振り返るにあたり，まず，一次予防・二次予防・三次予防の定義を以下に確認する[24]．

（予防の定義）
一次予防｜健康づくり
　生活習慣の改善，生活環境の改善，健康教育によって健康増進を図る．予防接種による疾病の発症予防，事故予防による傷害の発症を予防することをさす．
二次予防｜疾病の早期発見・早期治療
　発生した疾病や傷害を人間ドック・定期検診などにより早期に発見し，早期に治療や保健指導などの対策を行う．疾病や傷害の重症化予防をすることをさす．
三次予防｜疾病の治療・重度化予防
　治療の過程において保健指導やリハビリテーション等による機能回復を図る．社会復帰を支援し，再発を予防することをさす．

厚生労働省の近年の健康づくり対策を**表6-1**にまとめた．では1978年（当時厚生省）の第1次国民健康づくり対策から，10年後の1988年，栄養・運動・休養の調和のとれた健康的な生活習慣の確立をめざした積極的な健康づくり対策である第2次国民健康づくり対策「アクティブ80ヘルスプラン」を開始した．これを機に，運動習慣の普及をはじめとする各種の施設や運動指導者養成が推進された．

近年では，健康づくりのための運動基準2006を策定し，2013年に「運動基準」から「身体活動基準」に名称を改め，身体活動の増加でリスクを低減できるものとして，従来の糖尿病・循環器疾患等に加え，がんやロコモティブシンドローム・認知症が含まれることを明確化した．

表6-1　これまでの健康づくり対策と「健康日本21」

第1次国民健康づくり対策 昭和53年～62年 （1978年～1987年）	自らの健康は自ら守るという考えであり，行政は「支援を行う立場」 ① 生涯を通じる健康づくりの推進 ② 栄養に重点をおいた健康推進事業の推進 ③ 健康づくりの啓発・普及
第2次国民健康づくり対策 「アクティブ80ヘルスプラン」 昭和63年～平成11年 （1988年～1997年）	「80歳になっても身の回りのことができ，社会への参加もできることをめざした」対策，「運動習慣の普及」に重点 ① 生涯を通じる健康づくりの推進 ② 運動習慣の普及に重点をおいた健康増進事業の推進 ③ 健康づくりの啓発・普及
第3次国民健康づくり対策 「健康日本21」 平成12年～22年 （1988年～1997年）	「健康寿命の延伸，生活の質（QOL）の向上，壮年期死亡の減少」を実現するための対策 ① 健康づくりの国民運動化 ② 効果的な健診・保健指導の実施 ③ 産業界との連携 ④ 人材育成（医療関係者の資質向上） ⑤ エビデンスに基づいた施策の展開
第4次国民健康づくり対策 「健康日本21」 平成23年～32年 （2013年～2022年）	アルマ・アタ宣言とオタワ憲章の流れを汲んでいる対策 ① 健康寿命の延伸と健康格差の縮小 ② 生活習慣病の発症予防と重症化予防の徹底 　　がん，循環器疾患，糖尿病，COPDの予防 ③ 社会生活を営むために必要な機能の維持及び向上 　　心の健康，次世代の健康，高齢者の健康を増進 ④ 健康を支え，守るための社会環境の整備 　　社会全体が相互に支え合いながら健康を守る環境を整備 ⑤ 栄養・食生活，身体活動・運動，休養，飲酒，喫煙及び歯・口腔の健康に関する生活習慣及び社会環境の改善

（出所）　WHO及び厚生労働省，APHAのHPより筆者作成．

A．健康日本21と健康増進法

厚生労働省では，「健康日本21」(2000年) という健康戦略をスタートさせ，国民の健康づくり・疾病予防を更に積極的に推進するための法的基盤として「健康増進法」(2002年) を制定した[25]．そのポイントを以下に示す．

(1) 健康的公共政策の推進と体制の整備

国および地方公共団体は，子どもの健康生活を擁護しヘルスプロモーションを推進する立場から，あらゆる法・制度・組織の洗い直しと整備・充実，必要な人・物・財源の整備・充実，社会的ネットワークの形成と地域活動の強化に留意した健康的公共政策をとる．

(2) 健康に関する支援的環境の創造

技術や労働，エネルギー生産，都市化，情報化等の急速に変化している社会・環境の影響を体系的に評価し，子どもの健康に支援的な環境を創造し，活用する．

(3) 健康のための社会的ネットワークと地域活動の強化

家庭，学校，地域社会が連携し，コミュニティの能力を高め，ソーシャルキャピタル等の社会経済心理的要因や地域活動を強化し，ヘルスプロモーションのための協働と適切な役割分担を行いながら，社会全体で子どもたちの心身の健康づくりを推進する．そのためには，子どもたちの健康を育む場の設定と，人々の参加，計画づくりが重要である．地域においては，家庭が孤立したり，必要な問題についてネットワークへの参加が阻害されたりすることのないよう，地域で日常的な交流を活性化し，共同体としての絆や相互扶助機能を高め，子ども同士の交流を促進する．

(4) 子どもが自らの健康をコントロールする個人的スキルや能力の強化

子ども自身が自らの健康をコントロールし，改善できるように個人的スキルや能力の強化を図る．そのためには，学校教育の中での健康教育の重視と，保健体育授業の実質化，食育の推進が直接的な課題であるが，同時にその基盤として，家庭，職場，コミュニティ等で，健康についての情報や教育が提供され，あらゆる人々がそれを学び，人生の各ライフステージに応じた備えができるようにし，健康獲得や健康格差の是正を図る．また，こうした基盤として，教育にあたる人材の育成と配備，及び教材やカリキュラムを充実する．こうした各地域・学校の取組は，実態把握と評価と公開がなされるべきである．

(5) 健康開発のための研究とその組織づくりの推進

　健康開発のための研究とその組織作りを推進し，子どもの健康のための施策や取組，保健医療サービスの見直しを科学的根拠に基づいて行う．

(6) 学校を核とした地域のヘルスプロモーションの推進

　学校当局（教育委員会，学校長等）は学校経営の重要な柱として，地域保健当局（地方自治体首長等）は地方自治の重要な柱として，ヘルスプロモーションの理念に基づく健康戦略を取り入れ，子どもの健康のために重要な社会環境心理的因子である学校力，地域力を上げ，協働して，子どもが安全・安心で，心身ともに健康に育つ社会を築く．

(7) 健康的公共政策

　健康的公共政策とは，ヘルスプロモーションのオタワ憲章における healthy public policy のことで，保健衛生のみならず，全ての分野，全てのレベルでの行政機関における政策の立案・履行にあたっては，健康を重要な政策課題として位置づけること，またその政策の帰結としての健康面での成果について，説明責任を果たすことが求められる．

　ヘルスプロモーションの目標実現の活動方法としては，以下の5つになる．これらの有機的な連携が具体的な "健康づくり" に発展していくのである．

　　・健康な公共政策づくり
　　　保健・福祉部門だけでなく，教育，農林，環境，商工などあらゆる部門の政策決定に健康という視点を加えること．
　　・健康を支援する環境づくり
　　　環境に働きかけることよって，個人が健康を向上させたり，慢性疾患や障害があっても，QOL を向上させたりすることを容易にする．
　　・地域活動の強化
　　　健康を向上させるための政策意思決定に地域住民が主体的参加し，またそのために必要な学習の機会を作る等，積極的に取り組むこと．
　　・個人技術の開発
　　　1人ひとりが疾病・障害の予防や対処ができるようになること．
　　・ヘルスサービスの方向転換
　　　治療的なサービスだけでなく，全人的なアプローチで健康サービスに重

点的に取り組み，人を中心に据えた医療により，治癒過程を促進し患者のエンパワーメントに貢献するため，患者と家族にとって可能な限り最良のヘルスサービスを提供すること．自ら学び成長し続ける組織となること．

また，活動を成功させるための5つのプロセスについても，次の5項目をあげている．

- ・擁護と唱導（advocate）
- ・投資（invest）
- ・能力形成（build capacity・Enable）
- ・規制と法制定（regulate and legislate）
- ・パートナーと提携（partner and Build alliance）

擁護と唱導（advocate）とは，権利表明が困難な子ども，寝たきりの高齢者，障害者など，本来個々人がもつ権利をさまざまな理由で行使できない状況にある人に代わり，その権利を代弁・擁護し，権利実現を支援すること，健康や健康づくりの重要性，そして住民参加等の必要性を先頭に立って叫びつづけること．投資（invest）とは，健康の決定要因をコントロールするための持続可能な政策，行動，社会基盤への投資．能力形成（build capacity）とは，政策立案，リーダーシップ，知識の伝達，研究，ヘルスリテラシーのための能力形成とあらゆる方法を駆使して，健康のための知識や技術を伝えること．規制と法制定（regulate and legislate）とは，有害事象からの保護と健康や幸福への機会の平等を確立する規制と法制定．パートナーと提携（partner and Build alliance）とは，持続可能な活動をするための公的，私的機関，非政府組織，国際組織と市民社会の連携及び同盟の形成で，異種の立場の人や団体が集まって，グループを組み，その中で協力し，資源や業界での地位，スキル，知識などを結びつけることによって，相乗効果を生み出すことである．[26]

B．介護保険法

老人福祉法（1973年施行）の財政の破綻から，医療分野を切り離して老人保健法（1982年施行）を制定したものの，これも破綻した．そのため，新たに高齢者福祉を扱うシステムが必要となった．そこで登場したのが介護保険法（1997年

施行）である．介護保険法第四条（国民の努力及び義務）において，「国民は，自ら要介護状態となることを予防するため，加齢に伴って生ずる心身の変化を自覚して常に健康の保持増進に努めるとともに，要介護状態となった場合においても，進んでリハビリテーションその他の適切な保健医療サービス及び福祉サービスを利用することにより，その有する能力の維持向上に努めるものとする」と規定されている[27]．しかし，この仕組みが実際には実効性のあるものにはなっていない．問題は以下に示す３点である．

① これまでの介護予防事業が初期の効果をあげていない．そもそも要支援者に対しては，介護予防と自立支援に資するサービスを提供するということが当初の理念であった．

② 介護保険の非該当者を対象として介護予防・自立支援事業（後に介護予防・地域支え合い事業）が，そして老人保健事業においても機能訓練など介護予防を目的とする事業が行われてきたが，介護保険の財政状況から見ても成果は出ていない．

③ 要支援・要介護１レベルの者が大幅に増加している．

　厚生労働省によると，要支援・要介護認定者数は2014年度には約606万人となり，前年度に比べ約3.8％の増加となっていた．公的介護保険制度がスタートした2000年度と比べると，認定者数は２倍以上に増えている．また，2006年度から要介護認定の区分が変わり，要支援が要支援１・２となり，要介護１相当の人が要介護１と要支援２に振り分けられた．介護度の低いものには積極的な介護予防やリハビリテーションが求められている（図6‐4）．

　このような状況を解決するには，子どものころからの運動・スポーツの習慣化である．しかし，これも現実としては運動をする人としない人が２極化している．今後はこれらを解決するための仕組みづくりが必要であり，高齢者に対しては，亀岡市で行っている NPO 法人元気アップ AGE プロジェクトの事業は超高齢化への対応のモデルになりえると考える．筑波大学の久野譜也教授は2011年にスポーツ実施者と非実施者の年間医療費の比較をし，１人年間10万4234円の差があったことを報告している[28]．医療費分析による保健医療の効率評価に関する実証研究の医療費抑制の試算においても，運動不足による過剰医療費割合を7.7％としているので，2015年の国民医療費の42兆3644億円から計算すると，約３兆2620億円の減額となる[29]．

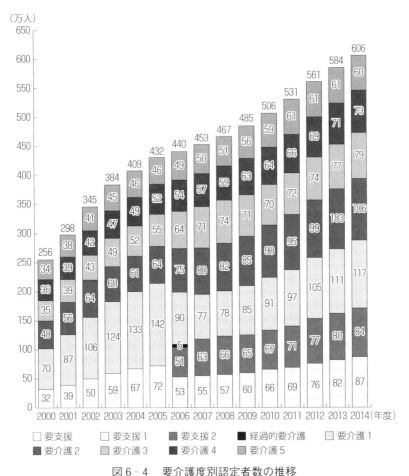

図6-4　要介護度別認定者数の推移

(出所)〈厚生労働省「介護保険事業状況報告（年報）」/平成26年度〉
(http://www.jili.or.jp/lifeplan/lifesecurity/nursing/1.html)（参照2018-12-2）より筆者作成．

C．文部科学省とスポーツ庁の施策

「国民が生涯にわたり心身ともに健康で文化的な生活」を営むことができるスポーツ立国の実現を最大の使命として，2015年にスポーツ庁が発足した．スポーツへの関わり方としては，スポーツを「する」ことだけでなく「みる」「ささえる」ことも含まれる．スポーツを日常生活に位置付けることで，スポーツの力により人生を楽しく健康で生き生きとしたものにすることができる．年齢，性別，障害の有無等に関わらず，スポーツは誰もが参画できるものであ

り，全ての人々が関心や適性等に応じて，安全で公正な環境の下で日常的・自発的にスポーツに参画する機会を確保することが重要である．持続可能な開発と平和などスポーツが社会の課題解決に貢献することは，国際連合やユネスコなどでも謳われており，スポーツの価値を高める投資が社会の健全な発展に有効であるとの考え方は国際的な潮流である．また，民間事業者において働き方を見直し，スポーツの習慣づくりを通じて「健康経営」を推進することにより，働き方改革にも貢献できるとしている[30]．

2020年には，オリンピックとパラリンピックの東京大会が開催される．これに向けた取組を計画的・戦略的に展開し，全ての人々がスポーツの力で輝き，活力ある社会と絆の強い世界を創るという「一億総スポーツ社会」を実現することが，大会のレガシーである．具体的にはライフステージに応じたスポーツ活動の推進とそ環境整備を行い，その結果として，成人のスポーツ実施率を週1回以上が65％程度（障害者は40％程度），週3回以上が30％程度（障害者は20％程度）となることを目指すとしている．現状では2016年度は成人の週1回以上スポーツ実施率は42.5％（障害者は19.2％），週3回以上のスポーツ実施率は19.7％（障害者は9.3％）であった．

目標達成に向けては，誰もがライフステージに応じてスポーツに親しむ機会の充実を図るために，ガイドラインを策定し，地方公共団体やスポーツ団体の取り組みを促進している．このように，若年期から高齢期までライフステージに応じたスポーツ活動の推進を目指しているが，多くの人が行動を起こさなければ目標は達せられない，現状を上回る専門家集団のネットワーク構築で，リーダーやフォロアーを育てることが望まれる[31]．

6. ヘルスプロモーションとセーフティプロモーション

ラロンド報告（1974年）以降，疾病の予防に重点が置かれ，「プライマリヘルスケア」や「ヘルスプロモーション」という概念が出現した．「プライマリヘルスケア」の推進によって，医療保健専門機関や専門職だけでなく，関連分野の連携による予防やリハビリまでを含んだ包括的な一次医療の重要性が広く認められるようになった．また，「ヘルスプロモーション」の推進によって，それまで疾病の対応を中心とした政策から健康を害する前の健康状態に着目し，健康の阻害要因の予防に焦点が当てられるようになった．

さらに，個人レベルの予防活動に加え，社会環境の整備及び改善の重要性が着目されるようになった．このように関連分野の連携と社会環境への働きかけを重視し，健康の阻害要因を予防するという健康政策の流れが大きくなるなかで，外傷を疾病と同様に健康の阻害要因とし，その予防に取組む「セーフティプロモーション」と「セーフコミュニティ」活動が誕生したのである[32) 33)]．

A．子どもの健康・安全・外傷予防

子どもの健康とヘルスプロモーションを語るためには平和であることが一番に重要である．健康に関する情報を正しく理解し，リスク要因を回避する能力や，保健医療サービス等の資源を適切に活用して生活を営む能力は，教育によって等しく習得されるべきものである．また，教育は健康に関する知識，理解，規範，行動が向上し，地域社会全体として健康度が改善される基盤となるものである．しかし，近年の貧困層の増大を伴う経済格差，教育格差の拡大は，子ども個人のレベルでも地域全体のレベルでも健康格差の拡大につながる可能性がある．

急速な携帯電話・インターネット等による情報ネットワークの発達は，自我の形成が未発達で十分な判断力を持たない子どものライフスタイルと健康に重大な影響を与えつつある．不適切な情報ネットワークへの接触や情報発信は，性の問題を始め，喫煙，飲酒，薬物乱用などの危険行動のリスクを高めることもある．想像もできないほど進化・発達する社会構造と情報ネットワークへの子どもの関わり方をどのように適正にコントロールするか，今後の大きな課題となるであろう．子どもの心身の健康な発育・発達や日常生活の中で，QOLの高い生活，幸福な人生といったことの背景には多くの社会・環境的関わり，生活・行動要因があり，最終的には我々の社会，あるいは国そのものの在り方の問題ともなる．

子どもの健康は子どもだけで，あるいは家庭の育児や学校における子どもの教育のみでは達成されないことを意味している．子どもの健康・安全・外傷予防は周りの人々や，社会全体の支援的環境が必要であり，国の施策や法・制度の是非も大きな意味を持つ．

これに加えて，子どもの外傷についても2001年に大阪府下の小学校での事件がきっかけとなり，学校における安全教育の研究および実践が展開されてきた．その安全に対する姿勢が認められ，2010年3月5日付で，日本の学校において

は初の ISS（International Safe School）に認証されている[34].

B. ファルショッピングモデルが世界に広がる

　1970年代にスウェーデンのファルショッピングという地域で実施された「外傷予防プログラム」がセーフコミュニティ活動のきっかけといわれている．このプログラムでは，3年間で外傷の発生を30％も減少させることに成功した．その後，1989年にスウェーデンのストックホルムで開かれた「第1回事故傷害に関する世界会議」において，「セーフコミュニティ」の考え方が宣言されたのが始まりである．

　ファルショッピングモデルの特徴は，次の5点にまとめられる．

　① 地域を基盤とした住民参加型活動
　② 分野や職種の垣根を越えた横断的な連携組織によるプログラムの企画・実施
　③ 全世代をカバーし，複数の種類の外傷を対象とする包括的なプログラムの実施
　④ 外傷サーベイランスなどを利用したプログラムのアウトカム評価
　⑤ 既存の資源やネットワークの活用

　①〜⑤について，まず，① コミュニティの住民や組織が行政と一体となり，外傷予防及びコントロールの取組みを成功させ，外傷予防に対する住民の関心が向上した．次に，いずれのコミュニティも新たなプログラムを開始するのではなく，⑤ 地域の社会資源を活用し，③ 既存のプログラムを組み合わせることで多面的・多層的に取組んでいる．また，② 既存のプログラムや地域の社会資源を効率よく複合的に活用するためには，関係機関や組織による総合的な取組みが求められることから，関係分野や機関の連携や地域にある既存の資源やネットワークの活用が必要となる．そして，④ いずれのコミュニティにおいても，サーベイランスシステムなど，コミュニティの現状と課題を把握するとともにプログラムの実施により得られた成果を科学的に分析し，客観的に評価する仕組みを確保している．これらの地域でみられた外傷による受診率の低下については，専門家による分析が行われ，その結果，外傷予防のプログラムと因果関係があることが明らかになった．そして，このようにスウェーデンのいくつかのコミュニティで成果を上げた外傷予防プログラムは，スウェーデン

表 6‑2　セーフコミュニティ（33の国と地域）

オーストラリア（13），オーストリア（1），ボスニア・ヘルツェゴビナ（2），カナダ（5），チリ（1），中国（約100），中国（台湾）（23），中国（香港）（10），クロアチア（1），チェコ共和国（3），デンマーク（1），エストニア（4），フィンランド（2），ドイツ（2），グアテマラ（1），イラン（イスラム共和国）（35），イスラエル（1），日本（17），メキシコ（8），ニュージーランド（21），ノルウェー（22），ペルー（5），
ポーランド（1），大韓民国（17），ロシア連邦，（1）セルビア（2），南アフリカ（3），スウェーデン（15），タイ（4），トルコ（1），
イギリスと北アイルランド（1），アメリカ合衆国（28），ベトナム（5）

（注）（　）内は認証された都市及び準備中も含める．
（出所）国際セーフコミュニティ認証センター HP（2018）より作成．

国内だけでなく，ノルウェーやデンマークなど北欧の他の国にも広がり，現在では33カ国に広がっている（表 6‑2）．

C．セーフコミュニティとセーフティプロモーション

1989年9月にスウェーデンのストックホルムで開催された，「第一回事故・傷害予防に関する世界会議」において，「セーフ コミュニティ（Safe Community 以下 SC と略）」の概念が宣言され，成果として，「セーフ コミュニティへのマニフェスト」がだされた．そのなかで「全ての人間は平等に健康と安全の権利を有する」と宣言された．1970年代は交通事故がピークの時であり，WHO の新公衆衛生運動の中で健康の阻害要因である『安全』という新しい概念のもと，交通事故に限らず傷害予防のプログラム実績を持つカロリンスカ医科大学とコラボレーションし，SC モデルを構築した．ファルショッピングのモデルと WHO コラボレーションセンターのセーフコミュニティの取り組みを比較すると（表 6‑3），近年は故意の外傷として自殺や DV なども含まれるようになり，アジアにも広がっている．

　セーフティプロモーション（safety prpmotion. 以下 SP と略）は，1990年代の終わりごろから交通事故に加え，故意による傷害，暴力，犯罪，自殺等による安全・安心への脅威に対し，住民参加を伴う部門横断型の基盤を持ち，科学的評価を伴う介入予防を行う広義の公衆衛生アプローチである．1998年に衛藤隆氏（東京大学教授）が日本で初めて SC と SP の2つを学び，2002年に Svanstrom 教授が来日し5都市を回って，講演したことに始まる．

　京都府では2005年知事をトップに京都府経営戦略会議で，SC が紹介され，「安全・安心のまちづくり」の中に，SC の考え方を位置づけることを政策決

表6-3 ファルショッピングモデルと WHO「セーフコミュニティ（SC）」モデルの比較

	ファルショッピングモデル	WHO「セーフコミュニティ」モデル（認証開始時）	WHO「セーフコミュニティ」モデル（現在）
活動主体者	関連分野の連携 住民の主体的な関与 地域のあらゆるセクターの参加		
アプローチ	「予防」活動に重点を置く		
活動の方法	既存のプログラムを活用する		
事業の評価	データ分析などによる科学的視点からプログラムの効果について評価する		
活動領域	不慮の外傷	不慮の外傷	不慮・故意の外傷（自殺，暴力，犯罪など）
活動の重点	医療的側面が中心（外傷予防）	医療的側面に加えて次第に社会的側面が拡大（「安全性の向上」の側面が大きくなる）	
活動の基準や指標	8 ステップの取組み	12基準	6 指標（2002年～），7 指標（2012年～）
認証制度	なし	あり	5 年毎の再認証制度を新たに設置
推進機関	なし（コミュニティが独自に推進）	WHO CSP 協働センターの設置	SC 支援センター，SC 認証センターを設置（認証による）国際安全コミュニティ認定センター（ISCCC）
ネットワーク	—	「セーフコミュニティ」ネットワークの設置	アジア，北欧など地域 SC ネットワークの設置
主なコミュニティ	北欧	北欧，北米，オーストラリア	アジア等の取組みが顕著になる

（出所）白石陽子，政策科学15-1, 2007, p. 36.

定した．第14回国際 SC 学会に職員を派遣，WHOCSP 協働センターの Henricson 医師が2006年亀岡市を視察し，亀岡市と地域住民の主体的な活動を高く評価し，日本初認証のモデルとして，京都府が全面的支援を行った．2008年 3 月京都学園大学（現 京都先端科学大学）では国際セーフコミュニティサーベイランス国際会議が開催され，亀岡市は日本で最初の SC 認証を取得した．今，この活動は全国に広がっている．SC や SP の大きな特徴は学識経験者や研究者だけではなく，行政関係者や NPO などの活動団体，企業，市民といった幅広い分野の人達の参画により，セーフティプロモーションを広めていることである．

日本における SC 活動の進展の背景には，2001年における生徒無差別殺人事件を契機とした犯罪や暴力に対する住民の不安に対応し，住民の主観的安心の確保に応える施策を意識していると指摘する論文もある．SC 認証には6つの指標に合わせた組織体制と取り組みを進める必要があり，その活動の持続をするには行政と住民が安全・安心にかかわる地域診断により，優先課題を設定し，予防プログラムを実行し，Plan・Do・Check・Action という PDCA サイクルを回して取り組む必要がある．

　その成果として，事故・暴力・自殺の減少を図り，SC 活動のメリットとして，介護・医療費等の財政負担の軽減，地域の活性化，ソーシャルキャピタル（人と人とのきずなや信頼関係）の再構築につながっている[35) 36) 37) 38) 39)]．

注

1） （公財）運動器の健康・日本協会，身体運動に関する諸組織・器官の機能的連合，http://www.bjd-jp.org/organize/index.html，（参照2017-12-2）.

2） （公財）日本整形外科学会，運動器を長期間使い続けるための新しい概念「ロコモ」，https://www.joa.or.jp/public/locomo/index.html，（参照2017-12-2）.

3） 厚生労働省，参考1　健康指標の意義と算出方法，https://www.mhlw.go.jp/www1/topics/kenko21_11/s1.html，（参照2017-12-2）.

4） 渡辺善次郎，巨大都市江戸が和食をつくった，農山漁村文化協会，1988.

5） 司馬遼太郎，胡蝶の夢〈第1巻〉，新潮文庫，2004.

6） 石毛直道，日本の食文化研究，社会システム研究特集号，2015，9-17.

7） 農林水産省，みんなの食育，http://www.maff.go.jp/j/syokuiku/minna_navi/topics/topics1_02.html，（参照2017-12-2）.

8） 厚生労働省，子どもの生活の現状，http://www.mext.go.jp/a_menu/shougai/katei/08060902/002.pdf，（参照2017-12-2）.

9） 厚生労働省，日本人の食事摂取基準，https://www.mhlw.go.jp/stf/shingi/0000041824.html，（参照2017-12-2）.

10） 農林水産省，食事バランスガイド，http://www.maff.go.jp/j/balance_guide/，（参照2017-12-2）.

11） 女子栄養大学，「四群点数法」の誕生まで，http://www.eiyo.ac.jp/fuzoku/tenjisitu/tenji_16th/images/leaf01.pdf，（参照2017-12-2）.

12） 宮本浩行，睡眠・覚醒機能と24時間リズムをセロトニンが束ねる，（独）理化学研究所，2012，http://www.riken.jp/pr/press/2012/20121017/，（参照2017-12-2）.

13） 三島和夫，睡眠と生活習慣病との深い関係，厚生労働省，e-ヘルスネット，https://www.e-healthnet.mhlw.go.jp/information/heart/k-02-008.html，（参照 2017-

12-2）．

14）　大川匡子，子どもの生活習慣──睡眠と心身の成長──，第26回日本成長学会学術集会，成長会誌（22-1），2016，5-11．

15）　警察庁生活安全局生活安全企画課，平成29年中における自殺の状況，2018，https://www.npa.go.jp/safetylife/seianki/jisatsu/H29/H29_jisatsunojoukyou_01.pdf，（参照2018-3-8）．

16）　いじめ認知32万3千件　過去最多，小学校で急増，日本経済新聞，2017，https://www.nikkei.com/article/DGXMZO22740440W7A021C1CC1000/，（参照2017-12-2）．

17）　文部科学省スポーツ青少年局，児童生徒の心の健康と生活習慣に関する調査報告書，文部科学省スポーツ・青少年局学校健康教育課，2002．

18）　（公財）日本学校保健会，平成23年度調査結果，保健室利用状況に関する調査報告書，2012，https://www.gakkohoken.jp/book/ebook/ebook_H240070/，（参照2017-12-2）．

19）　NHKハートネット，養護教諭と保健室，2015，https://www.nhk.or.jp/hearttv-blog/3800/233327.html，（参照2017-12-2）．

20）　厚生労働省，不登校への対応，2009，http://www.mext.go.jp/a_menu/shotou/seitoshidou/04121505/004.htm，（参照2017-12-2）．

21）　（公財）日本学校保健会，公益財団法人日本学校保健会　情報提供事業，2009，https://www.gakkohoken.jp/about，（参照2017-12-2）．

22）　健康寿命における将来予測と生活習慣病対策の費用対効果に関する研究班，健康寿命の算定方法Q＆A，2012，http://toukei.umin.jp/kenkoujyumyou/syuyou/qa.pdf，（参照2017-12-2）．

23）　日本学術会議　健康・生活科学委員会　子どもの健康分科会，日本の子どものヘルスプロモーション，2010，http://www.scj.go.jp/ja/info/kohyo/pdf/kohyo-21-h99-1.pdf，（参照2017-12-2）．

24）　中尾隆明，日本における「健康づくり施策」の歴史，https://photo-pharmacy.com/pharmacy/kensapo1.html，（参照2017-12-2）．

25）　健康日本21計画策定検討会，21世紀における国民健康づくり運動（健康日本21）について報告書，2000，https://www.mhlw.go.jp/www1/topics/kenko21_11/pdf/all.pdf，（参照2017-12-2）．

26）　中山和弘，健康を決めるのは専門家から市民へ，http://www.healthliteracy.jp/php_pdf/PDFconversion.php，（参照2017-12-2）．

27）　厚生労働省老健局総務課，公的介護保険制度の現状と今後の役割，2018，https://www.mhlw.go.jp/file/06-Seisakujouhou-12300000-Roukenkyoku/0000213177.pdf，（参照2018-12-2）．

28）　久野譜也，スポーツと健康増進との新たな関係性の構築，2015，http://www.mext.go.jp/b_menu/shingi/chousa/sports/025/shiryo/__icsFiles/afieldfile/2015/06/18/1358927_1.pdf，（参照2017-12-2）．

29）　辻一郎，医療費分析による保健医療の効率評価に関する実証研究，2005．

30) 文部科学省，第 2 章 中長期的なスポーツ政策の基本方針（案），http://www.
mext.go.jp/sports/b_menu/shingi/001_index/bunkabukai/shiryo/__icsFiles/afieldfi
le/2016/11/30/1379817_002_1.pdf，（参照2017-12-2）.

31) （公財）東京オリンピック・パラリンピック競技大会組織委員会，東京2020 アクシ
ョン＆レガシープラン2017，2017，https://tokyo2020.org/jp/games/legacy/items/
legacy-report2017.pdf，（参照2017-12-2）.

32) WHO Collaborating Centers on Safety: Promotion and Injury Prevention, Que-
bec, and Community Safety Promotion,（参照2017-12-2）.

33) Karolinska Institute, Stockholm. Safety and Safety Promotion: Conceptual and
Operational Aspects, Quebec, 1998,（参照2017-12-2）.

34) 反町吉秀，日本におけるセーフコミュニティの展開，日本健康教育学会誌，18(1)，
2010，51-62.

35) 反町吉秀，セーフティプロモーションの視点からみる若年層の自殺予防，学校保健
研究，55，2014，492-498.

36) 衞藤隆，セーフティプロモーション：ヘルスプロモーションとの共通点，相違点，
日本健康教育学会誌，18(1)，2010，26-31.

37) 渡邊能行・三谷智子・横田昇平，サーベイランスに基づく組織横断的なセーフティ
プロモーションの展開，日本健康教育学会誌，18(3)，2010，200-208.

38) 反町吉秀，WHO 推奨セーフコミュニティ活動の国際的展開，評価と今後——効果
的かつ持続可能な発展のために——，日本セーフティプロモーション学会誌，Vol. 7，
2014.

39) 白石陽子，WHO「セーフコミュニティ」モデルの普及に関する研究——「予防」に
重点を置いた安全なまちづくり活動が世界的に普及する要因に関する考察——，政策
科学，15-1，2007.

編 集 後 記

　筆者は定時制高校・大学での教育に従事し，大阪府医師会のシルバー健康大学・生きがい支援財団の悠々ライフなどで健康・ヘルスプロモーションを取り上げ，実践・執筆活動を継続してきた．また，木村みさか先生との出会いでSC推進の最初のメンバーとして活動する機会を得た．健康・安全の理論・実践を学ぶことはあらゆる世代の人にとって重要なことである．なぜなら，安全の基盤の上にある健康は資源であるからだ．

　そして，人生において常に目標を持ち，チャレンジすることはQOLを向上させ幸福度も上がる．仲間も増える．高齢期になっても，感動がある日々を送るためには健康であることが必要条件だが，それには健康行動が伴わなければならない．自立し，学ぶことによってそれが無意識にできるようになる．

　自立して学ぶと24時間が自分のしんか（進化・深化・伸化・新化）につながる．「学び」は専門家の講義だけでなく，友人との何気ない会話の中，クラブ，自治活動，地域活動，ボランティア活動，留学や，海外旅行，バックパッカーの経験，青年海外協力隊への参加，家庭という枠の中での子育てや介護の中にもあるものだ．

　自立し行動する中で無知を知り，謙虚に学ぶことを覚え，成長がある．現在，言語化されている知は氷山の一角で，暗黙知のほうが巨大である．地球の歴史からすれば，自分が生きて学べる期間は短い．実践と研究の中で，最前線で活躍している人の中に混じって物事を考え，コツコツではあるがスポーツ組織の運営，学会の運営，地域活動，介護予防の普及など実践を積むことができた．

　多くの方々の研究成果を引用し，この体験と研究の成果をこれからの人々と共有したいとの強い思いで，この教科書の作成に取り組んだ．専門外のところは著者自身が重要と考え，専門家の研究などを引用している．文献一覧をご覧いただき，読者自身が知識を自主的にバージョンアップしていただきたい．

根気良く完成を待っていただいた晃洋書房の蘆田康二氏，福地成文氏には心より感謝を申し上げたい．

　2019年 4 月

吉 中 康 子

付記

　Medic Art8 作成のイラストは医療系広告代理店 Medic Art8 制作，㈲彩考作成のイラストは有限会社 彩考（メディカルイラストレーションジャパン：MIJ）制作である．

巻末資料

近代オリンピックの歴史

〈夏季大会〉

	開催年	開 催 国	開 催 都 市	時代のトピックス
1	1896	ギリシャ	アテネ	出場選手は280人，女人禁制．8競技43種目が実施
2	1900	フランス	パリ	綱引きが陸上種目，女子選手が出場した．
3	1904	アメリカ	セントルイス	アフリカの黒人選手が初参加
4	1908	イギリス	ロンドン	「勝つことでなく参加することに意義あり」
5	1912	スウェーデン	ストックホルム	日本の陸上の2選手が初参加
6	1916	ドイツ	ベルリン	第一次世界大戦勃発により中止
7	1920	ベルギー	アントワープ	五輪の旗が初めて掲揚される
8	1924	フランス	パリ	選手村が初登場
9	1928	オランダ	アムステルダム	織田幹雄（三段跳び）が日本人初の金，800ｍ人見絹枝が銀
10	1932	アメリカ	ロサンゼルス	男子百背泳ぎで日本が金銀銅，南部忠平が三段跳びで金「暁の超特急」
11	1936	ドイツ	ベルリン	初の聖火リレー，女二百平「前畑ガンバレ」で金，田島直人三段跳びで金
12	1940	日本	東京	日中戦争拡大やソ連のフィンランド侵攻により中止
13	1944	イギリス	ロンドン	第二次世界大戦のため中止
14	1948	イギリス	ロンドン	日本・ドイツ・イタリアは戦争責任のために参加できず
15	1952	フィンランド	ヘルシンキ	ソ連が初参加，日本も復帰
16	1956	オーストラリア	メルボルン	東西ドイツ統一選手団，「鬼に金棒，小野に鉄棒」
17	1960	イタリア	ローマ	アベベ（エチオピア）がマラソンで金
18	1964	日本	東京	女子バレー「東洋の魔女」金，日本柔道ヘーシンクに屈す，円谷幸吉マラソンで銅
19	1968	メキシコ	メキシコシティー	日本サッカーで銅，「背面跳び」，君原健二マラソンで銀
20	1972	西ドイツ	ミュンヘン	テロリストによるイスラエル選手宿舎襲撃，「マークスピッツ」「月面宙返り」
21	1976	カナダ	モントリオール	「白い妖精」コマネチ10点満点
22	1980	ソ連	モスクワ	ソ連のアフガン侵攻に抗議し，日本も含め西側不参加
23	1984	アメリカ	ロサンゼルス	ソ連が報復ボイコット，「カールルイス」「山下泰裕」，オリンピックの商業化
24	1988	韓国	ソウル	陸上百金のベン・ジョンソンがドーピング，「鈴木大地」
25	1992	スペイン	バルセロナ	岩崎恭子二百平で金，バスケで「ドリームチーム」，マラソンで森下広一，有森裕子が銀
26	1996	アメリカ	アトランタ	女子サッカー，ビーチバレーが新種目，マラソンで有森裕子が銅
27	2000	オーストラリア	シドニー	田村亮子が柔道で金，高橋尚子がマラソンで金

28	2004	ギリシャ	アテネ	日本男子体操団体28年ぶりの金，マラソンで野口みずきが金，ハンマー投で室伏広治が金
29	2008	中国	北京	女子ソフト念願の金，男子フェンシング初の銀，400R で銅
30	2012	イギリス	ロンドン	ハンマー投で室伏広治が銅
31	2016	ブラジル	リオデジャネイロ	50km 競歩で荒井広宙が銅，400R で銀
32	2020	日本	東京	野球・ソフトボール，空手，スケートボード，スポーツクライミング，サーフィンが採択
33	2024	フランス	パリ	100年ぶり3回目．既存施設の活用など「五輪アジェンダ2020」が初めて本格的に適用
34	2028	アメリカ	ロサンゼルス	32年ぶり5度目．

〈冬季大会〉

	開催年	開 催 国	開 催 都 市	トピックス
1	1924	フランス	シャモニー	フランスが主催，国際オリンピック委員会（IOC）が名目的に後援，大会後に第1回と認定される
2	1928	スイス	サンモリッツ	日中の気温上昇で，リンクの氷が溶け，大会運営に苦慮した．日本がノルディックスキーで初参加．
3	1932	アメリカ	レークプラシッド	カナダから雪を運び，氷のコースがゆるんだボブスレーは競技を閉会式後に延期，日本はジャンプで8位．
4	1936	ドイツ	ガルミッシュパルテンキルヘン	ヒトラーにより開会宣言，日本はジャンプで7位．
5	1948	スイス	サンモリッツ	日本・ドイツは戦争責任のために参加できず
6	1952	ノルウェー	オスロ	ノルウェーはナチスドイツの占領下にあり，大規模なドイツ参加反対運動がおこる．アルペン種目の参加．
7	1956	イタリア	コルティナダンペッツォ	「トニーザイラー」，猪谷千春がスキー回転で銀メダル．
8	1960	アメリカ	スコーバレー	バイアスロンが初めて行われる
9	1964	オーストリア	インスブルック	天候異変で事故が続出した．
10	1968	フランス	グルノーブル	記録映画「白い恋人たち」の制作
11	1972	日本	札幌	「氷の妖精」ジャネット・リン，「虹と雪のバラード」山に手を加えるために自然が破壊されると環境団体が抗議
12	1976	オーストリア	インスブルック	「スノーマン」
13	1980	アメリカ	レークプラシッド	日本スキージャンプで銀メダル．
14	1984	ユーゴスラビア	サラエボ	日本スピードスケートで銀メダル
15	1988	カナダ	カルガリー	暖冬で競技予定が大幅変更．日本スピードスケートで銅メダル
16	1992	フランス	アルベールビル	日本ノルディック複合団体で金
17	1994	ノルウェー	リレハンメル	日本ノルディック複合団体で金
18	1998	日本	長野	里谷多英がモーグルで金，日本は金5，銀1，銅4でメダル10個．4位以下の入賞も計23を数えた．

19	2002	アメリカ	ソルトレイクシティー	清水宏保選手スピードスケート男子500m銀メダル.
20	2006	イタリア	トリノ	日本女子「チーム青森」がカーリングで活躍，荒川静香がフィギュアスケートで金メダル.
21	2010	カナダ	バンクーバー	日本は銀3，銅2，入賞は22
22	2014	ロシア	ソチ	羽生結弦が金メダル，銀4，銅3，入賞20.
23	2018	韓国	平昌	南北合同チーム編成で参加，日本金4，銀5，銅4，入賞30.
24	2022	中国	北京	

近代オリンピック参加国・競技・選手

夏季大会					全　　体				日　本			
回	開催年	開催地（国）	参加国数	競技数	種目数	男性選手	女性選手	女性比率	合計	男性選手	女性選手	女性比率	合計
1	1896	アテネ（ギリシャ）	14	9	43	241	0	0.0%	241				
2	1900	パリ（フランス）	24	19	85	975	22	2.0%	997				
3	1904	セントルイス（アメリカ）	12	16	94	645	6	1.0%	651				
4	1908	ロンドン（イギリス）	22	22	110	1971	37	1.8%	2008				
5	1912	ストックホルム（スウェーデン）	28	14	102	2359	48	2.0%	2406	2	0	0.0%	2
6	1916	ベルリン（ドイツ）	中　止		第一次世界大戦により，開催が中止された.								
7	1920	アントワープ（ベルギー）	29	22	156	2561	65	2.5%	2626	15	0	0.0%	15
8	1924	パリ（フランス）	44	17	126	2954	135	4.4%	3089	19	0	0.0%	19
9	1928	アムステルダム（オランダ）	46	16	109	2606	277	9.6%	2883	42	1	2.0%	43
10	1932	ロサンゼルス（アメリカ）	37	16	117	1206	126	9.5%	1332	114	16	12.0%	131
11	1936	ベルリン（ドイツ）	49	21	129	3632	331	8.4%	3963	162	17	9.0%	179
12	1940	東京（日本）一返上　ヘルシンキ（フィンランド）	中　止　（第二次世界大戦（1939-1945））										
13	1944	ロンドン（イギリス）											

14	1948	ロンドン（イギリス）	59	20	136	3714	390	9.5%	4064	第二次世界大戦の責任を問われ，不参加			
15	1952	ヘルシンキ（フィンランド）	69	18	149	4436	519	10.5%	4955	61	11	15.3%	72
16	1956	メルボルン（オーストラリア）／ストックホルム（スウェーデン）	72	18	151	2938	376	11.3%	3314	103	16	13.4%	119
17	1960	ローマ（イタリア）	83	18	150	4727	611	11.4%	5338	147	20	12.0%	167
18	1964	東京（日本）	93	20	163	4473	678	13.2%	5152	294	61	17.2%	355
19	1968	メキシコシティー（メキシコ）	112	19	172	4735	781	14.2%	5516	153	30	16.4%	183
20	1972	ミュンヘン（西ドイツ）	121	21	196	6075	1059	14.6%	7234	144	38	20.9%	182
21	1976	モントリオール（カナダ）	92	21	198	4824	1260	20.7%	6084	152	61	28.6%	213
22	1980	モスクワ（ソビエト）	80	21	203	4064	1115	21.5%	5179	ソ連のアフガニスタン侵攻に抗議し，不参加			
23	1984	ロサンゼルス（アメリカ）	140	21	221	5263	1566	22.9%	6829	178	53	22.9%	231
24	1988	ソウル(韓国)	159	23	237	6197	2194	26.1%	8391	188	71	27.4%	259
25	1992	バルセロナ（スペイン）	169	25	257	6652	2704	28.9%	9356	181	82	31.2%	263
26	1996	アトランタ（アメリカ）	197	26	271	6806	3512	34.0%	10318	160	150	48.4%	310
27	2000	シドニー(オーストラリア)	199	28	300	6582	4069	38.2%	10651	158	110	41.0%	268
28	2004	アテネ（ギリシャ）	201	28	301	6296	4329	40.7%	10625	141	171	54.8%	312
29	2008	北京（中国）	204	28	302	6305	4637	42.4%	10942	170	169	49.9%	339
30	2012	ロンドン（イギリス）	204	26	302	5892	4676	44.2%	10,568	137	156	53.2%	293
31	2016	リオデジャネイロ（ブラジル）	205	28	306	6179	5059	45.0%	11,238	174	164	48.5%	338
32	2020	東京（日本）（予定数）		33	339	5704	5386	48.6（推計）	11090（推計）				
33	2024	パリ（フランス）											
34	2028	ロサンゼルス（アメリカ）											

冬季大会			全体							日本			
回	開催年	開催地（国）	参加国数	競技数	種目数	男性選手	女性選手	女性比率	合計	男性選手	女性選手	女性比率	合計
1	1924	シャモニー・モンブラン（フランス）	16	6	16	247	11	4.0%	258	不参加			
2	1928	サン・モリッツ（スイス）	25	4	14	438	26	6.0%	464	6	0	0.0%	6
3	1932	レークプラシッド（アメリカ）	17	4	14	231	21	8.0%	252	17	0	0.0%	17
4	1936	ガルミッシュ・パルテンキルヘン（ドイツ）	28	4	17	566	80	12.0%	646	33	1	3.0%	34
5	1948	サン・モリッツ（スイス）	28	4	22	592	77	12.0%	669	第二次世界大戦の責任を問われ，不参加			
6	1952	オスロ（ノルウェー）	30	4	22	585	109	16.0%	694	13	0	0.0%	13
7	1956	コルチナ・ダンペッツオ（イタリア）	32	4	24	687	134	16.0%	821	10	0	0.0%	10
8	1960	スコー・バレー（アメリカ）	30	4	27	521	144	22.0%	665	36	5	12.2%	41
9	1964	インスブルック（オーストリア）	36	6	34	892	199	18.0%	1091	42	6	12.5%	48
10	1968	グルノーブル（フランス）	37	6	35	947	211	18.0%	1158	53	9	15.0%	62
11	1972	札幌（日本）	35	6	35	801	205	20.0%	1006	70	20	22.2%	90
12	1976	インスブルック（オーストリア）	37	6	37	892	231	21.0%	1123	51	6	10.5%	57
13	1980	レークプラシッド（アメリカ）	37	6	38	840	232	22.0%	1072	46	4	8.0%	50
14	1984	サラエボ（ユーゴスラビア）	49	6	39	998	274	22.0%	1272	32	7	17.9%	39
15	1988	カルガリー（カナダ）	57	6	46	1122	301	21.0%	1423	37	11	22.9%	48
16	1992	アルベールビル（フランス）	64	6	57	1313	488	27.0%	1801	42	21	33.3%	63
17	1994	リレハンメル（ノルウェー）	67	6	61	1215	522	30.0%	1737	49	16	24.6%	65
18	1998	長野（日本）	72	7	68	1389	787	36.0%	2176	100	66	39.8%	166

19	2002	ソルトレークシティー	78	7	78	1513	886	37.0%	2399	61	48	44.0%	109
20	2006	トリノ（イタリア）	80	7	84	1548	960	38.0%	2508	59	53	47.3%	112
21	2010	バンクーバー（カナダ）	82	7	86	1522	1044	40.7%	2566	49	45	47.9%	94
22	2014	ソチ（ロシア）	88	7	98	1659	1121	40.3%	2780	48	65	57.5%	113
23	2018	平昌（韓国）	92	8	102	1697	1228	42.0%（推定）	2925	52	72	32.1%	124
24	2022	北京（中国）											

オリンピック競技大会における日本のメダル獲得数

(1)オリンピアード競技大会（夏季）

開催年	開催地	金	銀	銅	計
1896年	第1回アテネ（ギリシャ）		不参加		—
1900年	第2回パリ（フランス）		不参加		—
1904年	第3回セントルイス（アメリカ）		不参加		—
1908年	第4回ロンドン（イギリス）		不参加		—
1912年	第5回ストックホルム（スエーデン）	0	0	0	0
1916年	第6回ベルリン（ドイツ）		中止		—
1920年	第7回アントワープ（ベルギー）	0	2	0	2
1924年	第8回パリ（フランス）	0	0	1	1
1928年	第9回アムステルダム（オランダ）	2	2	1	5
1932年	第10回ロサンゼルス（アメリカ）	7	7	4	18
1936年	第11回ベルリン（ドイツ）	6	4	8	18
1940年	第12回ヘルシンキ（フィンランド）		中止		—
1944年	第13回ロンドン（イギリス）		中止		—
1948年	第14回ロンドン（イギリス）		不参加		—
1952年	第15回ヘルシンキ（フィンランド）	1	6	2	9
1956年	第16回メルボルン（オーストラリア）	4	10	5	19
1960年	第17回ローマ（イタリア）	4	7	7	18
1964年	第18回東京（日本）	16	5	8	29
1968年	第19回メキシコシティー（メキシコ）	11	7	7	25
1972年	第20回ミュンヘン（西ドイツ）	13	8	8	29
1976年	第21回モントリオール（カナダ）	9	6	10	25
1980年	第22回モスクワ（ソ連）		不参加		—
1984年	第23回ロサンゼルス（アメリカ）	10	8	14	32
1988年	第24回ソウル【国】	4	3	7	14
1992年	第25回バルセロナ（スペイン）	3	8	11	22
1996年	第26回アトランタ（アメリカ）	3	6	5	14
2000年	第27回シドニー（オーストラリア）	5	8	5	18
2004年	第28回アテネ（ギリシャ）	16	9	12	37

2008年	第29回ペキン【(国)	9	6	10	25
2012年	第30回ロンドン（イギリス）	7	14	17	38
2016年	第31回リオデジャネイロ（ブラジル）	12	8	21	41
2020年	第32回東京（日本）				
2024年	第33回パリ（フランス）				
2028年	第34回ロサンゼルス（アメリカ）				
メダル獲得数合計		142	134	163	439

(2)オリンピック冬季競技大会

開催年	開催地	金	銀	銅	計
1924年	第1回シャモニー・モンブラン（フランス）	不参加			
1928年	第2回サンモリッツ（スイス）	0	0	0	0
1932年	第3回レークプラシッド（アメリカ）	0	0	0	0
1936年	第4回ガルミッシュ・パルテンキルヘン（ドイツ）	0	0	0	0
1948年	第5回サンモリッツ（スイス）	不参加			
1952年	第6回オスロ（ノルウェー）	0	0	0	0
1956年	第7回コルチナ・ダンペッツオ（イタリア）	0	1	0	1
1960年	第8回スコーバレー（アメリカ）	0	0	0	0
1964年	第9回インスブルック（オーストリア）	0	0	0	0
1968年	第10回グルノーブル（フランス）	0	0	0	0
1972年	第11回札幌（日本）	1	1	1	3
1976年	第12回インスブルック（オーストリア）	0	0	0	0
1980年	第13回レークプラシッド（アメリカ）	0	1	0	1
1984年	第14回サラエボ（ユーゴスラビア）	0	1	0	1
1988年	第15回カルガリー（カナダ）	0	0	1	1
1992年	第16回アルベールビル（フランス）	1	2	4	7
1994年	第17回リレハンメル（ノルウェー）	1	2	2	5
1998年	第18回長野（日本）	5	1	4	10
2002年	第19回ソルトレークシティー（アメリカ）	0	1	1	2
2006年	第20回トリノ（イタリア）	1	0	0	1
2010年	第21回バンクーバー（カナダ）	0	3	2	5
2014年	第22回ソチ（ロシア）	1	4	3	8
2018年	第23回韓国（平壌）	4	5	4	13
2022年	第24回中国（北京）				
メダル獲得数合計		10	17	18	45

日本のスポーツ組織と世界のスポーツ組織

発足年	組織名	国際組織名	国際組織発足年	日本の加盟年
1905	公社）日本滑空協会	国際航空連盟	1905	1905
1920	日本ボート協会	国際ボート連盟（FISA）	1982.6.25	
1921	日本テニス協会	国際テニス連盟	1913	
1924.3	日本女子体育連盟	国際女子体育連盟	1949	
1946.2	日本バトミントン協会	国際バトミントン連盟(IBF)	1934	1952
1947	日本アメリカンフットボール協会	国際アメリカンフットボール連盟	1998	1998
1948.7	日本馬術連盟	国際馬術連盟（FEI）	1921	1921（1951）
1952	日本ボクシングコミッション			
1956	全日本アーチェリー連盟	世界アーチェリー連盟(FITA)	1931	1958
1960.4	社）日本山岳協会	国際山岳連盟	1932	
1961	一財）日本モーターサイクルスポーツ協会（MFJ）	国際モーターサイクリズム連盟（FIM）	1904	
1965	日本身体障害者スポーツ協会			
1965	日本サンボ連盟	国際サンボ連盟	1973	
1969	財）全日本空手道連盟	世界空手連盟	1970	1970
1971.3	日本3B体操協会			
1972	日本アイスホッケー連盟	国際アイスホッケー連盟	1908	1930
1972	日本ライフル射撃協会	国際射撃連盟（UIT）	1907	1937
1972	社）日本トランポリン協会	国際体操連盟	1881	1999
1976	全日本合気道連盟	国際合気道連盟（IAF）	1976	1976
1976.12	日本ペタンク連盟	国際ペタンク・プロヴァンサル競技連盟	1969	1976
1980	一社）日本インディアカ協会	国際インディアカ協会（IIA）	2000	2000
1985.4	大日本古武道連盟	国際居合道斬道連盟	1985.4	1985.4
1989.8	社）日本ダーツ協会	世界ダーツ連盟	1976	1977
1990	日本犬ぞり連盟	国際スレッドドッグ連盟(IFFS)		1992.10.
1990.5	日本シャトルボール協会			
1993	日本あやとり協会	国際あやとり協会	1993	1993
1999	日本セーリング連盟	国際セーリング連盟	1907	
2012	日本ボブスレー・リュージュ・スケルトン連盟	国際ボブスレー・トボガニング連盟・国際リュージュ連盟	1923・1957	
1920.6.1	日本漕艇協会	国際ボート連盟	1892	1952
1921.9.10	財）日本サッカー協会	国際サッカー連盟	1906	1950
1922.3.11	日本庭球協会	国際庭球連盟（ILTF）	1911	1951
1923.11.18	日本ホッケー協会	国際ホッケー連盟（FIH）	1924	1931（1950）
1923.8.25	日本軟式庭球協会	国際軟式庭球連盟	1973	1973
1924.10.17	日本ゴルフ協会			1951
1924.10.31	日本水泳連盟	国際水泳連盟（FINA）	1908	1928（1949）

1924.5.12	日本体育連盟	国際オリンピック委員会(IOC)	1894	
1924.7.17	(公財) 日本棋院	国際囲碁連盟 (IGF)	1982.3.18	1892.3.18
1925.11.30	(財) 日本ラグビーフットボール協会	INTERNATIONAL RUGU-BY BOARD	1886	1987
1925.12.28	(財) 日本相撲協会			
1925.2.15	全日本スキー連盟	国際スキー連盟 (FIS)	1924	1926
1925.3.8	日本陸上競技連盟	国際陸上競技連盟 (IAAF)	1913	1928(1950)
1926.4.1	日本女子スポーツ連盟	国際女子スポーツ連盟(FSFI)	1921	1926
1926.7.14	日本アマチュアボクシング連盟	国際アマチュアボクシング連盟	1921	1932
1927.1.5	日本大相撲協会			
1927.11.5	日本氷上競技連盟			
1927.7.31	(財) 日本バレーボール協会	国際バレーボール連盟	1947	1951
1929.11.23	日本スケート競技連盟	国際スケート競技連盟	1924	1926
1930.4.13	(財) 日本体操協会	国際体操連盟 (FIG)	1881	1931
1930.9.30	日本バスケットボール協会	国際バスケットボール連盟 (FIBA)	1932	1932
1931.7.15	(財) 日本卓球協会	国際卓球連盟 (ITTF)		1928(1949)
1931.7.16	日本体育芸術協会			
1932.11.27	(財) 日本ヨット協会	International Sailing federation	1906	1935
1934.12.12	日本サイクル競技連盟	国際サイクリスト連合	1900	1936(1949)
1936.10.23	(社) 日本フェンシング協会	国際フェンシング連盟	1913	1951
1936.2.5	日本プロ野球連盟			
1937.10.23	日本ハンドボール協会	国際ハンドボール連盟(FIH)	1946	1928
1937.6.28	日本ボブスレー協会	国際ボブスレートボガニング連盟 (FIBT)	1923	1963
1937.9.29	日本ウェイトリフティング協会	国際ウェイトリフティング連盟 (FHI)	1920	1939
1938.3.18	日本カヌー協会	国際カヌー競技連盟	1924	1952
1946.1.1	日本相撲連盟 (アマチュア相撲の統制)			
1949.2.16	日本社会人野球連盟			
1949.4.1	(財) 日本ソフトボール協会	国際ソフトボール連盟	1951	1951
1949.4.3	(財) 全日本弓道連盟			
1949.5.6	全日本柔道連盟	国際柔道連盟	1952	1952
1950.3.2	日本女子野球連盟			
1950.3.5	全日本剣道競技連盟	国際剣道連盟	1970	1970
1950.7.14	日本ボウリング協会	国際ボウリング連盟	1952	1961
1952.3.16	日本グライダー連盟			
1952.9.21	全日本剣道連盟	国際剣道連盟	1970	1970
1953.1.30	(社) 日本ライフル射撃協会	International Shooting Sports Federation	1907	1952
1953.4.1	(財) 全日本軟式野球連盟			
1953.7.30	日本プロレスリング協会			
1954.10.1	日本サイクリング協会	国際サイクリスト連合	1900	
1954.8.5	日本女子体育連盟	国際女子スポーツ連盟(FSFI)	1921	1968

1955. 2. 2	日本近代5種バイアスロン連合	国際近代五種競技連盟（UIPM）	1948	
1955. 5. 30	財）全日本なぎなた連盟	国際なぎなた連盟	1990	1990
1956. 4. 1	社）全日本銃剣道連盟			
1957. 10.	日本自転車競技連盟	国際アマチュア自転車競技連盟（FIAC）	1965	
1957. 10.	日本プロフェッショナル自転車競技連盟	国際プロフェッショナル自転車競技連盟	1965	
1961. 10.	財）日本モーターサイクルスポーツ協会	国際モーターサイクリスト連盟	1904	1971
1964. 11. 17	社）日本歩け歩け協会	国際マーチングリーグ	1987	1987
1964. 5. 17	財）全日本ボウリング協会	Federation International Des Quileurs	1952	1961
1965. 11. 15	日本サーフィン連盟	国際サーフィン連盟	1976	
1966. 5. 19	財）日本レスリング協会	国際アマチュアレスリング連盟	1921	
1971. 2. 10	日本スカッシュ協会	国際スカッシュ連盟	1967	1971
1973. 4. 1	国際スポーツチャンバラ協会	国際スポーツチャンバラ協会	1973	1973
1975. 10. 1	日本フライングディスク協会	国際フライングディスク連盟	1984	1985
1977. 4. 1	日本ダンススポーツ連盟	International Dancesport Federation	1939	1980
1978. 10.	公社）日本一輪車協会	国際一輪車連盟（IUF）		
1980. 11. 1	日本ラケットボール協会	国際ラケットボール連盟	1969	1980
1980. 12. 10	社）日本綱引き連盟	Tag of War International Federation	1960	1985
1981. 1. 12	日本テコンドー連盟	国際テコンドー連盟	1966	1981
1981. 10. 1	日本アマチュアカバディ協会	Asia Amateur Kabaddi Federation	1986	1990
1981. 7. 1	日本キャスティング協会	International Casting Federation	1955	1981
1982. 10.	日本スノーボード協会	世界スノーボード連盟	2002	2002
1984	日本クリケット協会（2018年一般社団法人格取得）	国際クリケット評議会（ICC）	1909	1995
1984. 12. 21	財）日本ゲートボール連合	世界ゲートボール連合	1985	1985
1985. 4. 1	全日本リズムなわとび協会	日本初のスポーツのため特になし		
1986. 11. 1	日本アクロスポーツ体操協会	International Federation Sports Acrobatics	1973	1986
1987. 4. 26	社）日本武術太極拳連盟	アジア武術連盟	1987	1987
1989. 12. 10	日本タッチ協会	国際タッチ連盟	1986	1989
1989. 5. 2	日本セパタクロー協会	国際セパタクロー連盟	1988	1989
1990. 10. 24	社）日本ビリヤード協会	World Confederation of Billiard Sport	1992	1992
1991. 12. 19	日本ワールドゲームズ協会	国際ワールドゲームズ協会	1980	1991
1991. 4. 1	日本ライフセービング協会	International Life Saving Federation	1951	1978
1992. 11. 13	社）日本カーリング協会	世界カーリング連盟	1957	1985
1994. 4. 16	日本トライアスロン連合（JTU）	国際トライアスロン連合（ITU）	1989	1989

2008.8	認定 NPO 法人ローンボウルズ日本	World Bowls（国際ボウルスポーツ連盟）	2002	2008
2008.10.29	特非）日本ウインドサーフィン協会（JWA）	国際ウインドサーフィン協会（IWA）	2001	2008
2009.6.8	日本ロゲイニング協会	国際ロゲイニング協会	1976	2009
2012.9.1	一社）日本フォトロゲイニング協会			

《著者紹介》

吉 中 康 子（よしなか やすこ）
　1975年　京都教育大学教育学部特修体育学科卒業
　1977年　京都教育大学教育専攻科保健体育学修了
　2010年　京都府立医科大学医学部大学院了 保健看護修士
　2016年　滋賀県立大学人間文化学部博士後期課程満期退学

　現在，京都先端科学大学教育開発センター 特任教授，日本体操学会副会長（平成
22年～現在），近畿クリケット協会理事長，かめおか遊友ネットワーク副会長，
NPO 法人元気アップ AGE プロジェクト副理事長（平成26年 3 月～現在）

著　書
『健康と生涯』（共著，晃洋書房，1994年），『ドイツ体操祭』（共訳，晃洋書房，
2003年），『スポーツジェンダー学への招待』（共著，明石書店，2004年），『女性の
自立とエンパワーメント』（共著，ミネルヴァ書房，2005年），『新・スポーツと健
康の科学』（共編著，晃洋書房，2007年），『心身機能の低下予防の研究』（共著，ブ
レーン出版，2009年），『京都式総合型介護予防マニュアル』（共著，京都地域包括
ケア推進機構，2014年），『介護予防運動マニュアル』（共著，NPO 法人元気アップ
AGE プロジェクト，2015年）

創作体操及び企画・監修・制作
☆1983年～マルチ音楽体操＆体操フェスティバル OSAKA 国際大会作品などを制
作・指導
☆2012年　かめまる体操∞アッハッハ 亀岡市より依頼され創作　DVD・CD 制作
☆2016年　花王の 1 分間伝わり体操 DVD・CD 企画・制作
☆2016年　健康体操テーマソング『素敵なジムナスティック』作詞，CD 制作・体
操創作
☆2017年　福井県おおい町体操　マニュアル・DVD・CD 企画・制作

健康スポーツとヘルスマネジメント
──リーダーのための健康理論──

2019年 6 月30日　初版第 1 刷発行	＊定価はカバーに 表示してあります	

著　者	吉 中 康 子 ⓒ	
発行者	植 田　　実	
印刷者	江 戸 孝 典	

発行所　株式会社　晃 洋 書 房
〒615-0026　京都市右京区西院北矢掛町 7 番地
電話　075（312）0788番代
振替口座　01040-6-32280

装丁　鈴木創介　　　印刷・製本　㈱エーシーティー
ISBN978-4-7710-3070-1

JCOPY 〈（社）出版者著作権管理機構 委託出版物〉
本書の無断複写は著作権法上での例外を除き禁じられています．
複写される場合は，そのつど事前に，（社）出版者著作権管理機構
（電話 03-5244-5088, FAX 03-5244-5089, e-mail: info@jcopy.or.jp）
の許諾を得てください．